Lohn der Sünde

Nicolas Montemolinos

Bibliografische Information der Deutschen Nationalbibliothek:
Die Deutsche Nationalbibliothek verzeichnet diese Publikation in der
Deutschen Nationalbibliografie; detaillierte bibliografische Daten sind im
Internet über http://dnb.dnb.de abrufbar.

Herstellung und Verlag: BoD – Books on Demand, Norderstedt

ISBN: 978-3-7519-4417-5

—

Inhaltsverzeichnis:

Prolog

Im April 1719 erschien Daniel Defoes „Robinson Crusoe". Das Werk gilt als erster Abenteuerroman überhaupt und ist nach der Bibel der unbestrittene Bestseller der Weltliteratur. Unzählige sogenannte Robinsonaden sind im Laufe der vergangenen drei Jahrhunderte gefolgt. „Och, nicht schon wieder eine Robinsonade! Denn da gibt es sehr viele, und oft sind die auch langweilig. Oder nicht so wahnsinnig ergiebig. Man hat das Gefühl: Das hat man alles schon sehr oft gelesen", dachte Autor Nicolas Montemolinos, als er sich 2012 erstmals aufgrund eines geschenkten Buches mit dem Thema „Robinsonade", d.h. mit der (un)freiwilligen Isolation auf einer Insel, beschäftigte. Doch er täuschte sich! Die in diesem Roman geschilderte Vita der sogenannten „Robinsonfrau" Margret Wittmer aus Köln und ihr Leben auf einer einsamen Insel im Pazifik bot reichlich Spannung. Inspiriert von den dort geschilderten Ereignissen veröffentlichte Nicolas Montemolinos nach umfangreichen eigenen Recherchen den Tatsachen-Report „Drama auf Floreana", welcher (abgesehen von „Robinson Crusoe") zu einer der besten Robinson-Werke für den Pazifik überhaupt wurde. Das große Interesse an diesen, immer auf Wahrheiten beruhenden Abenteuer-Geschichten und der unerwartete Erfolg beim Publikum, veranlasste Montemolinos nach einem Aufenthalt im Indischen Ozean eine weitere Robinsonade, diesmal den Briten Brendon Grimshaw im Indik betreffend, zu publizieren. „Vier Grad Süd" lautete der Titel dieser Erzählung, in der ein Geschäftsmann aus England zum Robinson auf den Seychellen mutiert und eine ganze Insel vor der Zerstörung durch Immobilienhaie rettet. Auch hier gab es erfreulich viel Interesse an seiner Lebensgeschichte, sodass sich also ein echter Bedarf an „Inselabenteuern" bei der breiten Leserschaft wiederum bestätigte.

Bekannterweise sind alle guten Dinge drei! Nach Pazifik und Indik fehlte nun nur noch der Atlantik für eine umfassende „Robinson-Trilogie" in den Weltmeeren. Und in der Tat berichten die Archive bereits ein Jahrhundert vor Daniel Defoes Robinson Crusoe von einem grausamen Inselaufenthalt, der alle Zutaten an Dramatik, Abenteuer und Wahnsinn für eine Robinsonade der Extraklasse enthält: Die aus heutiger Sicht völlig ungerechtfertigte Aussetzung eines „Sodomiten" auf der atlantischen Himmelfahrtinsel. Davon erzählt der nachfolgende, schonungslos offene und durchaus schockierende Text.

Südlich des Äquators gelten keine zehn Gebote

Neulich stieß ich beim Stöbern im Internet in einer öffentlichen Online-Bibliothek auf ein uraltes Buch in englischer Sprache mit dem Titel „Sodomy Punished", welches schon 1726 publiziert worden war. Der Titel machte mich natürlich neugierig, denn „Sodomie" ist ja etwas unerhört Skandalöses. Da wollte ich nun wissen, was sich dahinter verbirgt. Wie sich herausstellte, ging es in dem Buch um die wahre Geschichte von Leonard Bosch, der 1725 auf der „Himmelfahrtinsel" Ascension Island im Südatlantik im Rahmen einer Bestrafung wegen Homosexualität ausgesetzt worden war. Das Buch basierte auf den Aufzeichnungen von Bosch, die Mitglieder des Schiffes „James and Mary" in einem verlassenen Zelt in Küstennähe vorfanden, als sie auf der Suche nach essbaren Schildkröten auf ihrem Rückweg von Indien auf Ascension anlandeten. Leonard Bosch, den Verfasser der Aufzeichnungen, fanden sie nicht. Ebenso wenig wie seine sterblichen Überreste. Nun ist es ja in Seefahrerkreisen durchaus bekannt, dass südlich des Äquators keine zehn Gebote existieren. Dass man aber für ein harmloses Techtelmechtel zwischen

Matrosen dermaßen bestraft wurde, nämlich mit der Aussetzung auf einer einsamen Insel, empörte mich absolut. Ich begann also, mich mit dieser furchtbaren Geschichte näher zu beschäftigen. Je mehr ich erfuhr, desto wütender wurde ich.

Ausgangspunkt der Strafaktion war offenbar ein Prozess auf dem Schiff „De Snikkel", der in den Unterlagen der niederländischen Ostindien-Kompanie VOC festgehalten wurden, die heute im Algemeen Ryksarchief in Amsterdam aufbewahrt werden. Kapitän Peter van Keulen berichtete: „Um 19 Uhr, kurz nach dem obligatorischen Abendgebet, betrat der Erste Offizier Dick de Leuter ziemlich verstört meine Kabine und bat mich, mit ihm zu sprechen. Unser Gespräch verlief wie folgt: „Sir, es wurde mir berichtet, dass sich zwei unserer Besatzungsmitglieder der unaussprechlich teuflischen Sünden von Sodom und Gomorrha schuldig gemacht haben!" Ich musste vor Schreck laut furzen, denn ich hatte zuvor eine alte Zwiebel mit Apfelwein als Nachtmahl zu mir genommen. Ich fragte entsetzt und in der Hoffnung, dass sich alles als harmlos herausstellen würde: „Offizier de Leuter, wie kommen Sie dazu, eine solch bestialische Anklage zu erheben?" Der Offizier antwortete mir: „Zwei Seeleute, die Augenzeugen der Gräueltat waren, berichteten mir unter Tränen darüber. Sie waren so schockiert und voller Sorge, dass der Teufel nun Besitz von unserem Schiff nehmen würde, dass sie nicht anders konnten, als mich darüber in Kenntnis zu setzen. Es sind Johan Eckoff aus Delft und Jan Kut aus Leiden. Sie warten draußen vor Ihrer Kabine um auszusagen, Sir." Ich war nun deshalb gezwungen, eine offizielle Untersuchung einzuleiten, rief alle Offiziere hinzu und ließ die Zeugen eintreten. Der Matrose Jan Kut fuhr seit neun Jahren unbescholten auf Schiffen der VOC mit, der Matrose Eckhoff diente der Kompanie seit sechs Jahren. Sie erzählten uns folgende Geschichte und schworen Stein und Bein bei unserer höchst gnädigen Jungfrau Maria, dass es die Wahrheit sei: „Wir hatten an den Abendgebeten des Katecheten Wopke Mol teilgenommen, bei dem er uns einen Teil des Paulusbriefes an die Römer vorlas. Weil es so furchtbar stickig im Schiffsbauch war und keine Brise ging, spazierten wir eine Weile an Deck. Wir wollten frische Luft schnappen. Als wir in den großen Bottich gepinkelt hatten, in dem der Urin der gesamten Mannschaft zur Bleiche der Wäsche aufgesammelt wurde, fühlten wir uns erleichtert und wollten uns im Vorschiff in eine der Hängematten legen. Im fahlen Mondlicht bemerkten wir, dass eines der Bullaugen ein Stück weit geöffnet war, wohl um frische Luft ins Innere der Kajüte ein zu lassen. Wir erkannten zunächst nur ziemlich unscharf zwei Körper, doch als sich unsere Augen an die Dunkelheit gewöhnt hatten, sahen wir schließlich zwei Männer, die ihre Hemden ausgezogen hatten und dicht beieinander in der Kajüte saßen. Sie schienen sich intensiv anzuschauen. Der größere Mann, Leonard Bosch, hatte seinen Arm um die Taille des kleineren Mannes, Frans Smit, gelegt. Wir haben gesehen, wie sie ihre Köpfe zueinander gedreht, den Mund zusammengesetzt und sich auf einen langen und leidenschaftlichen Kuss eingelassen haben. Als wir ihr monströses Verhalten beobachteten, fing Jan Kut an zu schreien und zu kichern, woraufhin die beiden Männer aufhörten sich zu umarmen bzw. zu sündigen und sich zu uns umdrehten. Wir spotteten über Bosch und Smit. Wir nannten sie Mistkerle und Teufel und sagten, dass sie wohl beide hocken müssen, um zu pissen. Der Junge sagte nichts, aber Bosch nannte uns syphilitische Buren, Zuhälter, betrunkene Lümmel und andere unfreundliche Namen. Wir beschlossen dann, dem Ersten Offizier Dick de Leuter zu berichten, was wir gesehen hatten." Als Kapitän war ich extrem besorgt, empört, erschüttert und geschockt über die Äußerungen der beiden Seeleute Eckoff und Kut. Die abscheulichen Sünden der Homosexualität können nämlich den Zorn Gottes erregen und unser Schiff „De Snikkel" in den Untergang treiben, so wie Gott Sodom und Gomorrha einst dem Untergang geweiht hat. Diese monströse Tat ungesühnt zu lassen, wäre ein noch schwereres Verbrechen gewesen. An den Aussagen der zwei Zeugen hatte niemand einen Zweifel. Ich bat daraufhin einen Unteroffizier, die Todsünder Bosch und Smit in meine Kabine zu bringen, damit wir ihnen den Prozess machen konnten. Die beiden Zeugen wiederholten ihre Geschichte vor allen Anwesenden, d.h. mir, den Offizieren und den Beschuldigten, unter Eid. Die Angeklagten bestritten, etwas Falsches getan zu haben. Frans Smit, der Junge, wirkte sichtlich nervös und sagte nichts. Als Leonard Bosch an der Reihe mit seiner Aussage war, bestritt er vehement gegen die Gesetze Gottes verstoßen oder etwas Unrechtes begangen zu haben. Er bestritt gar nicht, seinen Arm um die Taille des Jungen gelegt zu haben und dass er diesen geküsst hatte. Er rechtfertigte sich wie folgt: „Frans ist für mich so eine Art Adoptivsohn, seit er in Batavia an Bord kam. Ich habe den unerfahrenen Jungen vor den raubeinigen, betrunkenen und lasterhaften Hurensöhnen bewahrt, von denen ausgerechnet Eckoff und Kut die Allerschlimmsten sind. Die, die in Kapstadt mit den schwarzen Sklavinnen auf das Sündigste verkehrten. Ich war wie ein Vater zu ihm, der ihn auf dem rechten Weg behalten wollte. Das Leben an Bord ist sehr hart und der Junge ist nicht an die rauen Sitten hier gewöhnt. Ich habe seinem Onkel versprochen, dass ich mich um ihn kümmern werde, bis wir in Holland angekommen sind. Wir haben also ein Vater-Sohn-Verhältnis und ich empfinde das in keiner Weise als unangemessen. Im Gegenteil. Sie sollten mir dankbar sein, dass ich hier so uneigennützig und moralisch handele."

Der aus den Offizieren bestehende Schiffsrat bezweifelte Leonard Boschs Aussagen. Da weder Smit noch Bosch bereit waren zu gestehen, sollte nun die Folter zum Einsatz kommen. Zuerst hielt man den Beiden brennende Kerzen zwischen die Finger, doch sie blieben standhaft und gaben nichts zu. Dann musste etwas Härteres gemacht werden. Man entschied sich für eine Foltermethode mit Wasser. Als „Waterboarding" würde man das heute wohl bezeichnen. Bosch wurde an den Mast gebunden, mit einem Leinentuch um den Hals, welches einen Sack bildete, den man nun immer voll mit Meerwasser goss. Bosch bekam kaum Luft und schluckte in der ersten Stunde eine beträchtliche Menge Flüssigkeit, da das Wasser im Leinensack ihm über Mund und Nase reichte. Sein Bauch blähte sich gefährlich auf, aber er erklärte immer wieder, dass er ein gottesfürchtiger Mann und unschuldig sei. Auf Drängen des Ersten Offiziers wurde jedoch ständig mehr Wasser um seinen Kopf gegossen, bis er ohnmächtig wurde.

Als er wiederbelebt wurde, gestand er. "Ich bin fast ertrunken. Ich werde dir, Kapitän van Keulen, daher alles sagen, was du willst. Was willst du hören? Ich werde dir alles sagen, was deine schmutzigen Ohren gerne hören würden. Auch wenn dieses Geständnis dann frei erfunden ist."

Diese beleidigenden Bemerkungen gegenüber den Schiffsoffizieren kamen beim Rat nicht gut an. Bosch gestand dann, abscheuliche sexuelle Beziehungen zu Smit gehabt zu haben. Er habe den Jungen sowohl anal als auch oral penetriert. Seinen Samen habe er nicht zur Fortpflanzung genutzt, sondern wider aller Natur in dem Jungen deponiert. Wohl wissend, dass hier die Frucht des Lebens nie aufgehen kann. Eine wahrhaft teuflische Tat! Die bloße Rezitation seines Geständnisses ließ uns entsetzt vor ihm zurückschrecken. Diese Taten sind gefährlicher und abscheulicher Natur und sollten mit dem Tod bestraft werden, um das zukünftige Böse zu verhindern. Einige der Offiziere waren der Meinung, dass, wenn die Homosexualität auf dem Schiff nicht schnell ausgerottet würde, schreckliche Plagen unser Schiff treffen könnten, die Zwietracht unter den Seeleuten zunehmen würde und Gott uns verdammt. Das Schiff wäre dem Untergang geweiht. Das musste im Interesse der VOC verhindert werden. Wir hätten beide Übeltäter ganz einfach in einen Leinensack einnähen und lebend über Bord werfen können. So verfuhr man üblicherweise mit Sodomiten Das taten wir aber nicht. Weil Frans Smit aber so jung war, ging ich davon aus, dass er verführt wurde und die Schandtaten nicht von ihm ausgelöst worden waren. Der Schuldige war ganz klar Leonard Bosch. Weil wir nun schon so nahe bei der Insel Ascension segelten, kam uns in den Sinn, Bosch dort, auf diesem verlassenen Eiland, auszusetzen. Gott würde dann schon eine gerechte Strafe für diesen Teufel in Menschengestalt finden und angemessen über ihn richten. Also setzten wir ihn mit einem Zelt, einigen Nahrungsvorräten und einem Fass Wasser in einer südwestlichen Bucht aus und machten uns ohne ihn auf den Heimweg nach Amsterdam. Unterzeichner des Protokolls: Kapitän Pieter van Keulen (sowie weitere zwanzig Unterschriften).

Tief in Rachen und Anus

Leonard Bosch begann auf Ascension unmittelbar ein Tagebuch zu schreiben: „Am 5. Mai 1725 wurde ich, Leonard Bosch, auf Befehl des Kapitäns Pieter van Keulen hier auf der Insel Ascension ausgesetzt. Wir waren auf der Rückfahrt von Kalkutta nach Amsterdam mit dem Schiff „De Snikkel", als ich ungerechtfertigt der Sodomie beschuldigt wurde und man mich zur Strafe hier aussetzte. Ich habe große Angst, weiß aber, dass die Anschuldigungen jeglicher Grundlage entbehren. Darum vertraue ich auf Gott den Allmächtigen und hoffe, dass er mir bald ein Schiff sendet, welches mich rettet und mich erlöst. Ich denke, Gott wird mich beschützen und gerecht richten. Sie haben mich im Westen der Insel an einen Sandstrand gebracht und mich mit einem

Fass Wasser, einem Beil, zwei Eimern, einer Steppdecke, einigen Dosen Erbsen und Reis sowie einem Zelt hier zurück gelassen.

Ich schlug mein Zelt am Strand in der Nähe eines runden Felsens auf, auf den ich meine Reisetasche legte, damit sie vor eventuellem Ungeziefer gut geschützt sein würde. Das Wetter ist klar und trocken. Gegen Abend stieg ich auf einen Hügel, der mit Steinen und Asche bedeckt war. Ich konnte immer noch die Segel der niederländischen Flotte sehen, als sie sich langsam nach Norden in Richtung Holland bewegte. Zum ersten Mal seit ich Amsterdam vor zwei Jahren verlassen habe, bin ich ganz allein... Gott bewahre mich. Womit hatte ich das nur verdient? Alles lief ab wie in einem schlechten Traum. Ich konnte nicht begreifen, dass dies alles wirklich geschah. Was würde mit dem Jungen Frans Smit? Ich kannte Eckhoff und Kut nur zu gut. Sie würden nun über den Jungen herrschen und ihre syphilitischen Schwänze tief in seinen Rachen und Anus stoßen und das jeden Tag. Die wahren Teufel waren diese beiden durch und durch verkommenen Halunken, die ihren Samen bei jeder sich bietenden Gelegenheit verschleuderten, was ganz im Gegensatz zum göttlichen Willen stand, seinen Lebenssaft nur der Fortpflanzung zu zuführen. Sie waren wie Tiere. Sie sahen in einer schwarzen Hure, keine Hure. Sie sahen in einem Jungen keinen Jungen. Sie sahen nur die Löcher, umgeben von rosiger, sanfter Haut, in die sie ihre schändlichen Depositen ablegen konnten. Es war einfach grauenhaft, pervers und ohne jede Ehre!

Am Sonntag, dem 6. Mai 1725, stieg ich auf die Gipfel karger Hügel, um zu sehen, ob ich Lebewesen entdecken konnte, die gut zum Essen waren, oder Grünzeug, mit denen ich meinen Hunger stillen konnte, aber zu meiner großen Verwirrung und Trauer fand ich nichts. Nichts! Es scheint wenig Leben auf dieser Insel zu geben. Als ich auf die öde Landschaft blickte, wünschte ich mir aufrichtig, dass mir ein Unfall widerfahren würde, um meine elenden Tage mit wenig Leid zu beenden. So ging ich mit leeren Händen zurück zu meinem Zelt und weinte bitterlich.

Melancholisch lief ich danach den Strand entlang und betete zu Gott, dem Allmächtigen, um meine Tage zu verkürzen oder mir von dieser verlassenen Insel zu helfen. Ich fand mein Zelt schnell wieder und befestigte es gegen das Wetter so gut ich konnte mit Steinen und einer Plane. Gegen vier oder fünf Uhr tötete ich drei Vögel, sogenannte Tölpel. Ich fand sogar Salz auf Felsen über der Sprühlinie. So häutete und salzte ich die Vögel und legte sie zum Trocknen in die Sonne. Diese Seevögel mit ihren grauen Federn und traurigen braunen Augen waren die ersten Dinge, die ich auf der Insel getötet habe. Am selben Abend fing ich zwei weitere Vögel, die ich wie zuvor beschrieben verarbeitete. Kapitän van Keulen versicherte mir, dass Schiffe aus Indien manchmal bei Ascension anhalten, um Schildkröten zu fangen oder Lecks zu reparieren. Ich habe meine Flagge aus einem alten roten Hemd auf den höchsten Hügel mit Blick auf das Wasser gesetzt. Ich werde ab nun einen strengen Kalender und ein Tagebuch führen, damit ich den Sabbat und die heiligen Tage einhalten kann. Warum bin ich bloß nur zum Meer zurückgekehrt? Als ich zwanzig war und auf der 'White Elephant' nach Batavia segelte, erfüllte mich das Meer mit Staunen. Ich fühlte mich von ihm angezogen, wie ein Kind von seiner Mutter, und es gab mir die Gelegenheit, die weite Welt zu sehen, bevor ich mich mit meiner Frau niederließ. Später dann wusste ich natürlich, dass das Meer keine Gnade kennt. Viele junge und starke Männer hat es uns im Laufe der Zeit genommen. Aber jetzt bin ich neununddreißig Jahre alt. Gott hat mich dafür bestraft, dass ich zum Meer zurückgekehrt bin. War das eine Sünde? Warum bestraft Gott mich und nicht die Syphiliten Eckoff und Kut? Ich verstehe es nicht! Ich verstehe es einfach nicht!"

Abbildung 01: Die Himmelfahrtinsel Ascension vom All aus betrachtet: Sie bildet ein natürliches Dreieck!

Wie verbrannte Asche

Nur wenige Segelschiffe hielten in den frühen Tagen der Seefahrt bei Ascension an. Sie zogen es vor, mehr als 800 Meilen südlich in St. Helena zu liegen - einer gut bewässerten, angenehmen und bevölkerungsreichen Insel. Frühe Berichte von Seeleuten, die

Ascension besuchten, erklären, warum dieses Eiland normalerweise vermieden wurde. Im Jahr 1600 schrieb John Davis: "Diese Insel hat weder Holz, Wasser noch irgendeine grüne Pflanze, sondern ist ein fruchtloser Felsen von fünf Meilen Breite ..." Pater James Lancaster schrieb 1603 in sein Tagebuch: "Vor dieser Insel ankern keine Schiffe, denn sie ist völlig unfruchtbar und ohne Wasser. Die See ist tief und das Meer unruhig und aufbrausend." 1696 bemerkte Robert Everard auf einer Reise aus Indien: "... auf unserer Reise haben wir eine Insel namens Ascension besucht, die wie verbrannte Asche aussieht. Hier halten wir an, um einige Schildkröten zu fangen und als lebendigen Vorrat an Bord zu nehmen, so wie es die meisten englischen Schiffe hier tun." William Dampier, der Pirat, Naturforscher und Schriftsteller, wurde im Februar 1701 bei Ascension schiffbrüchig. Sein Schiff, die 'Roebuck', hatte ein Leck und sank wegen eines unfähigen Zimmermanns. Hier folgt sein Bericht: "Ich fragte den Zimmermann, was er von dem Wassereinbruch halte; er sagte 'Fürchte dich nicht; denn bis 10 Uhr nachts wird es mir bestimmt gelingen, das Leck zu stoppen.' Ich ging mit schwerem Herzen von ihm weg, machte aber gute Miene zum bösen Spiel, ermutigte meine Männer, die sehr zügig pumpten, und befahl dem Schiffsjungen zu singen und zu trommeln, um die Matrosen bei Laune zu halten. Gegen 11 Uhr nachts kam der Zimmermann zu mir und sagte mir, dass das Leck immer noch größer wurde und dass die Planke so faul war, dass sie wie Staub zerbröselte. Es wäre jetzt unmöglich, das Schiff zu retten."

Dampier und seine Crew versuchten die ganze Nacht hindurch, ihr Schiff zu retten. Doch es misslang. Am nächsten Tag segelten sie in die Nähe der Küste und warfen kurz vor dem Strand den Anker:

Dampier berichtete weiter: "Ich habe ein Floß gebaut, um die Truhen der Männer und ihr Bettzeug trocken an Land zu bringen. Vor acht Uhr abends waren die meisten sicher an Land. Ich hatte einen Kessel und ein 36-Gallonen-Fass Wasser mit einem Sack Reis für unsere gemeinsame Verpflegung an Land geschickt. Aber ein großer Teil davon wurde bereits heimlich verteilt und bei Seite geschafft, bevor ich an Land kam und viele meiner Bücher und Papiere waren plötzlich nicht mehr aufzufinden. Am 26. fanden wir zu unserem großen Trost eine Quelle mit frischem Wasser, ungefähr 8 Meilen von unseren Zelten entfernt, jenseits eines sehr hohen Berges, den wir überqueren mussten. Dank Gottes Vorsehung waren wir jetzt in der Lage, einige Zeit zu überleben. Wir konnten viele Schildkröten fangen und essen und hatten darüber hinaus genug zu Trinken."

Der Ort von Dampiers Quelle ist wahrscheinlich das Breakneck Valley. Um sie zu erreichen, muss man einen 2.400 Fuß hohen Kamm des Green Mountain besteigen. Dampier und seine Männer überlebten und ernährten sich von Schildkröten, Landkrabben, Seevögeln und Ziegen. Während ihrer Erkundungen fanden sie einen "strauchigen Baum", der mit dem Datum '1642' versehen an einen rostigen Anker gekettet war. Am 3. April 1701 ankerten drei britische Kriegsschiffe in der Bucht und nahmen die Schiffbrüchigen auf. Dampier und fünfunddreißig seiner Männer segelten so am 9. April 1701 nach England zurück. Sie hatten wahnsinniges Glück. In seinem Bericht über seine Abenteuer bemerkte Dampier: "Ascension ist ganz ohne Holz oder Kräuter, aber einige essbare Vögel und eine Fülle von Schildkröten und Fischen gibt es hier. Es ist ein düsterer Punkt und ein Makel auf der schönen Oberfläche der Erde. Ein portugiesischer Reisender, der mit Alfonso d' Alberquerque unterwegs war und die Insel 1503 sah, sagte dazu: "Der Ort schien, soweit wir das beurteilen konnten, vollkommen nutzlos, und wir ließen ihn hinter uns."

Der Niederländer Jan van Linschoten kam ebenfalls vorbei, landete aber 1589 nicht auf der Insel. Er kommentierte aber die Vögel: "Es gibt so viele Vögel hier. Sie haben die Größe junger Gänse und fliegen zu Tausenden um unser Schiff herum. Es ist ein Höllenlärm. Einige landen an Deck und setzen sich auf unsere Schultern. Wir haben etliche von ihnen gefangen und ihnen den Hals umgedreht, aber sie sind nicht gut zum Essen, weil sie fischig schmecken." Fast alle Besucher landen auf der Westseite, die vor den vorherrschenden Ostwinden geschützt ist. Die Strände dort bestehen aus feinem, weißen Sand. Als die Engländer 1673 St. Helena überrannten und 300 Holländer gefangen nahmen, planten sie zunächst, die Gefangenen auf Ascension zu lassen, bis ein niederländisches Schiff vorbeikam, um sie abzunehmen, aber die Engländer gaben nach, als sie kein Wasser auf der Insel fanden.

Insel der Ratten

Leonard Bosch saß nun also offensichtlich auf einer „Horror-Insel" fest. In seinen Aufzeichnungen berichtet er: „Am 7. Mai 1725 ging ich morgens zu meinem Fass, das zwei Meter von meinem Zelt entfernt war, und riss es auf. Dabei verlor ich eine große Menge Wasser, aber da ich das Fass blitzschnell auf den Kopf drehte, habe ich den Rest noch retten können. Ich beschäftigte mich dann damit, Steine zu tragen, um mein Zelt stärker gegen den Wind zu machen. Am 8., am frühen Morgen, nahm ich meine Flagge herunter, um sie auf einem Hügel auf der anderen Seite der Insel zu platzieren. Auf meinem Weg dorthin fand ich eine Schildkröte, die ich tot trampelte und nach diesen Anstrengungen kehrte ich müde in mein Zelt zurück, um meine Glieder auszuruhen.

Ich bildete mir ein, dass irgendein Schiff schnell zu meiner Befreiung kommen würde. Ich vertraute darauf, dass Gott mir noch erlauben würde, bessere Tage zu sehen, und was die Schönheit der göttlichen

Vorsehung in meinen Augen unterstrich war, dass ich weiterhin meine Gesundheit genoss. Am Abend habe ich einige Vögel auf Vorrat getötet. Am 9., am Morgen, machte ich mich auf die Suche nach der Schildkröte, die ich am Tag zuvor getötet hatte, trug meine Axt mit mir und spaltete sie den Rücken hinunter, da sie so groß war, dass ich sie nicht ganz drehen konnte. Ich schnitt etwas Fleisch von den Vorderflossen ab, welches ich in mein Zelt trug, gesalzen und in der Sonne getrocknet. Nachdem ich ein zweites Mal mein Zelt mit einer Plane gegen den ständigen Passatwind abgeschirmt hatte, begann ich, ein Bollwerk aus Steinen darüber zu bauen.

Am 10., am Morgen, nahm ich vier oder fünf Zwiebeln und ein paar Erbsen mit und trug sie in den südlichen Teil der Insel. Sie sollten als Köder für Tiere dienen, deren Spuren ich dann im Sand verfolgen würde, um mit der Zeit herausfinden zu können, wo sie getrunken haben. Ich suchte auch fleißig nach Kräutern, und nach einem mühsamen Spaziergang über kargen Sand, Hügel und Felsen, in einem Teil der Insel, der fast unzugänglich war, entdeckte ich einen kleinen Busch von Portulak, von dem ich einen Teil zu meiner Erfrischung aß. Da ich sowohl müde als auch durstig war und kein Wasser zum trinken dabei hatte, steckte ich den Rest davon in einen Sack, den ich mit mir führte. Als ich in mein Zelt zurückkehrte, fand ich auf dem Wege noch einiges andere Grünzeug, aber ich wusste nicht, was das war, wagte es nicht, davon zu essen. Am 11., am Morgen, ging ich wieder ins Innere der Insel und fand einige Wurzeln, die einen ähnlichen Geschmack hatten wie Kartoffeln, aber ich befürchtete, dass sie nicht gesund waren. Ich bemühte mich, andere notwendige Entdeckungen zu machen, fand aber rein gar nichts, was mich sehr deprimierte. Da ich vor Durst fast erstickt war, kehrte ich in mein Zelt zurück. Am Abend, kochte ich etwas Reis, aber sowohl mein Geist als auch mein Körper waren sehr durcheinander.

Am 12., am Morgen, kochte ich wieder etwas Reis und nachdem ich eine kleine Menge gegessen hatte, bat ich Gott in meinen Gebeten um eine schnelle Befreiung. Ich ging dann zum Ufer in der Hoffnung, ein freundliches Schiff auf mich zukommen zu sehen, fand aber keines; Ich ging am Strand entlang, bis ich müde war, sah nichts als leere Muscheln und kehrte dann in mein Zelt zurück. Es war meine übliche Gewohnheit, jeden Tag in der Hoffnung auf Sichtung von Schiffen am Meer entlang zu gehen. Danach verbrachte den Rest des Tages damit, meine Kleidung auszubessern und den Hauptteil der Nacht versank ich in Meditationen und düsteren Reflexionen über meinen unglücklichen Zustand. Gottes Gnade hat mich auf eine karge Insel auf halbem Weg zwischen Guineas Küste im Osten und Brasilien im Westen geführt. Das nächstgelegene Stück Land ist St. Helena, 800 Meilen südlich. Meine bisherigen Erkundungen rund um die Insel haben mich mit Furcht erfüllt; mir kommt es so vor, dass die ganze Insel karg und felsig sein könnte, ohne jegliche nützliche Vegetation.

Ich habe einen grünlichen schimmernden Berg in Richtung der Inselmitte gesichtet und werde ihn erkunden. Viele erloschene Vulkane prägen die trostlose Landschaft. Ich habe kleine, aber graue und braune Felsen und trockenen grauen Boden gesehen, der bei ausreichendem Wasser Getreide produzieren könnte. Entlang des nordöstlichen Strandes in der Nähe der großen grauen Klippen erspähte ich eine riesige Kolonie von Ratten, Tieren, die ich verabscheue … Gewaltige, lange Wellen rollen gegen die grauen Klippen, die mit großer Kraft brechen und ein dröhnendes Geräusch erzeugen. So, als würde Gott mit mir schimpfen. Wie anders ist dieser karge Ort im Vergleich zu Holland, wo ich den größten Teil meines Lebens gelebt habe und wo ich geboren wurde. Dort ist es fast immer feucht. Im Winter frieren die Kanäle ein und ich lief stundenlang mit Hunderten anderer Amsterdamer Schlittschuh.

Danach gingen wir in die Gasthäuser und tranken große Zinnkrüge voll mit Bier...

Die Ratten, die ich heute sah, erinnerten mich sehr an ein schreckliches Ereignis aus meiner Kindheit. Als ich zwölf Jahre alt war, nahm mich mein Vater, der damals als Rattenfänger lebte, mit auf seine Arbeit. Ich selbst war zu der Zeit in der Ausbildung bei einem Buchhalter in Amsterdam. Zuvor reiste mein Vater, der in den Kriegen gegen die Franzosen ein tapferer Soldat gewesen war, durch das Land, um Ratten zu fangen. Er hatte mich jedoch bei der Familie von Jacob Vlekke, einem Müller aus Delft, zurückgelassen. Holland litt damals sehr unter einer Rattenplage. Die Ratten fraßen das Getreide in den Mühlen, den Samen auf den Feldern und das Mehl in den Bäckereien. Ich war in Vlekkes Scheune. Mein Vater hatte mich gebeten, einen riesigen Drahtkorb mit Ratten zu bewachen, die an einer Kette an einem großen Balken über mir hingen. Aufgeregte kleine Körper huschten herum, wulstige Rattenaugen sahen mich an, schlangenartige Schwänze zeigten in alle Richtungen. Die großen Flügel der Mühle unterbrachen zeitweise das einfallende Licht, was mich und die Ratten nervös machte. Ich ging zum Käfig und sah mir die zwei Dutzend fetten Ratten genau an.

Der Käfig schwang über meinen Kopf als plötzlich die Kette brach und mir der Käfig mit seinen wilden Ratten ins Gesicht schlug. Die Käfigtür sprang auf und die Ratten kletterten über meinen Körper und flüchteten blitzschnell unter dem Mühlentor hindurch auf die Felder. In diesem Moment kam mein lieber Vater herein. Er nahm einen Knüppel und schlug mich grün und blau vor Wut, bis ich kaum noch laufen konnte. Insofern bin ich beim Thema Ratten schon ziemlich traumatisiert. Die Ratten von Ascension sind mutig und bewegen sich in großen Rudeln. Ich bedeckte mein Essen mit großen Steinen, um sie bloß davon abzuhalten.

Am Nachmittag des 13. pflanzte ich die Zwiebeln zusammen mit einigen Erbsen in den Boden in der Nähe meines Zeltes. Ich wollte sehen, ob sie wachsen würden. Anschließend machte ich mich auf die Suche nach Seevögeln, fand aber leider keine. Bei meiner Rückkehr am Strand entdeckte ich eine Schildkröte, aus deren Eiern und Fleisch ich ein ausgezeichnetes Abendessen zubereitete und sie mit etwas Reis kochte. Ich vergrub den Rest, der nicht sofort verwendet werden konnte, aus Angst, der Geruch könnte die Ratten anlocken. Die Schildkröte war nämlich so groß, dass ich sie nicht ganz essen konnte. Ich fand auch einige vergrabene Nester von Schildkröteneiern, die ich kochte. Etwas Fett der Schildkröte schmolz ich mit Feuer ein, um während der Nacht eine Lampe entzünden und Licht erzeugen zu können. Am 14. ging ich nach dem Gebet wie gewohnt über die grauen Felsen, fand aber nichts Neues, kehrte in mein Zelt zurück, reparierte meine Kleidung und schrieb weiter in mein Tagebuch. Am 15., bevor ich meinen Spaziergang machte, aß ich etwas Reis und folgte dann meiner üblichen Beschäftigung - dem Fangen dieser zahmen Seevögel, die Tölpel genannt wurden. Danach las ich einen Roman, den ich vom Schiff „De Snikkel" mitgenommen hatte, und bemühte mich dann, meinen gequälten Geist zu beruhigen und nicht weiter trüben Gedanken nach zu hängen. Am 16. und 17. fing ich einige der kleinen Seeschwalben, von denen ich eine acht Tage lang am Leben hielt, aber sie wollte wohl ihre Freiheit und starb in der Gefangenschaft.

Heute, am 19., habe ich beschlossen, Exemplare von Steinen, Tieren und Pflanzen von dieser Insel zu sammeln und damit ein Kuriositätenkabinett in Holland vorzubereiten, welches ich nach Rückkehr dort eröffnen möchte. Es wird mir helfen, meine einsamen Stunden hier sinnvoll zu verbringen, und mit Gottes Hilfe kann ich meine Exemplare möglicherweise an einen reichen Kaufmann in Holland verkaufen. Ich muss ja auch an meine finanzielle Zukunft denken. Viele Amsterdamer Bürger sehen sich als Förderer der Künste oder Wissenschaften und werden gute Gulden für ungewöhnliche Sammlungen bezahlen. Als ich das letzte Mal in Amsterdam war, las ich ein Buch über George Rumphuis, das vor etwa zwanzig Jahren veröffentlicht wurde. In diesem Buch wurden die Mineralien, Muscheln, Vögel und Bestien von der Molukken-Insel Ambon beschrieben, wo der blinde Autor seit vielen Jahren stationiert war. Das Buch verkaufte sich in vielen Exemplaren zu einem sehr hohen Preis. Wenn Gott einem Blinden ermöglichte, Hunderte von natürlichen Proben zu sammeln und zu illustrieren und dieses großartige Werk zu schreiben, könnte er mir vielleicht auch die Kraft und die Zeit geben, das Leben in dieser, seiner und meiner Wüste mit dem Namen „Himmelfahrt", zu katalogisieren. Ich denke, ich habe hier einen genialen Gedanken.

In den Felsen und Klippen in Ufernähe leben enorme Schwärme von Seevögeln. Es scheint sich hauptsächlich um zwei Arten zu handeln, Seeschwalben und Tölpel, aber gelegentlich habe ich auch Fregattvögel und andere große Vögel sehen können. Ich kann erkennen, dass sie hier keine natürlichen Feinde haben, wenn man die Ratten ausschließt, die ihre Eier und ihre Jungen in den Nestern rauben und fressen. Die Vögel haben keine Angst vor Menschen und erlauben mir, zwischen ihnen zu gehen, so dass es recht einfach war, sie zu fangen. Sie erkennen mich gar nicht als Feind! Ich habe Proben ihrer Federn und Eier gesammelt. Ich habe auch Gesteinsproben gesammelt: grau, schwarz und braun, die in der ganzen Breite der Insel herum liegen, aber ich kenne die Namen dieser Gesteine nicht. Auf der Ostseite der Insel erhebt sich steil ein grünlich gefärbter Gipfel. Die oberen Hänge dieses Berges tragen eine magere Vegetation. Wenig Grün zeigt sich anderswo. Bisher habe ich nur drei Arten von Pflanzen und drei kleine Landkrabben gesammelt. Alles ist Asche, öde und flach im westlichen Teil der Insel. Ich habe über vierzig erloschene Vulkankegel gezählt, die in die trostlose Landschaft ragen. Die Felsen sind meistens aschgrau, schwarz, braun oder rostfarben. Ich sehe nichts als Trostlosigkeit, versteinerte Hügel und gezackte Felsen, die meine Lederstiefel durchschnitten haben. Über uns brennt die tropische Sonne auf eine Wüste aus steriler Lava und erhitzt sie am Mittag genug, um die Vogeleier kochen zu können. Was ich nicht für ein Stück Obstkuchen und einen Becher Bier geben würde. Mir dämmert es, dass diese Insel mein Friedhof werden könnte.

Keine Rettung in Sicht

Am 22. machte ich mich auf den Weg auf die andere Seite der Insel in der Hoffnung, dort irgendetwas Brauchbares zu finden. Ohne Erfolg! Ich kehrte mit Nichts zurück. Dann versuchte ich vier Stunden lang, Fische im Meer zu fangen. Auch dies blieb ohne den gewünschten Erfolg. Ich war total deprimiert. Plötzlich riss mich dichter Rauch aus meinen trüben Gedanken und ich bemerkte, dass die Glut der Feuerstelle vor meinem Zelt auf meine Decke und meine Bibel übergegriffen hatte. Ich eilte mit einem Behältnis zum Meer, schöpfte Salzwasser und konnte damit den Schwelbrand löschen. Zum Glück wurde außer einem alten Hemd und der Ecke meiner Decke nichts wichtiges zerstört. Am 23. nahm ich die Rettung meiner Habseligkeiten als ein Zeichen Gottes zur Kenntnis. Ich lief singend über den schwarzen Lavastrand und pries Gott den Allmächtigen. Doch dann bemerkte ich, dass außer den Seeschwalben und den Tölpeln absolut niemand meinen Gesang und meine Gebete hören konnte. Völlig sinnlos also, weiter den Herrn zu preisen, der mich ganz offenbar so leiden sehen wollte. Die Sonne ging unter, dort wo Brasilien lag. Ich sank deprimiert zu Boden. Natürlich wusste ich, dass der Lohn der Sünde der Tod ist, aber welche Sünde hatte ich denn begangen, die eine solche Bestrafung erklären konnte? Am 24. gelang es mir erneut ohne Mühe einen Tölpel zu fangen, den ich über der Glut briet und aß. Langsam nervte mich die einseitige Kost. Ich träumte von Kuchen, Früchten und Brot. Am 26. versuchte ich Schiffe auf dem Meer zu sichten und auf mich aufmerksam zu machen. Aber es war frustrierend, weil der Horizont leer blieb. Kein Anzeichen eines Segels weit und breit. Die Tölpel hatten mittlerweile gelernt, dass ich gefährlich für sie war und machten sich rar. Ich suchte vergeblich nach Vogeleiern. Auch am 27. und 28. irrte ich erfolglos über die ganze Insel. Ich fand nichts essbares. So musste ich die Vorräte anbrechen und einige Erbsen und Reis kochen. Das gleiche Drama widerfuhr mir am 29. und 30. Ich schien auf dem Mond zu sein. Am 31. musste ich mich von dem Fleisch ernähren, welches ich zuvor gesalzen und in der Sonne zum Trocknen ausgelegt hatte. So ging der Mai zu Ende und der Juni begann. Tagelang starrte ich auf weit entfernte Gegenstände und bildete mir im Wahn des Hungers ein, etwas Essbares zu sehen. Der Wunsch nach Rettung ließ mich in meiner Einbildung Schiffe auf dem Meer sehen, die dort gar nicht waren. Jedes mal wenn ich merkte, dass ich wieder nur eine Wolke für ein Segel gehalten hatte, verkrampfte sich mein Magen im Zustand des Schocks und ließ meinen gesamten Körper vor Verzweiflung zucken. Tränen flossen keine mehr, denn dazu war ich inzwischen zu ausgetrocknet. Als ich an Land gebracht wurde, sagte mir der Kapitän, es sei die Zeit im Jahr, in der Schiffe diese Route auf dem Weg nach Europa passieren, was mich bei meiner Suche umso fleißiger machte. Vom 5. bis zum 7.Juni habe ich es nie versäumt, meine üblichen Spaziergänge entlang der Küste zu machen, um nach Schiffen zu suchen - wenn auch vergebens. Gegen Mittag ging ich zu einem Berg, weit weg von der Stelle, an der ich gelandet war. Er war steil und schwer zugänglich, da bei jedem Schritt Sand und Steine herunterrollten. Die Hitze nahm zu und ich musste mich mehrmals ausruhen... Weder an den Seiten noch oben traf ich eine einzige Pflanze. Auf dem Gipfel, wo die Luft sehr kühl war, stand eine drei Meter lange Stange, die mit den notwendigen Seilen zum Hissen einer Flagge versehen war. An der Stange hing ein Holzkreuz mit den Buchstaben I.N.R.I. darauf geschnitzt. Als ich da so saß und grübelte, blinkte es ein paar Meter weiter. Ich fand eine leere Flasche, die in der Sonne glitzerte. In der Flasche lag etwas, dass scheinbar getrocknetes Fleisch war und ein Papier. Ich hatte solchen Hunger, dass ich sofort ohne zu überlegen in das Fleisch biss. Ich war nicht mehr in der Lage klar zu denken. Ich schlang das Fleisch, dass so trocken wie Pappe war, völlig gierig herunter. Das half mir, denn nach wenigen Minuten klang das überwältigende Gefühl des Hungers etwas ab. Ich konnte wieder etwas klar sehen und las, was auf dem Zettel geschrieben stand. Die Schrift war verblichen und es war in Englischer Sprache verfasst, was ich aber durchaus verstand. Dann fuhr mir der Schreck in den Körper, als ich die Zeilen verstand. Die Flasche hatte den abgetrennten Penis eines 23jährigen „Sodomiten" aus Portugal mit dem Namen Antonio da Silva enthalten, den man ihm bei lebendigen Leibe abschnitt, bevor man den Mann über Bord geworfen hatte und die Trophäe hier am Fahnenmast – wohl zur Abschreckung - postierte. Ich schüttelte mich vor Wut und Ekel.

Abbildung 02: Von See aus betrachtet wirkt Ascension Island idyllisch. Der Green Mountain in der Inselmitte fungiert als Wolkenfänger.

Zuflucht am Kap

Wie kam es, dass Bosch, ein gottesfürchtiger Buchhalter mit einer Frau und zwei Töchtern in Holland, sich in solch einer verzweifelten Lage auf Ascension befand? Um diese Frage zu beantworten, müssen wir sein Tagebuch untersuchen, um zu sehen, was er vor hatte, bevor er auf Ascension landete. Dieses Kapitel über Kapstadt und das spätere über Batavia sollen die Vorgeschichte der Ereignisse auf der Himmelfahrtinsel klären.

Erster Juni 1724. Leonard Boschs Tagebucheintrag hielt die Ereignisse fest: „Der Aussichtsposten im Krähennest sah den Tafelberg von Kapstadt. Als er zur Crew rief "Kapstadt! Kapstadt!" schwärmten sie wie Fliegen an den Rand eines Honigtopfes und jubelten dem Anblick des Landes zu. Wir waren seit vier Monaten auf See, unser Wasservorrat ging zur Neige, unser Essen schmeckte abgestanden und faul. Viele gute Männer waren an Skorbut gestorben und andere waren zu krank, um zu arbeiten. Die Kranken und Sterbenden unter Deck jubelten so gut sie konnten, denn Kapstadt war die einzige Hoffnung vieler, dass sie überleben würden. 25 Männer waren gestorben, seit wir Holland verlassen hatten. Drei waren über Bord gegangen, zwei waren bei Unfällen gestorben, der Rest war einer Krankheit der einen oder anderen Art erlegen. Zweiunddreißig Männer liegen krank unter Deck. Ich danke dem Herrn, dass ich immer noch gesund bin. Wir ankerten in Table Bay inmitten von zwanzig anderen Schiffen, die hier in der Bucht festgemacht hatten. Schiffe aus England, Dänemark und den arabischen Ländern dümpelten im afrikanischen Sonnenschein idyllisch vor sich hin. Die meisten Männer rasierten sich und schnitten ihre zotteligen Bärte ab. Einige der Besatzungsmitglieder badeten sogar, obwohl die meisten es für ungesund halten, die ätherischen Körperöle wegzuwaschen. Wir parfümierten uns und zogen unsere besten Kleider an, um uns auf den Besuch der "Taverne der sieben Meere" vorzubereiten. Auf halbem Weg zwischen Holland und Indien ist das Kap ein Zufluchtsort mit frischen Lebensmitteln, Frauen und guten Krankenhäusern - ein Zufluchtsort, ohne den wir wahrscheinlich gar nicht überleben könnten.

Kapstadt wurde erstmals um das Jahr 1650 von der Vereinigten Ostindien-Kompanie besiedelt, um die Schiffe der Gesellschaft zu versorgen und zu unterstützen, aber viele niederländische Siedler gründeten hier Farmen und hielten Weinberge und Vieh und handelten mit den Eingeborenen. Dies geschah gegen den Willen der Gesellschaft, die hierin keinen direkten geschäftlichen Nutzen sah. Trotz der Proteste der Herren wurde das Kap kürzlich eine niederländische Kolonie. Das Vorgebirge des Kaps besteht aus einem hohen, flachen Plateau, das den Matrosen auf See einen willkommenen Blick zur Orientierung bietet. Ohne Zweifel war es diese angenehme Aussicht, die die Portugiesen dazu veranlasste, auf der Suche nach dem Seeweg nach Indien hier anzuhalten. Viele Jahre lang fuhren ihre Seeleute entlang des riesigen afrikanischen Kontinents nach Süden in Richtung Südpol, bis sie das Kap sahen und dann nach Osten abbiegen konnten. Sie nannten das Vorgebirge Cap de Bon Esperance oder Kap der Guten Hoffnung.

Aber die Portugiesen haben sich hier nie niedergelassen und es vorgezogen, auf einer Insel in der Nähe zu essen. Jetzt bauen fleißige Viehzüchter reichlich Weizen, Gerste, Erbsen und Früchte aller Art an: Äpfel, Quitten, Birnen und die größten Granatäpfel, die ich je gesehen habe. Die Hauptfrüchte sind Trauben, die hier gut gedeihen, und das Land ist so dicht mit Weinbergen bewachsen, dass sie einen Überfluss an Wein haben und große Mengen an vorbeifahrende Schiffe verkaufen. Das Klima ähnelt dem in Katalonien, der Provence oder der Toskana. Es ist warm, fast heiß im Sommer und trocken, aber regnerisch und mild im Winter. Wobei die Jahreszeiten hier in der südlichen Hemisphäre genau umgekehrt sind wie in Holland. Wenn man im September in Amsterdam mit der Passage startet. startet, hat man bis zum Ziel in Batavia immer warmes Wetter. In umgekehrter Richtung ist der November der beste Termin für eine Reise um das Kap nach Europa!

Mit meinen Crewmitgliedern ging ich an Land und kehrte zuerst in den „Roten Ochsen" und dann in den „Blauen Anker" ein, der in der Nähe des Kais lag. Diese Tavernen werden alle von ehemaligen

Bediensteten der Firma betrieben, die man gefeuert hatte und die nun trotzdem weiter mit der Gesellschaft Geld verdienen wollten bzw. keine anderen Fähigkeiten besaßen, außer solch miese Spelunken zu betreiben. Drei Seeleute und ich betraten die „Last Penny Taverne" halb beschwipst und bevor der Abend vorüber war, hatten wir den größten Teil unseres Gehalts für Wein und Gin ausgegeben. So blöd waren wir!

Wir lachten und sangen und stolperten dann auf die Straße, wo wir Seeleute aus allen Teilen der Welt trafen. Mit drei Kumpanen ging ich zum Hurenhaus der Firma hinüber, und obwohl die dunklen Mädchen in der Tat hübsch waren, hatte ich wenig Lust auf sie, aus Angst, ich könnte mir die französischen Pocken einfangen. Ich betrachtete die hübschen Mulattenmädchen. Ich dachte aber an meine Frau und meine zwei Mädchen in Holland. Ich wünschte jetzt wirklich, ich wäre bei ihnen. Am fünften Tag an Land besuchte ich meinen Seefahrer-Freund Constantijn im Krankenhaus, das hier als "Friedhof" bezeichnet wird. Zu meiner Erleichterung hatte sich Constantijns Zustand sichtbar verbessert, seit er vom Schiff getragen wurde. Das frische Essen und die Landluft führten dazu, dass seine skorbutartigen Hautwunden nun teilweise heilten und obwohl er vier Zähne verloren hatte, war sein Zahnfleisch jetzt viel stärker, so dass er bereits wieder feste Nahrung zu sich nehmen konnte. Er sagte mir, er würde auf ein weiteres Schiff in Richtung Indien warten und ich sollte seine Mutter informieren, sollte ich auf dem Rückweg vor ihm in Holland ankommen, was wahrscheinlich war. Nachdem ich Constantijn aus vollem Herzen eine gute Besserung gewünscht hatte, schloss ich mich einem Teil der Besatzung an, die am Kai Waren aus Holland ablud: Kochgeschirr, Stoff, Ziegel, zwei Kühe. Da ich der Buchhalter des Schiffes bin, besteht eine meiner Aufgaben darin, die Fracht zu zählen und zu erfassen, die in den Rumpf ein- und ausgeladen wird. An Bord des Schiffes gibt es auch viel Schmuggelware, die ich aber hier nicht namentlich nennen werde. Der Maat erzählte mir, dass er zwei hohe Offiziere gesehen hatte, wie sie das Haus eines reichen Bürgers mit Säcken über den Schultern betreten haben. Er sah sie eine Stunde später mit einem Lächeln im Gesicht wieder aus dem Haus hinaus kommen. Natürlich kann das Schiff eine bestimmte Tonnage nicht überschreiten, sodass die Offiziere weniger Nahrung an Bord nehmen lassen, um Platz für Schmuggelware zu schaffen. Wir blieben zweiundzwanzig Tage am Kap und nahmen Fracht, frisches Essen und Wasser auf. Mit einhundertdreiundsechzig Männern segelten wir dann nach Osten in den Indischen Ozean in Richtung Batavia und Indien."

Wasserknappheit

„Am 8. Juni wurde mein Trinkwasser so spärlich, dass ich davon nur noch zwei Liter übrig hatte, und so dick, dass ich es durch mein Taschentuch filtern musste. Ich fing dann zu spät an, mitten auf der Insel zu graben, aber selbst als ich sechs oder sieben Fuß tief gegraben hatte, konnte ich immer noch keine Feuchtigkeit finden. Allmählich dämmerte es mir, dass diese Insel mein Grab werden würde. Alle Hoffnung entschwand aus meinem Geist und mein Körper wurde immer schwächer. Ich habe meine Zeit damit verbracht, über meine Zukunft zu meditieren. Am 10. kochte ich etwas Reis in dem Rest an Wasser, das ich noch hatte, und hoffte kaum noch auf Rettung. Ich sah mich kurz vor dem Untergang. Aber wie es so ist: Die Hoffnung stirbt zu Letzt! Ich erinnerte mich dunkel daran, dass ich früher einmal gehört hatte, dass es auf dieser Insel einen Brunnen mit Wasser gibt. So raffte ich mich auf und schleppte mich über Hügel und Felsen auf die andere Seite der Insel und war entschlossen, keinen Ort unerforscht zu lassen bis ich auf Wasser stoßen würde.

Trotz der Schwierigkeiten an Bord meines Schiffes wünschte ich mir jetzt, ich wäre dort. Von den 200 Männern, die vor zwei Jahren mit mir von Texel aus in See gestochen sind, starben dreißig vor unserer ersten Landung am Kap an Skorbut. Vierzig Männer starben an Fieber in diesem grauenhaften Sumpfloch Batavia. An Bord der "De Snikkel" sind die Ratten wild, und die Wanzen saugten jede Nacht mein Blut. Ich beschwerte mich beim Koch über die eintönige Ernährung mit Bohnen und Zwiebeln und mit Fleisch nur zweimal pro Woche, versalzenem Kabeljau und faulem Wasser. Aber jetzt sehe ich, dass es ein Paradies im Vergleich zu dieser Horror-Insel war.

Heute bin ich zum Gipfel eines der vielen erloschenen Vulkane geklettert und ging auf die Knie und betete. Hier wachsen einige kleine Gräser, aber keine Bäume. Im Süden befindet sich ein weiterer Gipfel mit einem grünen Schimmer an den Hängen. Der Rest der Insel ist wie verbrannte Asche. Ich glaube, dass die Insel ungefähr wie ein gleichseitiges Dreieck geformt ist, wobei die kleine Basis nach Westen in Richtung Brasilien und die Spitze nach Afrika zeigt. Ich würde schätzen, dass die Basis sechs Meilen lang ist; die Seiten des Dreiecks etwas größer. Nachdem ich heute Abend zahlreiche Gebete gesprochen hatte, schaute ich auf die Wolke von Seevögeln, die sich gemeinsam erhoben. Tausende und Abertausende von Seeschwalben und Tölpeln stürzen sich von den Felsen, wo sie brüten und fliegen zusammen weg, angeführt von einem Leittier.

Der einzige Feind dieser unschuldigen Kreaturen sind die Ratten, die zweifellos von den Portugiesen hier eingeführt wurden, als sie an dem Tag, an dem unser Herr in den Himmel aufstieg, zum ersten Mal hier landeten. Die Winde wehen heute wieder stetig aus dem Osten, es ist trocken und heiß wie fast immer. Die grausame Sonne geht auf und erhitzt die kargen Steine. Meine Frau und meine Freunde in Amsterdam würden mich um diese warme Sonne und das warme

Klima beneiden. In Holland regnet es wahrscheinlich. Freunde? Ich habe keine Freunde mehr außer vielleicht dem Tod. Er wartet nun auf der anderen Seite des grünen Berges auf mich. Warum gehe ich jetzt nicht zu ihm? Lass mich dem Tod direkt begegnen, denn es gibt keine Hoffnung. Nach vier mühsamen Stunden Suche war meine Zunge ausgetrocknet. Die unerträgliche Hitze der Sonne machte mein Leben zu einer schrecklichen Last für mich. Aber ich ging sehr schwach weiter und war fast tot vor Hitze und übermäßiger Müdigkeit. Dann jedoch führte mich Gott in seiner gnädigen Güte zu einer vertieften Stelle in einem Felsen, von wo aus ein Strom von frischem Wasser ausströmte. Es ist mir unmöglich, meine Freude und mein Glück bei diesem Anblick auszudrücken. Ich hatte schon angefangen, meinen eigenen Urin und das Blut eines Vogels zu trinken, aber nun war ich scheinbar gerettet. Das war ein Zeichen Gottes, das er nicht an den Vorwürfe der Sodomie fest hielt und die Bestrafung für zu hart erachtete. Ich trank so viel, bis ich nicht mehr konnte, und setzte mich dann für einige Zeit neben die Quelle, um dann erneut ganz viel zu trinken. Ich merkte, wie das Leben wieder in meinen Körper zurück kehrte. Nach dieser Erfrischung ging ich in mein Zelt zurück. Ich hatte aber kein Gefäß, um Wasser mitzunehmen. Die Flasche, in der der getrocknete Penis gelegen hatte, war durch einen Sprung im Glas nicht nutzbar gewesen. So ließ ich sie am Fahnenmast zurück. Am 11. Juni, am Morgen, nachdem ich dem Schöpfer aller Dinge meinen aufrichtigen und bescheidenen Dank in einem Gebet erwidert hatte, brachte ich meinen Teekessel zusammen mit etwas Reis und Holz an den Ort dieser wunderbaren Quelle und dort kochte ich meinen Reis und aß ihn. Am 12. kochte ich etwas Reis zum Frühstück und trug danach mit viel Mühe zwei Eimer Wasser zu meinem Zelt. Da meine Schuhe mittlerweile abgenutzt waren, zerschnitten die schroffen Felsen meine Füße in schrecklicher Art und Weise. Oft lief ich Gefahr, zu stürzen und meine Eimer zu zerbrechen, ohne die ich aber unmöglich überleben konnte. Am 13. ging ich auf Nahrungssuche, fand aber mal wieder keine. Ich traf zufällig auf ein paar kleine Unkräuter, die ich in mein Zelt brachte und mit etwas Reis für mein Abendessen kochte. Danach ging ich zur Küste, um wie gewohnt nach Schiffen Ausschau zu halten, aber in mir wuchs eine tiefe Melancholie. Ich begriff, das es wohl sinnlos war, auf Rettung zu hoffen."

Robinson Crusoe und Alexander Selkirk

Das Stranden von Seeleuten aufgrund von Naturkatastrophen geschah in der Zeit der Segelschifffahrt ziemlich häufig. „Robinson Crusoe" von Daniel Defoe zeichnete eine nicht völlig ungewöhnliche Erfahrung jener Zeit auf, als sie 1719 veröffentlicht wurde. Jonathan Swifts Held Lemuel Gulliver erlebte vier verschiedene Katastrophen, die ihn in abgelegene und unerforschten Teile der Welt brachten. Gullivers Reisen erschienen 1726, ein Jahr nachdem man Bosch auf Ascension ausgesetzt hatte. Boschs Fall war jedoch insofern etwas ungewöhnlich, als er von seinen Offizieren, die seine sexuellen Neigungen verurteilten, gewaltsam und gegen seinen Willen an Land gebracht wurde.

Der berühmteste britische „Castaway" des 18. Jahrhunderts war Alexander Selkirk, ein dreißigjähriger Schotte, der auf eigenen Wunsch 1708 auf der Insel Juan Fernandez an Land gebracht wurde. Nachdem Selkirk unversöhnliche Differenzen mit seinem Kapitän hatte, entschied er sich, seinem eigenen Schicksal auf einer kleinen Insel vor der Küste Chiles zu vertrauen, anstatt mit einem so unmöglichen Kommandanten in einem schlecht gepflegten Schiff zu segeln. Juan Fernandez war eine gut bewässerte Insel mit üppigen Bäumen, Katzen und Ziegen, die zum Glück einfach gefangen werden konnten. Die ersten Monate waren für Selkirk dennoch hart, die Dämonen der Einsamkeit machten ihm sehr zu schaffen. Er stürzte sich in hektische Aktivitäten, um das Alleinsein nicht „sprichwörtlich hören" zu müssen und in Melancholie zu verfallen.

Er baute sich zwei Hütten mit Holz von abgestorbenen Pimiento-Bäumen, bedeckte sie mit langem Gras als Dach und verkleidete sie mit Ziegenhäuten. Die Ziegen tötete er mit seiner Waffe, solange sein Pulvervorrat, der nur ein Pfund groß war, noch bestand. Er schürte Feuer durch das Reiben von zwei Stangen Pimiento-Holz auf seinem Knie. In der kleineren Hütte, in einiger Entfernung von der anderen, bewahrte er seine Lebensmittel auf und in der größeren schlief er und beschäftigte sich mit Lesen, Psalmen singen und beten; so dass er sagte, er sei während dieser Einsamkeit ein besserer Christ geworden, als jemals zuvor. Das Pimiento-Holz, welches sehr rauchfrei verbrannte, diente ihm sowohl zum Kochen als auch als Lichtquelle und erfrischte ihn mit seinem duftenden Geruch.

Er hätte genug Fische fangen können, doch er konnte sie aber aus Mangel an Salz nicht essen, weil sie ungesalzen Durchfall verursachten. Die Krebse, die dort so groß wie unsere Hummer waren, konnte er jedoch in Massen fangen und frisch verspeisen. Allerdings waren sie ihm eigentlich zuwider. Er briet sie, ebenso wie das Fleisch der wilden Ziegen, aus dem er sehr gute Brühe kochte...

Irgendwann kam er auf die Idee, sein Fleisch mit Gemüse zu garen, um es ohne Salz oder Brot gut genug genießen zu können. Er erntete in der Sommerzeit viele gute Rüben, die dort von Kapitän Dampiers Männern gesät worden waren und sich nun unerwartet auf einigen Morgen Boden ausgebreitet hatten. Er besaß genug von gutem Kohl von den Kohlbäumen und würzte sein Fleisch mit den Früchten des Pimiento ... und auch ein schwarzer Pfeffer namens Malagita wuchs auf der Insel, der sehr gut gegen Blähungen und Magenkrämpfen half. Gegen die aggressiven Ratten, die in verschiedenen Arten hier lebten und von Schiffen aus aller Welt, die Wasser und Holz auf der Isla Juan Fernandez bunkerten, auf die Insel gekommen waren, entwickelte Selkirk einen großen Hass. Ebenso mochte er die verwilderten Katzen ganz und gar nicht. Aber er war clever genug, sie gegen die Ratten einzusetzen. Die Ratten nagten im Schlaf an seinen Füßen und Kleidern, was ihn dazu zwang die Katzen mit dem Fleisch seiner Ziegen zu füttern, wodurch viele von ihnen so zahm wurden, dass sie zu Hunderten bei ihm leben wollten und ihn bald von den Ratten befreiten. Er zähmte ebenfalls einige Katzenbabys als Spielkameraden um sich abzulenken. Nun stand er mit seinen 30 Jahren in der Blüte seiner Manneskraft. Schon immer hatte er seine Sexualität stark ausgelebt, doch daran war auf Juan Fernandez nicht zu denken. So griff er für Sex auf die Ziegen zurück, was natürlich nur der Not geschuldet war und in den offiziellen Dokumenten geflissentlich unerwähnt blieb. Durch einen nur kurzen Winter im Juni und Juli blieben die Bäume ganzjährig grün und das Wachstum der Pflanzen wurde kaum eingeschränkt. Die Hitze des Sommers hielt sich ebenso in Grenzen, sodass man sich bezüglich des Klimas fast an einem idealen Ort wähnen konnte. Wäre Selkirk nicht auf Juan Fernandez gelandet, er hätte wohl weiter sein Dasein als Matrose gefristet und vermutlich alsbald bei einem Schiffbruch sein Leben ausgehaucht. So ist es ja dann auch mit seinem ehemaligen Schiff gekommen, welches kurz nach seinem Fortgang von dort im Meer versank. Die Einsamkeit und der Rückzug aus der Welt sind kein so unerträglicher Zustand, wie manche denken. Die Einsamkeit ist ein Zustand, den vor allem die Robinsone der modernen Zeit suchten und regelrecht genossen. Sie ist Teil des Lebenskonzeptes der Robinsone, die sich damit von der Reizüberflutung der Zivilisation befreien wollen, um ihren Geist und die Seele zu reinigen. So plante der Berliner Robinson-Arzt Dr.

Friedrich Ritter in der Abgeschiedenheit der Galapagos-Inseln den Weg zur Weisheit ohne Ablenkungen und in Askese zu beschreiten (siehe Buch „Drama auf Floreana" von Nicolas Montemolinos). Der Robinson der Seychellen, Brendon Grimshaw, hatte dagegen all die Partys und seinen ausschweifenden Lebensstil als Homosexueller so gründlich satt, dass er sich seine eigene Insel als Zufluchtsort gar selbst käuflich erstand (siehe Buch „Vier Grad Süd" vom gleichen Autor). Letztlich geht es bei all diesen Fluchten aus der Welt darum, durch ein einfaches Leben ohne finanzielle Zwänge den Weg zu etwas zu finden, nämlich zum Glück!

Richard Steele, der Selkirk nach seiner Rückkehr von Juan Fernandez in England kennenlernte, schrieb über ihn: "Die Geschichte dieses einfachen Mannes ist ein denkwürdiges Beispiel dafür, dass der Mensch am glücklichsten ist, wenn er seine Existenz auf die natürlichen Notwendigkeiten beschränkt."

Boschs Albträume

„Am 14. Juni brachte ich meinen Teekessel und etwas Reis zur Wasserstelle. Nachdem ich mich erfrischt hatte, kehrte ich in mein Zelt zurück, reparierte erneut meine Kleidung und verbrachte den Rest des Tages damit, die Bibel zu lesen.

Am 15. war ich den ganzen Tag damit beschäftigt, Seevögel, Eier und Krabben zu bekommen. Am 16. Juni 1725 ging ich wie gewohnt am Strand spazieren und konnte es kaum glauben: Am Horizont erspähte ich die Segel dreier im Konvoi fahrender Schiffe. Und ich bildete mir das dieses mal nicht ein! Ich schrie, winkte, machte Zeichen.... vergebens! Nach einer Stunde waren die Segel verschwunden. Ich begriff, dass Ausschau halten keinen Sinn macht! Selbst wenn sie mich sähen, würden sie nicht halten. Denn Zeit ist auch in der Seefahrt Geld und mit knappen Vorräten an Bord vermeidet man tunlichst einen zeitraubenden Stopp auf einer holz- und wasserlosen Insel.

Mitten in der Nacht überraschten mich ungewöhnliche Geräusche. Sie schienen mein Zelt zu umgeben. Ich vernahm ein heftiges Fluchen vermischt mit den blasphemischsten und libidinösesten Ausdrücken, die ich je gehört hatte. Meine Haare standen vor Entsetzen zu Berge und kalter Schweiß lief mir über die Wangen. Zitternd lag ich in meinem Zelt, zu ängstlich um zu sprechen, damit mich ein gemeiner Teufel nicht zur Beute macht. Ich befürchtete, dass der Teufel seinen dunklen Wohnsitz verlassen hatte und begleitet von feurigen Geistern seine Hölle auf Ascension gegen einen betenden Gläubigen verteidigen wollte. Ich war mir sehr sicher, dass es auf der Insel kein menschliches Wesen gab, außer mir selber. Ich glaube, es war kurz vor drei Uhr morgens bevor dieser höllische Tumult aufhörte, und dann schlief ich müde und erschöpft ein. Gegen sieben Uhr stand ich auf, vernahm aber immer noch bittere Schreie in der Nähe meines Zeltes. Doch konnte ich nichts sehen. Es waren offenbar Halluzinationen. Ausgelöst durch die Angst vor dem Tode, die in mir schlummerte. Dann nahm ich mein Gebetbuch und las die Gebete, die für eine Person in meinem Zustand angemessen waren. Gleichzeitig hörte ich eine Stimme sagen: "Schwuchtel, Arschlochficker, Arschlochficker!" Ich habe leider nicht genug Papier, um jeden einzelnen meiner unglücklichen Tage im Detail festzuhalten. Ich wäre nicht in diesem elenden Zustand, wenn Kapitän van Keulen, der elende Hund, mich nicht der „Wasserfolter" unterzogen hätte. War er etwa ein Gehilfe des Teufels? Nach stundenlangem simuliertem Ertrinken hätte ich gestanden, nicht nur seine lieben Kabinenjungen, sondern die gesamte niederländische Marine verführt zu haben. Ich bin vor dem Herrn unschuldig, obwohl meine

Zuneigung zu Frans vielleicht über die eines älteren Freundes hinausging. Wenn ein Mann zwei Jahre lang auf See ist, weg von der Liebe seiner Familie, ist es da nicht irgendwie selbstverständlich, dass er seinen Gefährten Zuneigung schenken und auch von ihm entgegennehmen möchte, besonders wenn dieser schön, freundlich und wie ein junges Mädchen geformt ist wie Frans? Und habe ich seinem Onkel nicht versprochen, dass ich mich um ihn kümmern würde?

Der 17 Juni: Ich holte zwei Eimer Wasser nach Hause und die gefürchtete Nacht kommt. Ich habe zu Gott, dem Allmächtigen, gebetet, damit ich nicht wieder mit diesen bösen Geistern konfrontiert werde. Ich vertraue darauf, dass Gott der Allmächtige meine Gebete erhört hat, denn ich habe große Angst davor, ihnen und dem Teufel erneut zu begegnen. Bevor ich auf diese elende Insel stieß, war ich ein wahrer Calvinist und lachte über die Katholiken, als sie mit mir über spirituelle Erscheinungen sprachen, aber zu meinem großen Entsetzen lag ich wohl falsch und sie richtig. Als ich an diesem Tag unter der hellen Sonne in der Nähe des Gipfels eines Vulkans stand, erschien mir ein Mann in der Gestalt von Pieter van Keulen. Er hat sich mit mir unterhalten. Ich wusste nicht, ob ich wegrennen oder mich wegducken sollte, blieb aber an der Stelle verwurzelt, als er mit mir über die Sünden meines vergangenen Lebens sprach. Kapitän van Keulens Nähe schockierte mich, so dass ich mir nicht sicher war, ob ich bereits tot war oder ob diese Vision vom Teufel gesendet wurde, um mich auf den Tod vorzubereiten. Vielleicht hat die Sonne mein Gehirn verwirrt. Ich ließ mich auf die Knie fallen und betete zum Vater, zum Sohn und zum Heiligen Geist. Als ich aufschaute, war der Kapitän verschwunden...

Am 18., nach meinen Andachten, ging ich wie gewohnt hinaus und nahm mein Beil mit. Im Norden der Insel fand ich einen Baum, besser gesagt Treibholz am Strand, von dem ich glaubte, dass die Vorsehung ihn für mich an Land geworfen hatte, um mein gegenwärtiges Elend zu lindern. Ich teilte das Holz mit meinem Beil, wobei es mehr war, als ich auf einmal tragen konnte. Ich nahm einen Teil davon auf meine Schulter und nachdem ich es auf halbem Weg zu meinem Zelt getragen hatte, legte ich es hin und ruhte mich darauf aus. In Gedanken hörte ich wieder Stimmen: Ach! Wie elend ist dieser Mann, dessen bestialische Freuden ihn für den Rest seiner Mitgeschöpfe abscheulich gemacht und ihn auf eine kargen Insel gebracht haben. Er ist wie Nebukadnezar, von den Menschen verschmäht, betet er, um seine elenden Tage zu beenden! Sein schlechtes Gewissen prüft ihn, seine Verbrechen schlagen ihm ins Gesicht, und sein falsches Leben ruft laut nach Rache aus der Höhe.

Während ich meine müden Glieder ausruhte und die Stimmen hörte, erschien mir erneut Kapitän van Keulen. Ich war entsetzt! Er verfolgte mich! Aber ich wurde wütend. Die Angst verflog. Ich beschimpfte den Kapitän. Ich öffnete meine Hose und zeigte dem Kapitän mein entblößtes Glied, welches vor Erregung zu einer beachtlichen Größe angeschwollen war. „Willst Du es haben? Bist Du deswegen hier?", rief ich ihm entgegen. Aber er war fort. Mein Penis sackte erschlafft zusammen. Ich rief mir die Erinnerung ins Gedächtnis zurück, wie ihn Frans gekonnt mit seiner warmen Zunge umspielte und verwöhnte. So musste ich selber Hand an mich legen, um die Anspannung in meinem Körper zu beenden. Nachdem ich mich dann wirklich einige Zeit ausgeruht hatte, trug ich meine Last zum Zelt und kehrte zurück, um den anderen Teil zu holen.

In der Nacht blieb ich von den bösen Stimmen verschont. Auch am nächsten Tag hörte ich nichts von ihnen, was mich hoffen ließ, dass die Verdammten wieder in ihre düsteren Höhlen zurück gekehrt wären. Aber als die Nacht hereinbrach, kamen sie zurück. Auch der

Kapitän erschien mir erneut. Er sprach mehrfach mit mir. Immer wieder beteuerte er, dass meine Sünden sein Schiff in Gefahr gebracht hätten. Er hätte nicht anders handeln können! Der Topf wurde von ihm heruntergeworfen, das Licht gelöscht und alle meine Sachen in einer seltsamen Unordnung zurückgelassen. Dann begann ich zu hoffen, dass wenn der Himmel es nicht für angebracht hielt, meine Qualen zu beenden, diese Erscheinungen als Sühne für meinen Wunsch dienen würden, Männer zu benutzen, wenn mein Körper seine Fleischeslust nicht mehr im Zaum halten konnte.

Doch diese Hoffnung verflog, so schnell sie gekommen war. Am nächsten morgen erwachte ich voll mit Kummer. Ich spürte: Mein Tod rückt wohl näher, meine Kraft nimmt ab und das Leben ist für mich zu einer großen Belastung geworden. Ich träumte, ich wäre wieder an Bord der "De Snikkel", die mit voller Kraft vor dem Wind durch das Meer rauscht. Ich hatte meine Buchhaltungsunterlagen unter Deck gelassen und war die Netzleiter zum Krähennest, d.h. dem Aussichtskorb über dem Hauptsegel hochgeklettert. Über mir flatterte die Flagge von Zeeland; vor und unter mir sah ich die blau-orangefarbene Flagge Hollands, die über dem Spritsail-Topmast wehte. Mit mir im Krähennest war ein ganz junger Seemann, der den Horizont konzentriert nach Landzeichen absuchte. Ich bot ihm einige Cent Entlohnung an und fragte ihn, ob er ein „Leckermäulchen" sein wolle. Dies war bei den erfahrenen Soldaten und Seemännern an Bord eine mehr oder weniger verschlüsselte Anfrage dafür, ob der Kamerad bereit für oralen Verkehr war. Von den ganz jungen Matrosen, von denen viele keine Ausbildung besaßen und folglich nur einen geringen Hungerlohn erhielten, waren einige für die zusätzliche Bezahlung sehr empfänglich. Es sprach sich natürlich an Bord schnell herum, wer bereit war seinen Kameraden auf diese Art Erleichterung zu verschaffen. Natürlich war das alles nicht offiziell, sondern ganz und gar geheim. Die Kapitäne wussten selbstverständlich von diesen

Vorgängen. Sie konnten es aber nicht verhindern. Schließlich war man monatelang auf See und das ohne Frauen an Bord. Kapitän Pieter van Keulen, ein ziemlich religiöser Mensch, fürchtete sich vor der Strafe Gottes und tat alles, um sein Schiff vor der furchtbaren „Sodomie" zu schützen. So ließ er den Koch die Speisen mit einem bestimmten Salz präparieren, was die Libido drücken sollte. In Batavia orderte er 20 „Coco-de-Mer" Seychellennüsse, deren Form der eines weiblichen Beckens glich. Diese wurden im zentralen Dreieck angebohrt und mit glitschigem Seetang gefüllt. Anschließend reichte man die Nuss als „Ersatzfrau" umher, an der sich die Matrosen der Reihe nach befriedigen konnten. Jedoch empfand ich dabei nur Abscheu und keinerlei Genuss. Es ging doch nichts über einen echten, warmen Mund oder einen weichen Anus, der den Saft des Lebens dankbar aufnehmen konnte. Das war allemal besser als eine kalte, tote Nuss. Der Gedanke an die Männer machte mich sehr traurig. Wer war gestorben und wer würde sterben, um das Unternehmen zu bereichern? Viele seiner Angestellten mussten sterben, damit die Gewürze und das Gold weiterhin nach Holland fließen konnten. Viele arme Eingeborene wurden in die Sklaverei verkauft, damit Seide die schönen Frauen der hohen Herren zierte. Der Laderaum der "De Snikkel" ist mit Nelken und Muskatnuss, Zimt, Ingwer und Myrrhe prall gefüllt, was die Herzen der Aktionäre des Unternehmens erfreuen wird, wenn sie (ohne mich) in Amsterdam ankommt. Außerdem bestand die Ladung aus 200 Säcken Zucker, 80 Rollen feiner Seide und hochwertigem Kupfer aus Japan, Saphiren und Rubinen aus Ceylon, geschnitztes Elfenbein und Baumwollgut von Calicut. Als Gegenleistung für diesen Luxus, der die Bürger von Amsterdam bereichern wird, transportierten wir in unserem Laderaum Fässer mit gepökeltem Schweinefleisch, Rindfleisch, Heringen und anderem Salzfisch, großen Mengen an Edamer Käse, Eisenbarren und Schmuckstücke für die „Wilden" , Messingkanonen,

Musketen, Pulver und Kanonenkugeln, um unsere Herrschaft aufrechtzuerhalten, und wenn ich daran denke – auch noch 200 Barrel Wein, Bier und starken Schnaps. Da ich der Buchhalter auf dem Schiff war, wusste ich natürlich ganz genau, woraus die Ladung bestand. Ich wusste auch, dass Kapitän van Keulen nebenbei im privaten Schmuggel tätig war, was streng gegen die Regeln der Firma verstößt. In Deshima hatte er illegal Goldmünzen gehandelt, für sieben Elfenbeinidole. Vermutlich spielte dies bei meiner Bestrafung auch eine Rolle. So konnte er mich legal entsorgen und war einen Mitwisser los.

Brandon Barrows, der Engländer, kam auf der Hinreise ums Leben, als er versuchte, im Sturm ein Vordersegel einzuholen. Er ging über Bord. Wir haben seinen Körper nie gefunden. Der junge Derk Dijkstra fiel vom Mast und der Inhalt seines zerschmetterten Schädels spritze über das Deck. Er wurde auf See bestattet. Drei „Hooploopers", das sind Seemannslehrlinge, starben an Skorbut, bevor wir St. Helena erreichten. Auch diese Knaben wurden wie der Müll über Bord geworfen. Küchenabfälle verblieben an Bord, damit fütterte der Koch das „Bordschwein", welches in der Regel kurz vor der Ankunft in einem Hafen geschlachtet wurde und durch ein neues Schwein ersetzt werden konnte. Diese Bordschweine dienten als „lebende Vorräte", vor allem für die Offiziere. Aber Gott hat mich zumindest auf der Reise auf See vor dem Tod bewahrt, obwohl ich nur ein kleiner Buchhalter bin. Deshalb vertraue ich auf seine Barmherzigkeit ...

Auf dem Weg nach Kapstadt erblickten wir eines Tages jenseits des Horizonts im Osten den üppigen afrikanischen Kontinent mit Regen, der in Strömen auf grüne Wälder fiel. Eingeborene, so schwarz wie eine Nacht ohne Mond, badeten am Strand und spritzten Wasser aufeinander. Wir zogen uns völlig nackt aus und sprangen ins kühle Wasser. Wir spielten mit den schwarzen Eingeborenen im Wasser. Die kannten anscheinend weiße Menschen aus Europa und hatten gar keine Angst! Mich wunderte dieses Verhalten, denn wir waren an der Sklavenküste. Doch die Eingeborenen erkannten sehr schnell, dass wir keine Menschen, sondern Sinnenfreuden suchten. Sie brachten uns exotische Früchte und verwöhnten unsere Körper nach allen Regeln der Kunst, sowohl die Frauen als auch die Männer. Der weiße Samen der Seeleute lief wie der Zuckerguss auf weihnachtlichem Lebkuchen an ihrer dunklen Haut herunter. Obwohl sie nicht unsere Sprache sprachen, funktionierte die Kommunikation über Gesten und das Lächeln in ihren Gesichtern. Kapitän van Keulen unterband das Treiben nicht, denn er lag mit Fieber krank unter Deck, unfähig klar zu denken. Diese Situation nutzte die Mannschaft für ihren kurzen Zwischenstopp im Paradies aus. Einige hatten die Idee, gleich ganz hier zu bleiben, doch keiner wagte es, dieses tatsächlich zu tun. So setzten wir noch am Abend die Segel und fuhren weiter. Es wurde über die Sache nie mehr gesprochen.

Auf unserem stabilen Schiff "De Snikkel" mit seinem rundem Boden, 130 Fuß lang und wie eine schwangere Kuh gebaut, herrschte weitestgehend langweilige Disziplin. Unsere Hängematten wurden zwischen die Kanonen gehangen. Obwohl wir als ein Handelsschiff fuhren, waren wir bis unter die Zähne bewaffnet. Sand und Steine in den Bilgen hielten das Schiff bei starkem Seegang ruhig. Die VOC bestraft Männer, die im Laderaum pissen oder scheißen. Trotzdem verhalten sich viele Menschen wie Tiere und haben die Bilgen tatsächlich mit üblen Ausscheidungen und Gerüchen gefüllt. Es kommt immer ein Gestank aus dem Innern des Schiffes. Trotzdem behaupte ich, dass die "De Snikkel" viel sauberer ist als die englischen und spanischen Schiffe, die ich bestiegen habe. Normalerweise haben Schiffe mehrere starke Seile an der Seite, deren dicke ausgefranste Enden wie Bommel im Meerwasser hängen. Wenn man in einen Eimer gekackt hat, schüttet man den Inhalt des Eimers über Bord und holt einen Bommel, das sogenannte „Allemannsend" aus dem Wasser und wischt sich damit den Hintern ab. Ist man fertig, wirft man den Bommel zurück ins Fahrtwasser, damit er sauber für den nächsten Benutzer wird. Direkt auf dem Sandballast liegen die Wasser- und Weinfässer des Schiffes; die kostbare Fracht wird dagegen in den Decks oben gelagert, eine Fracht, die es mir und der gesamten Crew ermöglichen würde, für den Rest unseres Lebens gut zu leben. Aber meine Gedanken wanderten und ich sah wieder die Schwarzen im afrikanischen Meer schwimmen. Da spürte ich die große Trockenheit im Hals und meinen schrecklichen Durst."

Abbildung 03: Die Küste von Ascension ist öde und leer. Eine gewisse Ähnlichkeit der Landschaft mit den Galapagos-Inseln ist gegeben.

Holland und die Welt von Bosch

Im 17. Jahrhundert entwickelte sich die unabhängige niederländische Republik zur größten See- und Handelsnation der Welt. Die Macht des kleinen Holland stieg nach der Verwüstung Mitteleuropas während des Dreißigjährigen Krieges (1618-1648) bemerkenswert an. Die sieben protestantischen Provinzen im Norden der Niederlande, von denen Holland die größte war, begrüßten die verfolgten und talentierten Flüchtlinge aus der katholischen Welt als Einwanderer, die damals von den Spaniern und Portugiesen dominiert wurde.

Fleißige Hugenotten, Juden, Andersdenkende, Opfer der Inquisition, sogar Katholiken, die unpopuläre Ideen zum Ausdruck brachten, kamen nach Holland und machten es zum intellektuellen und industriellen Hotspot der Welt. Die spanischen Niederlande waren lange Zeit ein Zentrum für Produktion und Handel in Nordeuropa und niederländische Kaufleute wurden auf der ganzen Welt respektiert. Niederländische Fischer dominierten die Nordseefischerei. Als der Hering aus unbekannten Gründen 1473 aus der Ostsee in die Nordsee zog, fischten Boote aus Zeeland und Holland die Dogger Bank leer. Amsterdam sei "auf Heringsknochen gebaut" war ein geflügeltes Sprichwort jener Zeit. Auch Austern, Kabeljau und Wale standen auf der Fangliste. Die Holländer schickten 7.000 Schiffe ins Nordmeer bis nach Spitzbergen bzw. in die Arktis und harpunierten von 1675 bis 1721 über 30.000 Wale.

Der Kampf der Holländer um die Unabhängigkeit von Spanien zog jedoch Männer und Energie aus der Wirtschaft. Die Holländer, die in einem kleinen, halb unter dem Meeresspiegel liegenden, sumpfigen Flachlanddreieck lebten, das kaum für die menschliche Besiedlung geeignet war, mussten für ihre Freiheit gegen das kaiserliche Spanien kämpfen, welches zeitweise die Hälfte der westlichen Welt regierte.

Obwohl die Holländer einige der blutigsten Grausamkeiten erlitten haben, die jemals von einer sogenannten christlichen Sekte gegen eine andere begangen wurden, ebnete ihnen die Kombination aus Sparsamkeit, harter Arbeit und Offenheit für neue Ideen (gepaart mit der Dickköpfigkeit der Spanier unter dem Herzog von Alba und Philip II) trotz allem den Weg für den wirtschaftlichen Aufstieg. Philipps ultimativer Fehler bestand darin, den Krieges gegen die Niederlande wegen seines Angriffs auf England mit seiner "unbesiegbaren Armada" nicht weiter zu verfolgen.

Viele der spanischen Galeonen wurden von den kleineren, wendigeren niederländischen Schiffen zerstört. Durch die Niederlage der Armada hatten England und Holland nun die Kontrolle über die Meere. Während des achtzigjährigen Krieges gegen die Spanier plünderten niederländische Freibeuter viele reiche spanische Galeonen. 1648 erkannte der Westfälische Frieden die Unabhängigkeit der Niederlande an, einschließlich des überwiegend katholischen Flandern. Als der Krieg im späten 16. Jahrhundert nachließ, wandten sich die Holländer in den nördlichen sieben Provinzen mit neuer Kraft dem europäischen und Überseehandel zu.

Niederländische Handelsflotten segelten in den 1590er Jahren nach Ostindien und in den Indischen Ozean. Sie beerbten das niedergehende portugiesische Reich. Der niederländische Handel nach Fernost nahm infolge rasch zu. 1602 schlossen sich niederländische Handelsgruppen zur Vereenigde Oost-Indische Compagnie (United East-India Company) zusammen. Von der Regierung unterstützt und gut finanziert, hatte die VOC das Recht, Kolonien zu gründen, Krieg zu führen, Waren herzustellen und Verträge wie ein souveräner Staat auszuhandeln. Auf dem Höhepunkt seiner Macht im ersten Viertel des achtzehnten Jahrhunderts dominierte die VOC ein Viertel der Erde.

Sie zählte 30.000 Angestellte und war mächtiger als die meisten Nationen der Welt. Im Gegensatz zu den kaiserlichen Ländern lebten die Niederländer ausschließlich vom Handel. Die sieben Provinzen mit 2,5 Millionen Einwohnern verfügten kaum über natürliche Ressourcen. Infolgedessen richteten sich die niederländischen Bemühungen nicht in Richtung des Landes, sondern auf das Meer und darauf, ihren fleißigen Kaufleuten und Finanziers zu helfen. Der VOC, effizient und rücksichtslos im Handel, gelang es, den Handel im Osten des Globus zu dominieren. Das Unternehmen richtete zudem Stützpunkte am Rande des Atlantiks für Händler, Schmuggler und Freibeuter ein, die einen Großteil des Schiffsverkehrs zwischen Amerika nach Europa zu kontrollieren begannen. Amsterdam mutierte zum Handelszentrum Europas. Die Lagerhäuser waren mit exotischen Waren aus allen Teilen der Welt gefüllt. Sein Hafen voll mit Schiffen aus allen Ecken der Welt. Niederländische Kaufleute waren in Russland, der Karibik, Brasilien, Afrika, Japan und Indien zu finden. Sie monopolisierten den Handel und versorgten die Kolonien anderer Nationen mit Waren und Sklaven. Ihre gut konstruierten Schiffe, nautisch erfahrene Besatzungen und die finanziellen Ressourcen machten sie konkurrenzlos. Da gab es niemanden, der zu gleichen Preisen ein ähnliches Angebot offerieren konnte. So geriet der Welthandel zum holländischen Monopol. Der Finanzminister von König Ludwig XIV, Colbert, schätzte, dass die Niederländer 15.000 Schiffe von global insgesamt 20.000 Übersee-Schiffen besaßen. Das winzige Holland kontrollierte in den 1660er Jahren doppelt so viele Schiffe wie die kombinierten Flotten von England, Frankreich und Deutschland zusammen.

Die Niederländer monopolisierten ebenso den baltischen Handel, der sie mit Holz versorgte, das für den Bau von Segelschiffen von entscheidender Bedeutung war. Denn die Niederlande selber waren damals komplett waldfrei. Im 17. Jahrhundert, als sich der Markt von

Zaandam zum Zentrum des europäischen Holzhandels entwickelte, wurden in Holland Schiffe zum halben Preis der Kosten eines in England vom Stapel gelaufenen Schiffes gebaut. Unerschrockene niederländische Händler des 17. Jahrhunderts gründeten die Stadt Archangelsk am Weißen Meer in Russland und besaßen auch größere Außenposten bzw. Handelskolonien in Moskau und Riga. Die Niederländer errichteten ebenso den Hafen von Göteborg und kontrollierten viele Jahre lang den schwedischen Eisen- und Kupferhandel. Im Fernen Osten exportierten sie hochwertiges japanisches Kupfer, das über Nagasaki verschifft wurde, wo die Niederländer die einzige ausländische Nation waren, die mit Erlaubnis des japanischen Kaisers Handel treiben durfte.

In der ersten Hälfte des 17. Jahrhunderts liefen englische und niederländische Schiffe häufig das Kap der Guten Hoffnung auf ihrem Weg Richtung Osten an, um sich mit Wasser und Proviant zu versorgen. Die Schiffe auf dem Weg nach Asien beförderten große Besatzungen, die stets von Soldaten verstärkt wurden. Hunger und Skorbut waren ständige Gefahren. 1652 nahmen die Holländer das Kap in Besitz und sperrten es für konkurrierende Schiffe. Daher gründete die English West India Company 1659 eine Basis auf St. Helena. Die Holländer eroberten die Insel Anfang 1673, wurden jedoch später in diesem Jahr von den Engländern besiegt und vertrieben. England und Frankreich begannen im letzten Viertel des 17. Jahrhunderts, niederländische Handelstechniken nachzuahmen. Sie verabschiedeten Gesetze, die niederländische Händler einschränkten. Die Engländer annektierten die Neuen Niederlande mit der Hauptstadt Neu Amsterdam im Jahr 1644 und benannten die Kolonie in New York um. Colbert in Frankreich baute die französische Handelsmarine auf und schloss niederländische Händler streng aus französischen Kolonien aus. Von 1650 bis 1697 führten Holland und England drei Seekriege, die die Niederländer stark schwächten. Für eine Nation von nur 2,5 Millionen Menschen wurden Kriege mit England und später mit Frankreich zu unerträglichen Belastungen. Zuerst hielten die Holländer die Engländer in Schach. Die wagemutige niederländische Flotte segelte die Themse hinauf und verbrannte englische Schiffe, während sich Charles II bei Jagdgesellschaften, ausufernden Abendessen und mit Sex-Orgien vergnügte. Doch England schlug zurück! Geschwächt durch die erosiven Auswirkungen der späteren Seekriege von 1672-78 und 1688-97, war Holland dann um 1700 nur noch eine Macht zweiter Klasse (im Vergleich zu England und Frankreich).

Dennoch besaßen die Niederländer immer noch großen Reichtum und eine beeindruckende Handelsmarine. Die VOC Kapitaldividenden lagen in den Jahren 1715 - 1720 bei über vierzig Prozent. Der 1702 begonnene Spanische Erbfolgekrieg behinderte die Franzosen bei ihren Bemühungen in Übersee, schwächte Holland gänzlich und katapultierte schließlich Großbritannien in seine Rolle als größte Seemacht und Herrin der Meere. Der Eiserne Herzog von Marlborough errang gegen Holland eine lange Reihe brillanter militärischer Siege, die schließlich im Frieden von Utrecht (1711) gipfelten - ein Vertrag, der den Händlern und Kaufleuten Englands unbeschreibliche Vorteile einräumte. Ludwig XIV von Frankreich musste um Frieden betteln und gab viele französische Besitztümer in Übersee auf (z.B. Mauritius). Außerdem gewann England Gibraltar und somit die Kontrolle über das Mittelmeer. Von nun an konnte Holland in der Weltpolitik nur noch eine relativ untergeordnete Rolle spielen. Aber mit seinen neuen Finanzierungs-Möglichkeiten um Kaufleuten und Logistikern Geld zu leihen, seinen effizienten Holztransportschiffen und seinen hart arbeitenden Menschen gedieh Amsterdam und Hunderte von Schiffen aus allen Teilen der Welt besuchten seinen Hafen und ankerten im Fluss. Zweihunderttausend Einwohner lebten in Amsterdam, was es zu einer der bevölkerungsreichsten Städte des achtzehnten Jahrhunderts machte. Es war eine Stadt, die dem Meer abgerungen worden war und ihr flaches Land endete ohne großen Übergang in der Nordsee. Die Holländer schoben das Salzwasser aus der Stadt heraus und bauten vier halbkreisförmige Kanäle um das Herz der Stadt. Mit Bäumen gesäumte Straßen, belebte Kais und gepflegte Backsteinhäuser fielen dem Reisenden ins Auge, außer natürlich im Bezirk Jordaan, wo die Landspekulanten schlecht gebaute Häuser für die Einwanderer errichtet hatten - Juden, sogenannte Marranos aus Iberien, Hugenotten aus Frankreich und die Elendigen aller Nationalitäten hausten dort. Die Holländer nahmen sie alle auf; sie alle trugen zu Hollands Ruhm und Wachstum bei.

Wie ihre Haltung gegenüber der Moral war auch die Haltung der niederländischen Calvinisten gegenüber Amsterdam recht ambivalent. Der Reichtum der großen Stadt stand im Widerspruch zu dem strengen protestantischen Wunsch nach Einfachheit und Reinheit. Baruch Spinoze lobte den reichsten Hafen der Welt: "In dieser blühenden Republik, dieser unübertroffenen Stadt, leben Männer jeder Nation und jeder Sekte in äußerster Harmonie zusammen. Bevor man aber jemandem seine Waren anvertraut, muss man herausfinden, ob er reich oder arm ist und ob er ehrlich oder betrügerisch ist. "

Der Prediger Bartens, ein bekannter Calvinist aus dem 17. Jahrhundert, sah sich Amsterdams von Bäumen gesäumte Straßen, seine gemütlichen Geschäfte und Häuser aus rotem Backstein an und fand die Stadt und ihre Bewohner bösartig: "Die Händler und Schiffer können mit jedermanns Geld gekauft werden; sie dienen dem Papst und den Heiden, dem Mohr und den Türken. Sie kümmern sich weder um Gott noch um das liebe Vaterland. Sie kümmern sich nur um Profit, Profit allein! Profit allein!" Widersprüche erfüllten die niederländische Gesellschaft, aber sowohl ihre Lobenden als auch ihre Kritiker waren sich einig, dass nur der Handel und Reichtum diese calvinistische Republik aufgebaut hatten.

Batavia

Die "De Snikkel" erreichte Batavia auf Java, die heutige Hauptstadt Jakarta von Indonesien, im Juli 1724. Laut Bosch's Tagebuch blieb das Schiff drei Monate in diesem einzigartigen holländischen Hafen und entlud einen Großteil seiner Fracht, nahm andere Sendungen auf und segelte dann durch das Gewürzinsel-Archipel ins Chinesische Meer mit Ziel Formosa (Taiwan) und Japan. Bosch schreibt: „7. Oktober 1724. Ich verbrachte den größten Teil des Tages auf dem Deck der "De Snikkel" und zählte und überprüfte die Fracht. Batavia ist ein großartiger Hafen, der wie eine niederländische Stadt angelegt ist, aber von fremden Männern aus allen Ländern und Ecken der Erde bewohnt wird. Wir waren hier für drei Monate, in der sich die Crew von den Strapazen der Anreise erholen konnte. Die Kranken wurden gesund und der Vitaminmangel der Mannschaft behoben. Auch konnten die Seeleute in Batavia ihre sexuellen Defizite ausgleichen, hierzu gab es viele Gelegenheiten. Wir handelten mit den Malaien und Chinesen und luden eine Vielzahl von Waren an Bord. Hunderte von Schiffen liegen im Hafen vor Anker oder verweilen vor der Küste und warten darauf, an den Kais anlegen zu dürfen. Neben unserem Schiff befindet sich ein Frachter aus Ceylon (Sri Lanka) mit drei Elefanten auf dem Achterdeck und Säcken mit süß riechendem Zimt, die unter Deck und auf dem Vorderdeck geladen sind. Zum Hafen hin liegt eine arabische Dau vor Anker, die mit dunkelbraunem und schwarzem Edelholz aus dem Oman beladen ist. Unsere Firmenschiffe bringen Seide, Kupfer und Elfenbeinschnitzereien aus Japan, Pfeffer und Nelken von den Molukken und tausend andere Produkte aus unseren Fabriken im ganzen Osten. Die Waren werden in Lagern und Magazinen des Unternehmens gelagert und dann auf Schiffe verladen, die nach Holland oder in andere vom Unternehmen kontrollierte Häfen fahren.

8. Oktober. Nach den Gebeten heute Morgen machte ich mich auf die Suche nach Rudi Rutters, dem Vormund bzw. „Onkel" von Frans Smit. Er ist ein alter Bekannter und Freund von mir aus Holland und lebt schon seit Jahren hier in Ostindien. Batavias Straßen waren voller chinesischer Kaufleute, die überall dort, wo es eine leere Stelle gab, kleine Läden eingerichtet hatten. Sie verkaufen Waren aus Kanton und sogar Waren aus den Geschäften der VOC (was gegen die Vorschriften verstößt). Aber der private Handel ist weit verbreitet. Obwohl viele mit leeren Händen hierher gekommen sind, wurden chinesische Kaufleute durch ihren unaufhörlichen Handel reich. Ich stellte fest, dass sie zwar einen ausgezeichneten Ruf als ehrliche Händler besitzen, aber auch einen als schlechte Soldaten haben, wenn die Firma sie zum Kampf aufruft.

Der Volksmund sagt, dass sie immer in die gleiche Richtung wie der Feind laufen; sie fliehen, wenn er angreift, und sie rücken mutig vor, wenn er flieht. Neben den Chinesen laufen hundert andere Nationen, von denen viele in fantastische Gewändern gekleidet sind, durch die breiten, sauberen Straßen der niederländischen Stadt Batavia, dem Amsterdam in den Tropen. Es gibt ein Gesetz, dass nur Christen sich wie Holländer kleiden dürfen: Alle Ungläubigen müssen ihre einheimischen Trachten tragen. Ich habe Molukken, Araber, Balinesen, Kambodschaner, und Inder gesehen. An Europäern gibt es hier außer den Niederländern noch Portugiesen, Engländer und Dänen.

Was es hier nicht alles für seltsame Leute gibt: Heute sah ich einen dunklen „Mardijker", einen halb christlichen Inder, gekleidet wie ein Quacksalber auf einer Landmesse in Friesland mit einem europäischen Hemd und einer Hose, aber ohne Schuhe. Sie haben den Ruf, schlau zu sein. Viele der Frauen schmücken sich mit exotischen Kostümen, die mit Seide, Gold und Juwelen besetzt sind. Die reicheren Frauen gehen niemals ohne einen Konvoi von Sklaven auf die Straße, die sie schamlos misshandeln. Die meisten dieser Frauen sind zwar mit reichen Holländern verheiratet, haben aber wenig Europäisches an sich. Sie sprechen einen primitiven portugiesischen Dialekt und benehmen sich wie Heiden. Eine dicke malaiische Frau, die ich auf der Straße passierte, wurde wütend auf ihre Sklavin, die ihr auf der Straße folgte und einen Schirm über den Kopf hielt, um ihn vor der Sonne zu schützen. Die reiche Frau warf die arme Sklavin zu Boden und schlug sie mit einer Peitsche. Sie verfluchte sie die ganze Zeit auf Portugiesisch, der gemeinsamen Sprache der meisten Weiber, die unsere Holländer hier mangels niederländischer Frauen als Ehefrauen genommen haben. Diese Frauen haben nie gelernt, richtig Niederländisch zu sprechen und geben ihre schlechten Gewohnheiten an ihre Kinder weiter. Es ist furchtbar, das mitansehen zu müssen! Batavia ist einfach kein Ort, um ein niederländisches Kind richtig zu erziehen.

In der Nähe der massiven Festung, die den Eingang zu Batavias Hafen bewacht, sah ich den Generalgouverneur Durven, wie er von vier schwarzen Sklaven auf einer Sänfte getragen wurde. Eine Kompanie Dragoner mit Hellebarden begleitete ihn. Es gilt die Regel, dass alle Passanten still stehen und sich respektvoll verbeugen müssen, wenn seine vergoldete Kutsche vorbeifährt. In seinem Gefährt entdeckte ich einmal zwei junge und schöne dunkle Mädchen. Der Wirt Meyer sagte mir, dass der Gouverneur seine Abende mit vielen verschiedenen Frauen verbringt und einen Harem hat, der mit dem des Kalifen von Bagdad konkurriert. Batavia ist eine wirklich lasterhafte Stadt. Üppige und laszive Frauen gehen schamlos durch die Straßen, besonders in dem Viertel, das von den Seeleuten frequentiert wird. Die einheimischen Weibsbilder werden von jenen verlorenen Männern, die jeden Anschein von Respektabilität aufgegeben haben, als besonders begehrt angesehen, ebenso wie von vielen unserer Landsleute, die seit Jahren hier leben. Batavia ist für mich die Wiedergeburt von Sodom und Gomorrha!

Rudi Rutters und ich haben letzte Nacht zusammen in Meyers Taverne gegessen und getrunken. Obwohl alle Tavernen bis 21 Uhr geschlossen sein müssen, gibt es nach dieser Stunde keinen Mangel an Wein und Bier und die Straßen sind voller betrunkener Männer und Frauen, bis die Sonne aufgeht. Rudi erzählte mir obszöne Geschichten über seine Begegnungen mit Sklavinnen. Ich hörte höflich zu, obwohl mich vieles, was er mir erzählte, mit Abscheu erfüllte. Es gibt wenig Moral in Batavia; Trinken und perverser Sex sind bei den Europäern hier offenbar an der Tagesordnung.

Ich bin besonders traurig zu sehen, wie tief mein Freund von den christlichen Lehren abgefallen ist, Er war so fromm, als er vor zehn Jahren nach Batavia segelte. Ich erkenne ihn kaum wieder. Sein Körper ist fett geworden, und seine Seele ist jetzt leider ziemlich verdorben. Rudi brachte mich zu sich nach Hause und stellte mich seiner jungen Frau vor, die Mardijker und nominell Christin ist. Ich war überrascht zu sehen, wie Rudis Frau im Schneidersitz auf ihren Hüften saß und ihr Curry mit den Fingern aß wie ein asiatischer Wilder, aber Rudi versicherte mir, dass es in Batavia Brauch ist, auf dem Boden sitzend zu speisen und nicht am Tisch. Sie sprach ein seltsames Gemisch aus Portugiesisch, Indisch und Niederländisch. Er stellte mich einem Jungen namens Frans vor, der seiner Aussage nach sein "Neffe" war, obwohl andere mir unter dem Siegel der

Verschwiegenheit berichteten, dass die Beziehung enger ist, d.h. das er den Jungen für Sex erworben hatte. Frans ist fünfzehn, aber er sieht jünger aus. Er ist ein hübscher und artiger Junge. Rudi bat mich, Frans mit nach Holland zu nehmen und ihn zu erziehen, da das Klima in Batavia ungesund war und die Schulen nur unwissende Lümmel produzieren. Ich stimmte zu, dies für ihn zu tun. Frans ist ein seltsam schöner Junge mit der Haut und den Wimpern eines javanischen Houri, aber mit blonden Haarsträhnen dazwischen. Vermutlich ist Frans wohl der uneheliche Mischling eines Holländers mit einer Mulattin.

Er bewegt seine kleinen, zarten Hände und Füße mit großer Grazie. Er ist dünn, beweglich und gut proportioniert. Er spricht langsam in schlechtem Niederländisch und vermittelt zunächst den ersten Eindruck, dass er ein Schwachkopf ist, aber er spricht jedoch fließend das degenerierte Portugiesisch, welches hier von den Frauen und Sklaven gesprochen wird. Er kann indische und arabische Gedichte rezitieren. Rudi und ich diskutierten über unsere eigene Jugend und einige der Frauen, die wir gekannt hatten, als wir zusammen jung waren. Frans saß still da und hörte zu. Eine Sklavin brachte einen Krug Wein herein. Frans erhob sich, verneigte sich vor uns, lächelte und sagte: "Liebe ist das Wasser, wenn nicht der Wein des Lebens." Er lächelte mich an und ging aus dem Raum. Als Frans mit mir in den üppigen Garten ging, rezitierte er seltsame und bewegende Gedichte eines verrückten indischen Sufi namens Sarmad, der nackt durch die Straßen von Delhi ging. Der Sohn des Mogul liebte Sarmad und der Mogul ließ ihn ermorden. Ich war von da an von diesem Jungen völlig fasziniert.

Bosch zieht in eine Höhle

„21. Juni 1725. Am Morgen hob ich meine Hände zum Himmel, und betete. Dann begab ich mich auf die Suche nach Essbarem. Mein Hunger machte mich wahnsinnig. Ich fand aber keinerlei Nahrungsquellen. So musste ich gesalzenes Vogelfleisch herunterwürgen.

Am 22. war mein Wasservorrat aufgebraucht. Ich nahm meine Eimer, um mehr Wasser von der Quelle im Inselinneren in mein Zelt zu holen. Der Weg erwies aber einfach als viel zu weit. Ich war gezwungen, barfuß über die Felsen zu kraxeln, die so scharf waren, dass sie meine nackten Füße total zerschnitten. Am 23. verbrachte ich meine Zeit im Gebet. Wenn ich nicht betete, schaute ich nach Schiffen auf dem Meer und setzte meine Gebete vom 24. bis 27. unaufhörlich fort. Am 28. kehrte in mein Zelt zurück, nahm mein Bettzeug und einige andere Notwendigkeiten und wanderte zur Mitte der Insel, wo ich eine neue Wohnung in einer Felsen-Höhle errichtete, die viel näher an dem zuvor erwähnten Wasserlauf lag. Aber zu meiner großen Bestürzung schien diese Quelle bald zu versiegen. Es kamen kaum noch Tropfen aus ihr heraus. Ich besorgte ein paar Vogel-Eier von einigen in der Nähe brütenden Tölpeln. Einige waren gesprenkelt wie die unserer einheimischen, holländischen Amseln. Ich kochte sie in meinem Teekessel mit etwas Wasser, das ich noch übrig hatte, und ging dann zur Südseite der Insel, wo es einen großen Hügel aus Sand und Felsen gibt, auf dem ich mehr essbaren Portulak fand, den ich sammelte. Ich briet die Eier und das Kraut und schlang sie gierig herunter, wobei ich mich fast verschluckt hätte. Wenn der Tag sich dem Ende zu neigte, musste ich schnell zurückkehren, damit ich mich nicht im Dunkeln verirrte.

Bevor ich die Felsen-Höhle erreichte, war ich fast tot, weil ich nichts zu trinken hatte, und meine Haut war auf schreckliche Weise von der sengenden Hitze der Sonne verbrannt, so dass sie mit Blasen überzogen anfing, sich von meinem Fleisch zu lösen. Am 29. erklomm ich die Spitze des nahen Hügels, um nach Schiffen Ausschau zu halten. Als ich danach an der Küste spazierte, bemerkte ich ein Stück Holz, das im Sand steckte. Zuerst hielt ich es für einen Baum, aber als ich näher kam, fand ich heraus, dass es ein Kreuz war. Ich ergriff es und betete inbrünstig zu Gott, um mich zu retten. Ich glaube, dort lag wohl ein Mann begraben, der auf einem Schiff gestorben war. Auf meinem Spaziergang fand ich das untere Stück einer Glasflasche. Damit stieg ich in eine tiefe Grube hinab und schöpfte etwas Wasser mit Brackgeschmack, das so salzig war, dass ich davon nur noch durstiger wurde. Auf dem Rückweg zum Zelt zerschnitten tausend scharfe Spitzen meine ohnehin schon wunden Füße. Immerhin fand ich etwas verstreutes Holz, das ich bündelte und mitnahm. Ich war kaum in meine Höhle gekommen, als ich ein schreckliches Geräusch hörte, welches nach Metallverarbeitung klang. Der Lärm hörte aber so plötzlich auf, wie er begonnen hatte. Offenbar waren es wieder Halluzinationen, die mich hier quälten. Nachdem ich meine Gebete gesprochen hatte, holte ich mir noch einmal Gemüse und Eier und trank das letzte Wasser, das ich noch hatte. Am 30. machte ich mich auf die Suche nach Wasser, konnte aber keines finden. Jetzt waren alle meine Hoffnungen zerstoben. An diesem Abend sah ich ein Skelett in der Nähe meines Zeltes, das mir mit erhobener Hand winkte. Seltsam nur, ich hatte gar keine Angst!"

Der nachfolgende Abschnitt stammt aus Bosch's Tagebuch, bevor er auf Ascension strandete. Das Kapitel über Kapstadt handelt über seine Erfahrungen mit Frans Smit. Es folgt ein Bericht über eine merkwürdige Predigt, die Katechet bzw. Prediger Wopke Mol an Bord der "De Snikkel" gehalten hat.

Zwischenstopp auf der Heimreise

„2. März 1725. Unser sturmgeplagter Konvoi, abzüglich eines Schiffes, das in einem Sturm vor Madagaskar versunken war, erreichte Kapstadt. Unsere Reise von den Molukken war durch einen Angriff französischer Piraten während schwerer See stark beeinträchtigt worden. Wir mussten ein zweites Mal am Kap anhalten, um unseren Hauptmast zu reparieren, neue Segel zu kaufen und das Schiff komplett mit Wasser und Lebensmitteln zu versorgen. Ich bin sehr froh, hier überhaupt lebend angekommen zu sein. Auch meine Schiffskameraden freuten sich riesig, im Hafen und damit gerettet zu sein. Sie waren außer Rand und Band und mussten nun ihr Überleben überschwänglich „feiern". Frans begleitete mich in die sehr hübsche Stadt. Es war sein erster Besuch, und ich fühlte mich verpflichtet, ihn so gut ich konnte vor den vielen gefährlichen Lastern in diesem Hafen zu schützen. Wir haben zuerst rote Hemden gekauft, die in der Fabrik des Unternehmens in Cormandel hergestellt wurden. Die dunkle Haut des Jungen passte sehr gut zu Rot. Wir erwarben außerdem helle Seide aus Bengalen und veräußerten einige merkwürdige Statuen aus Bronze aus dem Besitz des Jungen, für die wir keine Verwendung hatten. Am Sonntag gingen wir zu einer kleinen calvinistischen Kirche in der Nähe des Kais, um eine Predigt über die Hölle und Verdammnis für Sünder zu hören, eine Predigt, die Frans sehr zu beeindrucken schien. Dann sangen wir gemeinsam eine traurig wirkende Kantate, die uns daran erinnerte, dass wir alle früher oder später sterben müssen.

Auf der anderen Seite des Hafens, in der Nähe des Gouverneur-Palasts, haben die Sklaven und Soldaten der VOC eine starke Festung mit Blick auf das Meer errichtet. Im Landesinneren, etwa dreihundert

Schritte westlich von der Festung, befindet sich das Zentrum von Kapstadt mit etwa fünfzig oder sechzig Häusern, meist mit niedrigen Wohnungen, aber sehr solide aus holländischen Ziegeln gebaut, mit Steinmauern ringsum. Das ganze Baumaterial wurde aus Holland importiert. Mich erinnerte das an einen Freund von mir: Vor meiner Abreise aus Texel in Zeeland hatte ich dort eine geheime und verbotene Beziehung zu einem älteren Mann Namens Jan Bakker, der ganze Ladungen an Ziegeln nach Willemstad auf Curaçao (niederländisches Westindien / Karibik) verschifft hatte, die dort für den Bau von Häusern und Anlagen benötigt worden waren. Jan war 50 Jahre alt und hätte auch mein Vater sein können, aber er war in der Welt herum gekommen, reich, sah gut und jünger aus und der Sex mit ihm machte einfach ungeheuer glücklich. Jan hatte mir sein Manuskript über die wahren Geschehnisse auf einer Plantage auf Curaçao von vor einigen Jahren mitgegeben, welches ich Frans in den Tagen unseres Beisammenseins vorlas. Der Text enthielt homoerotische Passagen und ich wollte Frans wohl unbewusst auf diese Art von Sexualität einstimmen bzw. vorbereiten. Zudem war die Erzählung auch spannend. Der Junge war sehr wissbegierig und verschlang die ganze Geschichte, die da lautete:

„Die Sonne, ein gleißender, verschwommener Fleck im samtenen Blau des Himmels, stand senkrecht über der ausgetrockneten Antillen-Insel. Glühend heiß war der weiße Sand des Korallenstrandes, so heiß wie die scharfkantigen braunen Felsen, die die Sonnenstrahlen auffingen und in sich speicherten. Die Luft schien zu kochen, und selbst der vom Meer herüber wehende Passatwind vermochte die karibische Hitze nicht zu lindern. Am Rande der kleinen Bucht im Südwesten von Curaçao, dort wo dichtes, ineinander verfilztes Dorngestrüpp und meterhohe, mit Stacheln übersäte Kakteen in den Ritzen und Spalten der Felsen wucherten und den Weg ins Innere der Insel versperrten, standen auf einem geebneten Platz zwölf armselige Hütten. Aufrecht in den Strand gerammtes Treibholz, durch Querstäbe mühsam zusammen gehalten, bildeten die Wände. Die Dächer waren mit einer dicken Schicht Palmblätter bedeckt, um den wenigen Regen, der zwischen November und Februar für gewöhnlich sporadisch den Sand und die Felsen nässte, abzuhalten. Schmale Öffnungen in den dem Meere zugewandten Vorderwänden, gerade hoch genug, um gebückt hindurch treten zu können, ersetzten die Türen. Stickig und schwül war die Luft in diesen niederen, dunklen Behausungen. Röchelnd kam der Atem aus den Mündern der bärtigen, abgemagerten und zerlumpten Gestalten, die sich in unruhigem Schlaf auf dem fest gestampften Boden wälzten. Kein Stuhl, kein Tisch, nicht einmal primitive Holzpritschen befanden sich in diesen erbärmlichen Bretterbuden, die von jeweils 5 Männern bewohnt wurden. An den Wänden hingen einige zerbeulte Blechgefäße. Wenige zerrissene, vor Schmutz starrende Kleidungsstücke lagen verstreut in den Ecken.

Einer der Männer, Pedro, schlief nicht. Auf dem Bauch liegend, lang ausgestreckt, den Kopf auf die Hände gestützt, starrte er über die kleine Bucht und das silbrig schimmernde, sich leise wiegende Wasser des Karibischen Meeres. Hier, an der der Südwestseite Curaçaos, gab es nicht die vom Passatwind angefeuerten Wellenbrecher, die beständig gegen die Küste schmetterten. Sanft stiegen die Hügel aus dem ruhigen Meer und formten eine zauberhafte Kulisse. Jetzt, im Jahr 1722, schien dieser Platz eher der Hölle als dem Paradies zu gleichen. Obwohl ein wild wuchernder Bart und langes, wirres Haar seinem dunklen, verhärmten Gesicht das Aussehen eines alten Mannes gaben, zählte er erst fünfundzwanzig Jahre. Pedro Manzanares, so hieß der Mann, lebte nun schon seit drei Jahren als Sklave auf Curaçao, einer der Islas de Sotavento (Inseln unter dem Winde) vor der Nordküste Südamerikas. Diese Inseln liegen nicht unter dem Einfluss der atlantischen Regenwolken und weisen im

Vergleich zu anderen Eilanden der Karibik ein recht trockenes Klima auf. Fast 600 Kilometer trennten ihn von seinem kleinen Dorf im Südosten Neu Granadas. Hunger und Durst, Strapazen und schwere Arbeit unter dem Gluthauch einer erbarmungslosen Sonne hatten aus dem jungen, attraktiven und lebenslustigen Burschen einen gleichgültigen, müden Menschen gemacht, den nichts mehr zu erschüttern und zu bewegen schien. Vor mehr als fünfunddreißig Monaten, im August des Jahres 1719, war er, zusammen mit rund achtzig anderen Männern, jungen und alten, gesunden und kranken, schuldigen und unschuldigen, auf dem Schiff eines Sklavenhändlers nach Curaçao gebracht und als Teil eines "Gesamtpakets" an einen hiesigen Plantagenbesitzer verkauft worden. Man hatte ihn verschleppt, weil er arm war, weil er als Peon kein Recht besaß gegenüber den Herren aus niederstem kastilischen Adel, denen das Land gehörte und die die Macht in ihren Händen hielten. Der Besitzer der "Plantage Damasco", wie man den Ort in den Hügeln um die Bucht, wo Pedro nun vegetierte, nannte, war Adriaan "Jan" Thielen, ein mittlerweile schon fast siebzigjähriger holländischer Kapitän der Handelsmarine. Er hatte sich auf Curaçao zur Ruhe gesetzt und bewohnte seit kurzem ein neu errichtetes prächtiges Landhaus. Auf seiner sogenannten "Plantage" wurden jedoch keine Früchte angebaut, sondern lediglich eine kleine Viehwirtschaft betrieben. Haupteinnahmequelle der Plantage stellte die nahegelegene Saline dar, in der man aus Meerwasser mit der Kraft der Sonne Salz zum Export nach Europa gewann. Mit dem billig produzierten Salz aus den Kolonien konnte man in den Niederlanden einen guten Preis erzielen, da die Fischindustrie Unmengen davon als Konservierungsmittel verschlang und die europäischen Salzbergwerke nicht genug von diesem "weißen Gold" lieferten.

Anders als in der alten Welt ermöglichte in der Karibik der Einsatz kostengünstiger Sklaven eine konkurrenzlos preiswerte Produktion.

Kapitän Jan Thielen lebte schon seit vielen Jahren getrennt von seiner Frau und seiner Tochter. Er besaß noch ein Stadthaus in Amsterdam, was seine Familie bewohnte. Da er mittlerweile für die Strapazen einer Seereise zu alt geworden war, das nasskalte Klima Hollands hasste und weiter seinen Lebensunterhalt verdienen musste, setzte er seit 1715 auf das aussichtsreiche Geschäft mit der Salzgewinnung. Die Ehe zwischen ihm und seiner Gattin existierte ohnehin nur noch auf dem Papier. Insofern kümmerte ihn die räumlicher Trennung nicht weiter, aber die vielen Jahre auf See, nur unter Männern, waren nicht ohne Spuren am Gemütszustand des grantigen Seebären vorbei gegangen. Thielen fand mehr und mehr Trost im Alkohol. Das Areal rund um die Saline hatte er in einem seiner lichten Momente einem bankrott gegangenen Landsmann für einen Spottpreis abgekauft, der hier - angelockt von einigen regenreicheren Jahren - probiert hatte, Bitterpomeranzen zur Likörgewinnung anzubauen. Das war aufgrund der wiederkehrenden Trockenheit allerdings fehlgeschlagen!

Auch der Versuch, von der Insel Grenada eingeführte Muskatnüsse zu züchten, erwies sich als nicht profitabel. Übrig blieb von diesen Kultivierungsmaßnahmen lediglich der Name "Damasco", was im Spanischen soviel wie "Aprikose" bedeutet und von dem aprikosenähnlichen Fruchtfleisch der Muskatnüsse herrührte. Der Verkäufer benannte das öde Gebiet recht werbewirksam nach den leckeren Aprikosen um einen höheren Preis für das landwirtschaftlich kaum nutzbare Gelände zu erzielen, und Jan Thielen behielt den "blumigen", irreführenden Namen bei. Einen Aprikosenbaum hat es auf der "Plantage Aprikose" tatsächlich niemals gegeben.

Der Kapitän besaß neben dem Gelände der Plantage auch noch zehn schwarzafrikanische Sklaven, von denen er zu einem ein besonders gutes Verhältnis pflegte. Es handelte sich um einen Kerl namens Curtis Eduarda. Der 38jährige befand sich schon seit über 20 Jahren im Besitz seines Herren und war diesem in unerschütterlicher Treue loyal verbunden. Thielen betrachtete seinen schwarzen Schützling schon lange nicht mehr als Sklaven, sondern hatte ihn als eine Art Buttler, Sekretär, Hausdiener und Verwalter der Plantage inthronisiert. Eduarda wiederum dankte es seinem Herrn immer noch, ihn auf dem Sklavenmarkt der Perleninsel in Puerto del Mar zusammen mit seinem Freund Francisco ersteigert zu haben und auf die Bitte des schwulen Liebespaares eingegangen zu sein, die beiden nicht zu trennen. Auf den Handelsschiffen führten die Matrosen seinerzeit häufig aufgrund von akutem Frauenmangel sogenannte "matelotages". Dabei handelte es sich um eheähnliche Beziehungen, die von allen an Bord akzeptiert wurden. Kapitän Thielen wusste aus Erfahrung, dass die künstliche Trennung solcher Paare für die Arbeitsmoral tödlich wäre. Von daher sorgte er stets für die nötigen Voraussetzungen, damit seine Besatzungen optimal "funktionieren" konnten. Moralische Bedenken kamen bei ihm erst gar nicht auf; dazu war er einfach viel zu sehr Kaufmann. Auch Standesdünkel oder Rassismus waren ihm fremd.

Durch die langen Jahre auf See und die Reisen in zahlreiche Länder hatte sich bei ihm längst die Erkenntnis durchgesetzt, dass die Weißen mitnichten auf allen Gebieten überlegen waren. Er selbst zeugte zahlreiche Kinder mit diversen Frauen, die ihm hier und da über den Weg liefen. Und das waren in der Karibik natürlich meistens Mestizinnen und Mullattenfrauen. Curtis Eduarda, der starke muskulöse Afrikaner aus dem heutigen Ghana, verachtete die Mehrzahl der Weißen hingegen als Schwächlinge. Auch Frauen wollte er nach Möglichkeit nicht in seiner Umgebung sehen. Für ihn bildeten sie nur eine schmarotzende Klasse von Menschen, mit denen er sexuell nichts anfangen konnte und die auch nicht für körperliche Arbeit taugten. Mit seinem Liebhaber Francisco hatten er im Auftrag von Kapitän Thielen achtzig Männer vom südamerikanischen Festland erworben und dabei strikt darauf geachtet, keine Schwarzen, Mulatten oder gar Frauen zu kaufen, sondern nur verarmte bzw. verurteilte Weiße oder rechtlose Mestizen. Die Gruppe der zehn schwarzen Sklaven, deren Anführer er war, sollte die elitäre Führung der Männergesellschaft auf der Plantage Damasco bleiben und eine eigene afrikanische Kaste oberhalb der anderen Arbeiter bilden. Die erworbenen Männer dienten dem Aufbau der Saline, des Landhauses (Landhuis), des Magazingebäudes zur Lagerung des Salzes (Magasina) sowie der laufenden Produktion des Salzes und der Haltung einer mittelgroßen Ziegenherde, deren Tiere in den dornigen Gesträuppen der Umgebung mehr schlecht als recht ein kärgliches Auskommen fanden. Pedro Manzanares war ohne Gerichtsverfahren oder Anhörung von seinem Patron einfach verkauft worden. Peon war er gewesen auf der Hazienda des Señor Morales. Er hatte schuften müssen vom frühen Morgen bis in die sinkende Nacht hinein, Tag für Tag und Jahr für Jahr, hatte den Reichtum des gierigen Señors vergrößern helfen, ohne selbst dabei satt zu werden. Eines Tages jedoch, als seine kranke Frau von dem Patron geschlagen worden war, weil sie nicht arbeiten konnte wie sonst, da waren die jahrelang erduldeten Demütigungen, die Not und das Leid nicht länger zu ertragen gewesen. Der aufgestaute Hass hatte sich Luft gemacht. Er war dem Haziendero an die Kehle gesprungen, hatte ihn vom Pferd gezogen und gewürgt, bis dessen Begleiter den Angreifer zurück gerissen und überwältigt hatten. Auch die meisten seiner Leidensgefährten auf Curaçao hatten keine andere Schuld auf sich geladen, als sich gewehrt zu haben gegen die Herren, deren Willkür sie hilflos ausgeliefert waren. Es gab unter ihnen auch ein paar Wegelagerer, Diebe und Räuber, doch auch sie waren einmal fleißige, anständige Peonen gewesen, die keinen anderen Weg als den des Verbrechens gesehen hatten, um wie Menschen leben zu können. Pedro Manzanares stöhnte dumpf auf.

Der Schweiß lief ihm über das Gesicht. Er wollte an etwas anderes denken, doch er kam nicht davon los. Er wusste, dass es sinnlos war, das Vergangene immer wieder heraufzubeschwören oder nach einem Ausweg zu suchen. Weder er noch die anderen Sträflinge würden unter dem brutalen Regiment des "schwulen Teufels" Eduarda jemals ihre Freiheit wiedererlangen. Sie mussten weiter dahinvegetieren, unter furchtbaren Strapazen allerlei sinnlose Arbeiten verrichten, weiterhin hungern und darben, bis der Tod sie eines Tages erlösen würde. Pedro beneidete jene zwanzig Männer, die in den vergangenen drei Jahren gestorben waren und nun alle Mühsal hinter sich hatten. Leider war auch Francisco, der Liebhaber des Aufsehers Eduarda im letzten Jahr infolge einer kurzen, schweren Krankheit verschieden und das hatte der Schwarze nicht verkraftet. Seine Wut, seinen Schmerz und seine Verzweiflung ließ der Afrikaner jetzt mit unverminderter Härte und Sadismus an den Arbeitern aus. Für Francisco wurde direkt neben dem Magasina eine Gruft errichtet, in der der Körper des Toten unter dicken Schichten von Salz konserviert und wie in einem "heiligen Schrein" aufgebahrt wurde. Eduarda zwang die Arbeiter von nun an jeden Sonntag Morgen bei Sonnenaufgang für "San Francisco", wie er seinen toten "Ehemann" fortan bezeichnete, in einer zweistündigen Art von "Messe" zu beten und einstudierte Kirchengesänge herunter zu leiern. Die völlig ausgelaugten Männer ließen auch dieses Martyrium widerstandslos über sich ergehen. In den ersten Wochen und Monaten des Aufenthaltes auf Curaçao war es anders gewesen. Er hatte fliehen wollen, zuerst in das Innere der Insel, später auf irgendeine Art zurück zum Festland. Die Sehnsucht nach seiner Frau, nach seinem alten Vater, die Sehnsucht auch nach seinem kleinen Dorf mit all den Freunden und Bekannten hatte ihn unentwegt Pläne schmieden lassen. Kapitän Jan Thielen und seine zehn schwarzen Sklaven hätten ihn sicher nicht an seiner Flucht hindern können. Pedro Manzanares hatte sich zu Beginn seiner Gefangenschaft gewundert, dass man ihn und seine Mitgefangenen nach der täglichen Zwangsarbeit frei auf der Plantage herumlaufen ließ und sie, vor allem nachts, nicht bewachte. Doch bald hatte er erkennen müssen, dass es unnötig war, sie einzusperren oder gar in Ketten zu legen. Das Eiland selbst war es, seine Beschaffenheit und Unwirtlichkeit, die alle Fluchtpläne zunichte machten. Es gab keinen Bach, keinen Teich und keine Quelle mit Süßwasser. Jeder Schluck zum Trinken wurde in Fässern vom südamerikanischen Festland importiert. Der seltene Regen landete in den unterirdischen Zisternen des Landgutes, zu dem die Gefangenen keinen Zugang hatten. Es gab auf Curaçao keine kühle Jahreszeit. Selbst im Januar fiel die Temperatur in der Nacht nicht unter 25 Grad. Den Sträflingen wurde nur soviel Wasser zugeteilt, dass sie so gerade nicht verdursteten. Gefäße zum Sammeln des kostbaren Nass oder Ersatzrationen für Notfälle existierten nicht. Wie sollte man in dieser Hitze ohne etwas zu trinken weit kommen? Zudem war die Küste ringsum von einem dichten, fast überall undurchdringlichen Gürtel aus Kakteen und Dornhecken bedeckt, die nur wenig Wasser brauchten. Schwimmen konnte kaum einer der Peone und so schied auch eine Flucht durch das Meer ohne Boot aus. Auf der Insel wuchsen zudem keine Bäume, deren Früchte den Hunger zu Stillen vermochten. Man hätte zwar aus einigen der großen Säulenkakteen eine Suppe zubereiten können, doch ohne Kochgeschirr und Wasser war auch das nicht möglich.

Im Gestrüpp gab es hier und da größere Ansammlungen von Schnecken, die sich allerdings für die Häftlinge als ungenießbar erwiesen. Einzig die flinken Leguane, deren Fang äußerstes Geschick und Energie benötigte, lieferten ein nahrhaftes und schmackhaftes Fleisch. Bald jedoch lebte auf Damasco keines der Tiere mehr. Sie waren allesamt gefangen, getötet und verspeist worden. Trotzdem waren einige der versklavten Peone in den ersten Wochen geflohen.

Unter unvorstellbaren Schwierigkeiten hatten sie die Uferklippen hinter ihren Hütten überwunden und sich längs der Küste von der Bucht zu entfernen versucht. Nach drei Tagen waren vier von ihnen völlig entkräftet, aus zahllosen Risswunden blutend, wieder zurückgekehrt. Die beiden anderen wurden erst nach Monaten zufällig von einem Boot entdeckt, das in Ufernähe gefischt hatte. Sie lagen verdurstet auf einem Felsen, nur wenige Kilometer von der Plantage entfernt. Auch Pedro hatte zunächst nicht einsehen wollen, dass an eine Flucht aus dieser "Plantage des Grauens" nicht zu denken war. Immer wieder hatte er zwei der Mitbewohner seiner erbärmlichen Hütte, Pablo und den alten Hugo für seine Pläne zu gewinnen versucht, doch die beiden Männer die mit ihm und zwei anderen weißen Sklaven hier hausten, schüttelten nur die Köpfe. "Es wäre der reine Selbstmord", hatte Hugo stets erklärt. "Um in das Innere der Insel oder gar in den Hafen von Willemstad zu gelangen, brauchen wir Werkzeuge, Ortskenntnisse und Lebensmittel, und um die Heimat wiedersehen zu können, ein Schiff oder ein größeres Boot!" So war Pedro müde und gleichgültig gegenüber seinem Schicksal geworden. Er war nun überzeugt, dass er auf Curaçao sein Leben beschließen würde. Nur hin und wieder noch flammte die Hoffnung auf eine Befreiung in ihm hoch, doch sie erlosch so schnell, wie sie gekommen war. Pedro wälzte sich auf den Rücken und verschränkte die Arme hinter dem Kopf. Der Hunger quälte ihn schon wieder. Es gab nichts zu essen, das Lebensmitteldepot war leer. Schon seit Wochen wartete man auf ein Versorgungsschiff aus Amsterdam, das in Abständen von sechs Monaten die Insel anlief und Nahrungsmittel und andere Dinge brachte. Inzwischen ernährten sich die Zwangsarbeiter sogar schon von Wurzeln oder versuchten im seichten Wasser mit selbst gefertigten Angeln Fische zu fangen. Da Curaçao komplett von einem Saum-Riff von Korallen umgeben ist und die abgestorbenen, scharfkantigen Korallenteile in Massen an den

Strand geschwemmt wurden, war es sehr schwierig, sich ohne schützendes Schuhwerk am Rand des Meeres aufzuhalten. Pedro richtete sich schwerfällig auf. Er griff nach dem kleinen Tonkrug, der neben ihm in der Ecke stand, und trank mit langen, durstigen Zügen das knappe, lauwarme Wasser. Wie oft schon reichte dieses wenige Wasser nicht aus, um den Durst zu stillen und wie häufig war es schon passiert, dass die Gefangenen aus lauter Verzweiflung ihren eigenen Urin aufgefangen und wieder getrunken hatten."

Frans schrie laut auf, als er dies hörte: „Ihhhhh, wie ekelhaft!", kreischte er. Niemand konnte zu diesem Zeitpunkt wissen, dass ich später vor genau derselben Situation auf Ascension stand und meinen eigenen Urin und das Blut von Schildkröten trinken musste, um nicht zu verdursten. Ich konnte rückblickend nur froh gewesen sein, dass ich damals in Kapstadt davon noch keine Ahnung gehabt hatte. Andererseits: Hätte ich das geahnt, hätte ich mich umgehend aus dem Staub gemacht und es wäre nie soweit gekommen. Aber ich war zu diesem Zeitpunkt noch nicht in der Hölle auf Erden, sondern im schönen Kapstadt und las Frans weiter aus dem Text vor, auch damit er besser Niederländisch lernte, und seinen Wortschatz erweitern konnte. Die Geschichte von Jan Bakker ging also wie folgt weiter:

„Pedro wusste sehr wohl, das der Kapitän und auch die verhassten schwarzen Teufel noch über Nahrungsmittel verfügten, dass sich Thielen ständig satt essen konnte, doch er erregte sich nicht darüber. So war es immer schon in seinem Leben gewesen, auch in der alten Heimat. Die Herren besaßen alles, die rechtlosen Landarbeiter nichts. Pedro blickte zur Sonne. Sie hatte ihren höchsten Stand überschritten. In einer Stunde würde ein Trompetensignal die Männer aus dem unerquicklichen Mittagsschlaf reißen. Die schwarzen, kräftigen Sklaven, die die Leibwache des Kapitän bildeten und unter der Führung des menschenverachtenden Curtis Eduarda standen, würden sie mit Geschrei, Gebrüll, Tritten und Schlägen zu einer Kolonne formieren, lange und umständlich zählen und dann wieder zur Arbeit in die Saline treiben. Und vielleicht würde auch der Kapitän gelangweilt auf der Terrasse seines auf einer kleinen Anhöhe von den Männern errichteten Landhauses stehen und den Zug an sich vorüberziehen lassen. Er selber misshandelte die Arbeiter nie, aber indem er seiner rechten Hand Eduarda aus Bequemlichkeit freien Lauf ließ, verschlimmerte er die Lage für die Arbeiter. Die schwarzen Sklaven fühlten sich den weißen Sklaven überlegen und ließen diese es überdeutlich spüren, in dem Zwangssystem der Plantage auf der untersten Stufe zu stehen. Die Plantage bildete eine abgeschlossene, künstliche Welt ohne Frauen, Kinder oder normale soziale bzw. familiäre Kontakte, in der der Tyrannei keine kontrollierende Instanz entgegen stand. Kapitän Thielen hatte es aufgegeben, sich um die Belange der Zwangsarbeiter zu kümmern. Curtis Eduarda versicherte ihm, die Peonen würden angemessen behandelt und ernährt und das reichte dem Kapitän. Thielen befand sich längst in seiner eigenen Traumwelt und verlor durch seine Trunksucht mehr und mehr den Bezug zur Realität. Der alte Kapitän saß oft stundenlang mit einer Flasche Jamaika Rum oder einem einheimischen Likör aus Bitterpomeranzen im öden Garten des Landhauses und phantasierte sich aus der Gegenwart weg in die Vergangenheit. So durchlebte er wieder und wieder die glücklichsten Momente seiner fast 50 Jahre auf den Weltmeeren. Er bedauerte es nun, sich nie um die von ihm in die Welt gesetzten Kinder gekümmert zu haben und vermisste eine richtige Familie. Nun waren die schwarzen Sklaven seine Söhne und die kleinen Zicklein aus seiner Ziegenherde bildeten die Enkelkinder, mit denen er dann und wann im Pferch neben dem Magasina, ausgelassen spielte."

Hatte eine solche Existenz nicht Ähnlichkeit mit meiner Situation? Vielleicht mochte ich Jan Bakkers Geschichte deswegen so sehr, dass ich Frans dieses Manuskript nun vorlas. Im Prinzip war ich ebenfalls von meiner Familie getrennt und hatte nur zwei Töchter und keinen Sohn. Vielleicht war das auch ein Grund, warum ich mich um Frans kümmern wollte. Ich hatte sicherlich väterliche Gefühle für ihn. Wie dem auch sei, ich fuhr damit fort, ihm die Geschichte von Kapitän Thielen, die mein Freund und Liebhaber Jan so lebhaft zu Papier gebracht hatte, weiter zu erzählen:

„Curtis Eduarda hingegen tröstete sich nicht mit Alkohol, sondern mit zunehmender Brutalität über den Verlust seines langjährigen Liebhabers Francisco hinweg. Sonntags, wenn sich wieder alle weißen Sklaven vor der Gruft versammeln musste, um den eingesalzenen Francisco mit Gebeten zu gedenken, schwang Curtis die Peitsche und schlug damit jedem ins Gesicht, der nicht mit ausreichender Inbrunst der Salzleiche huldigte. Allmählich machte dem "schwarzen Teufel" auch der sexuelle Entzug zu schaffen. Während Kapitän Thielen sich noch einmal im Monat zu einer Mätresse nach Willemstad aufmachte, darbte Eduarda regelrecht und erwischte sich in manchen Tagträumen dabei, seiner Begierde mit einem der Weißen nachzugehen. Noch hatte er seine Libido im Griff, aber es wurde Zeit für ihn, einen neuen Partner zu finden. Das war schon zu den Zeiten auf See schwierig, gewesen, doch auf Damasco bot sich dafür einfach niemand an.

Die anderen Schwarzen hatten ihm ihr Desinteresse unmissverständlich zu verstehen gegeben und da er mit ihnen auf einer Stufe stand, waren ihm die Hände gebunden. Zudem wurde jeder Schwarze dringend gebraucht, denn es galt das Landhaus und das Lebensmitteldepot Tag und Nacht vor den versklavten Peonen zu bewachen und zu schützen. Pedro Manzanares schloss die Augen und legte sich wieder auf den Boden der Hütte. Besser, als zu grübeln und über sein Geschick nachzudenken, war es, den Schlaf und damit die

Vergessenheit zu suchen. Die brütende Hitze, die die Tropensonne ausstrahlte, hatte alle Bewohner der Plantage in die schattigen Räume getrieben. Kein lebendes Wesen war draußen zu erblicken. Nur eine regungslose Gestalt hockte auf der großen, wuchtigen Freitreppe, die zum Haus des Kapitäns führte, das Gewehr vor sich auf den Knien und den Kopf in die Hände gestützt. Deron, so hieß der Wächter, schien zu schlafen. Aber das täuschte. Misstrauisch beobachtete er die Szene unterhalb der Anhöhe und registrierte jede Bewegung. Es war klar, dass die Arbeiter, wenn sie sich irgendwann erheben würden, die Mittagsruhe oder die Nacht zum Angriff nutzen würden. Doch es blieb ruhig. Adriaan Thielen lag im Schlafraum seines Hauses auf einem Feldbett. Er fand keine Ruhe. Der Schweiß lief ihm in Strömen über den Körper und klebte das Hemd an den Leib. Aus dem Nebenraum klang das Schnarchen seiner dort untergebrachten schwarzen Sklaven. Nervös strich er sich immer wieder durch sein blond-graues Haar und fluchte leise vor sich hin. Er verfluchte die schwarzen Sklaven, die ihm wieder einmal nicht genügend Wasser und Schnaps an sein Bett gestellt hatten, er verfluchte die Hitze und die Langeweile, vor allem jedoch die Handelskompanie in Willemstad.

Seit sechs Wochen wartete er bereits auf das Schiff, welches ihm neue Lebensmittel bringen sollte und ihm sein Salz abkaufen würde. Das Magasina quoll inzwischen schon über und teilweise lagerte das Salz bereits zu kleinen Hügeln aufgeschichtet vor dem Landhaus, wo sich bereits die Ziegen daran gütlich taten. Capitano Thielen griff, ohne sich umzuwenden, nach der Flasche neben seinem Bett und schleuderte sie wütend quer durch den Raum an die Wand. "Deron!" schrie er, und noch einmal: "Deron!!" Und weil der Gerufene nicht sogleich antwortete, brüllte er weiter: "He, beim Geiste unseres heiligen Francisco, verdammt sollst Du sein wenn Du nicht sofort her kommst!. Muss ich Dir erst Beine machen, Bursche! - Deron!" In der offenen Tür erschien nun Deron. Er war barfuß. Er trug eine schon oft geflickte, verblichene und schmutzige Hose, die einstmals weiß gewesen sein musste, und ein ebensolches Leinenhemd. Nun waren diese Lumpen schon fast so schwarz wie er selbst. Man sah ihm an, dass er aus tiefem Schlaf geschreckt worden war. "Neger, warum antwortest Du nicht, wenn ich Dich rufe?"

Der junge Sklave Deron, der ein freundliches Gesicht hatte und dessen Nase fast schon europäisch wirkte, weil sie nicht so flach gepresst im Gesicht hing wie die der anderen Schwarzen, schwieg. Er kannte den Capitano ja genau. Thielen schien auch keine Antwort zu erwarten. Wieder ruhig, fuhr er fort: "Hole Schnaps, Deron! - Halt! Was besitzen wir noch an Lebensmitteln?" Deron, der den Kapitän schon aus seiner Zeit her kannte, da dieser noch auf dem Atlantik und dem karibischen Meer herumgesegelt war, hob die Hände und ließ sie wieder sinken. Mehrere Male täglich stellte Thielen die immer gleiche Frage und erhielt von Deron die immer gleiche Antwort: "Im Depot ist nichts mehr, Señor Capitano, wir stapeln dort inzwischen schon das Salz!" Thielen winkte gereizt ab. "Das weiß ich doch, Du Idiot! Ich will wissen, was ich selbst noch besitze! Wie sieht es mit meinen geheimen Vorräten aus?" Lauernd blickte er Deron an. "Etwas Mehl und Zucker, zwei Säcke mit Reis, zwei Säcke mit Kartoffeln, drei Kisten mit Stockfisch und ein Fass Salzfleisch, Señor Capitano!" leierte Deron widerwillig herunter. "Und was esst ihr? - Bestehlt ihr mich?" Deron schüttelte den Kopf. "Nein, Herr! Wir besitzen nur noch etwas Mehl für Brot. Wir fangen Fische, jagen die Leguane jenseits der Plantage und kochen notfalls auch diese "Kadushi-Suppe". Thielen verzog sein Gesicht in Grimassen: "Bah, dieses schleimige Zeugs kommt mir nicht auf den Tisch. Ihr Neger könnt solch einen Fraß vertragen, aber mein Körper schreit nach Rum! Der Capitano knurrte noch etwas Unverständliches vor sich hin, schien jedoch zufrieden. "Wie lange werde ich noch zu essen haben, was meinst Du, Deron?" fragte er dann. "Aber nicht gelogen, Kerl, sonst ziehe ich Dir das Fell über die Ohren!" Deron schien nachzudenken, denn er zog die Stirn in Falten. Jeder wusste doch, dass Thielen über Geld verfügte und sich einmal im Monat in Willemstad mit Frauen vergnügte. In der Stadt gab es genug Geschäfte und er brachte neben den Unmengen von Bitterpomeranzen-Likör sicher auch immer noch Lebensmittel mit, die er irgendwo "gebunkert" haben musste. "Noch vierzehn Tage, Señor", antwortete er dann endlich. Er senkte den Kopf, warf dem Holländer einen kurzen, forschenden Blick zu und sagte leise: "Die Arbeiter haben überhaupt nichts mehr, sie leiden Hunger, Herr!"

Kapitän Thielen zündete sich eine neue Zigarette an und schnippte das Streichholz seinem Sklaven vor die Füße. "Sie sollen sich ebenfalls Leguane schlachten", erwiderte er gleichgültig. Mit geschlossenen Augen rauchte er. Deron trat einen Schritt näher. "Es gibt kaum noch Leguane auf Damasco. Sie wurden bereits alle getötet und der Rest hat sich verzogen. Diese Biester sind intelligent. Sie haben inzwischen gelernt, die Menschen zu meiden. Selbst wir Sklaven brauchen oft viel Kraft und Mühe, um im Gebiet des Spaanse Water welche zu erschlagen. Da sind wir dann mehrere Stunden mit beschäftigt." Thielen erwiderte: "Dann sollen sie halt Fische essen. Das Meer ist voll davon. Notfalls auch Seeigel." Deron antwortete: "Sie besitzen keine Angelhaken und keine Netze, Herr! Die Seeigel sind ungenießbar. Und zum Kochen der Kadushi-Suppe fehlt ihnen Süßwasser. Mit Meerwasser wird die Suppe zu salzig und die Arbeiter bekommen riesigen Durst. Da wir ihnen nur soviel Trinkwasser geben, damit sie gerade überleben, und nicht flüchten können, haben sie nun nichts mehr zu essen!"

Deron holte tief Luft und hob den Kopf, Der Kapitän schien guter Laune zu sein, denn er brüllte ihn weder an, noch warf er ihn hinaus. Das gab ihm Mut, weiter zu sprechen. "Geben Sie Befehl, Señor

Capitano, dass eine Kolonne der Sträflinge zum Fischfang abgestellt wird. Im Depot liegt ein Netz. Es ist ganz neu!" Thielen winkte gelangweilt ab, ohne die Augen zu öffnen. "Hol mir Schnaps, Deron!" sagte er. Plötzlich warf er sich herum, musterte den vor dem Bett Stehenden argwöhnisch. "Warum läufst Du nicht? Habt ihr Nichtsnutze etwa meinen Schnaps getrunken?" Deron verneinte: "Es sind noch zehn Flaschen vorhanden!" Er lief hinaus. In der Vorratskammer blieb der Schwarze überlegend stehen. Er bedauerte die weißen Arbeiter, die schon seit Wochen Hunger leiden mussten. Mit ihren heimlich angefertigten, primitiven Angelhaken gelang es ihnen nur selten, einige Fische zu fangen. Waren sie letztlich nicht auch nur Sklaven wie er? Waren sie nicht seine Brüder? War sein Leben so viel besser als das ihre?

Deron verstand nicht, warum Curtis sich den weißen Zwangsarbeitern derartig überlegen fühlte. Er kam nicht dahinter, wieso dieser Sklave einen so großen Einfluss auf den Kapitän ausüben konnte. Es war ihm schleierhaft, weshalb Thielen es erlaubte, dass Curtis direkt neben dem Magasina eine Kultstätte für den toten Francisco erbauen durfte. Gerüchteweise hatte er gehört, Curtis und Francisco hätten den schwerkranken Capitano einstmals mit Hilfe geheimer Kräuter wieder gesund gepflegt, als alle Kunst der Ärzte zu versagen schien. Genaues wusste er aber über das Verhältnis zwischen dem Oberaufseher Curtis Eduarda und Adriaan Thielen nicht. Jedenfalls schien zwischen die beiden nicht ein Stück Papier zu passen, so unerschütterlich loyal standen sie zueinander.

Deron presste die Lippen zusammen. Sein einstiger Herr auf Aruba hatte ihn vor einigen Jahren wegen Spielschulden an den Kapitän verkauft und für ihn einen guten Preis erhalten. Deron war kein Mulatte, sondern ein junger Schwarzer reinen Blutes. Das hatte Curtis wohl gut gefallen, denn Thielen ging den Deal ein, weil ihm sein

Ziehsohn zum Kauf riet. Alle zehn Sklaven des Capitano besaßen reines afrikanisches Blut. Offenbar wollte Curtis nicht, dass irgendein Sklave seines Herren aus seiner Abstammung Sonderrechte ableiten würde um ihn von seiner bevorzugten Position als "Chef-Sklave" zu verdrängen. Deron konnte oftmals die seltsamen Denkweisen seines weißen Herren und seines schwarzen Aufsehers nicht nachvollziehen. Vielleicht war er auch nur zu einfach gestrickt oder hatte ein viel zu weiches Herz. Für ihn gab es nur Menschen, egal welcher Hautfarbe sie waren. Das wusste er von seinem ehemaligen Herrn, der ihm immer gesagt hatte, dass das Blut eines Schwarzen genau so rot ist wie das eines Weißen oder eines Indios. Deron bedauerte sehr, verkauft worden zu sein.

Er fühlte sich auf Damasco, dieser merkwürdigen "Aprikosenplantage ohne Aprikosenbäume" mit einer schwulen Salzleiche als angeblichem Heiligtum überhaupt nicht wohl. Sein vergangenes Leben auf Aruba erschien ihm in immer rosigeren Farben. Gewiss, er war nicht eingesperrt, musste nicht so darben wie die Zwangsarbeiter, brauchte nicht so hart zu arbeiten, doch auch er war kein freier Mensch, auch er wusste nicht, ob er sein geliebtes Aruba jemals wiedersehen würde. Deron wollte den weißen Arbeitern helfen, doch ihm kam keine Idee, wie er es beginnen sollte. Als der Kapitän jetzt ungeduldig nach ihm rief, seufzte er und beeilte sich. Thielen musterte ihn misstrauisch, doch als er die volle Flasche sah, verklärte sich sein Gesicht. Deron goss dem alten Seebären ein, der das Glas gierig in einem Zug leerte. Mit dem Handrücken wischte er sich, wohlig stöhnend, über die Lippen. "Lass mich allein!" grunzte er. Deron ging zur Tür, blieb unschlüssig stehen und wandte sich dann entschlossen um. "Was willst Du noch?" blufftte Thielen. "Señor Capitano", begann der Sklave, "vielleicht sollten Sie doch eine Fischkolonne bilden lassen!" Er fuhr schnell fort, weil er erkannte, dass der Gouverneur eine heftige Antwort geben wollte. "Wegen der

Sicherheit des Señors!" Thielen richtete sich mit einem Ruck auf und schleuderte die erst halb gerauchte Zigarette zu Boden. "Was sprichst Du da, Bursche? Sind wir bedroht? Besteht eine Gefahr von der ich nichts weiß? Rede sofort!" Deron senkte demütig den Blick, und ohne den Kapitän anzusehen, sprach er leise weiter: "Wenn die Arbeiter halb verhungert sind, könnten sie leicht aufsässig werden, Señor. Sie könnten leicht denken, wir hätten noch genug zu essen..." Der Kapitän starrte finster vor sich hin. "Zusammenschießen werden wir sie, wenn sie es wagen sollten!" brüllte er plötzlich. "Alle werden wir sie niedermachen, verstehst Du, Deron, alle! Wer sich dem Haus nähert, wird von Curtis, Dir und den anderen Aufsehern ohne Anruf erschossen! Teil das dem Gesindel mit! Sofort!" Erschrocken erwiderte der junge Deron, der nicht im Traum daran dachte, auf wehrlose Menschen zu schießen: "Halbverhungerte Männer fürchten den Tod nicht, Señor Capitano! Sie werden uns alle überrennen und gnadenlos abschlachten. Auch wenn wir ein paar von ihnen zuvor erledigen können." Thielen starrte ihn aus weit aufgerissenen Augen an: "Was?" stammelte er. Seine Lippen zuckten. Seine Hände öffneten und schlossen sich. Deron hatte sich noch einen Schritt weiter zurückgezogen.

Er stand in der Tür, bereit rechtzeitig zu verschwinden, falls der Kapitän, wie so oft, mit einem Gegenstand nach ihm werfen sollte. Furcht nistete in seinem Herzen. Hatte er zu viel gesagt? Würde ihn der Herr wegen seiner Worte bestrafen, vielleicht sogar auspeitschen lassen? Seine Befürchtungen erwiesen sich als grundlos. "Komm näher, Deron!" stieß der Kapitän hervor. Seine Kiefer mahlten. Der Sklave glaubte zu bemerken, dass der alte Mann zitterte. So hatte er seinen Herrn noch nie gesehen. Plötzlich erschien der übergroße Kapitän Adriaan alias "Jan" Thielen nur noch wie ein ängstlicher kleiner Zwerg. "Hast Du etwas gehört? Sprich, Deron, mein guter Junge! Wollen sie uns überfallen?" "Nein Señor Capitano", sagte der

Sklave, "alles ist ruhig. Niemand von uns hat etwas bemerkt. Noch brauchen wir nichts zu befürchten. Doch wenn der Hunger noch größer wird..." Der Kapitän schien die Vorstellung einer hungrigen Meute unmittelbar vor seiner Haustüre nicht zu gefallen. "Schweig!". Er ließ sich auf sein Bett fallen und wischte sich den Schweiß von der Stirn. Mit fahrigen Bewegungen goss er sich ein neues Glas seines geliebten Pomeranzen-Likörs ein. Er schien sich wieder im Griff zu haben. "Ich werde es mir überlegen", sagte er. "Gehe jetzt und lass mich allein!" Deron verbarg nur mit Mühe seine Enttäuschung. Er drehte sich um und verließ den Raum..."

Ich schlug die Seite des Manuskriptes zu, denn ich sah, wie müde Frans durch mein Vorlesen geworden war. In Richtung der Berge, auf der Rückseite der Stadt, hat das Unternehmen ein großes Steinhaus errichtet, das von einer hohen Mauer umgeben ist, die einen großen, gut sortierten Garten einzäunt. Ich ging mit Frans in den Garten, um die darin gepflanzten Kräuter, Blumen, Wurzeln und Früchte zu sehen. Hand in Hand, wie ein Liebespaar, lustwandelten wir auf den Schotterwegen durch dieses künstliche Paradies. Die Pflanzen werden von einem Bach bewässert, der von einem nahe gelegenen Berg herab plätschert. Ich musste an das Manuskript von Jan Bakker denken und wie trocken Curaçao war, verglichen mit der Kap-Provinz und Ostindien. Der Bach wird durch viele Kanäle geleitet und verteilt so lebensspendendes Wasser für alle Teile des Gartens. Dicke Hecken, die mehr als drei Meter hoch sind, säumen die Spazierwege. Die ganze Anlage und all die verschiedenen Pflanzen hier werden von den Sklaven des Unternehmens außerordentlich sauber gehalten.

Abbildung 04: Auf dem Green Mountain wächst heute ein Wald aus Araukarien, die man von den australischen Norfolk Inseln einführte. Ziel der Pflanzung war es, Holz für Schiffsreparaturen vor Ort schlagen zu können.

Bei den Huren

Eine große Anzahl von indischen Arbeitern und schwarzen Sklaven kam aus allen Teilen des Besitzes der Firma und pflegte die öffentlichen Wege, Plätze und Gärten in Kapstadt. Wir haben viele von ihnen bei der Arbeit gesehen, wie sie die Pflanzen beschnitten und Bäume wässerten. Das Unternehmen erlaubt allen Fremden, in seinen Gärten und Plantagen spazieren zu gehen, aber niemand darf hier Obst pflücken, außer mit Erlaubnis der Bediensteten des Unternehmens. Während Frans und ich am nächsten Morgen im Granatapfelhain waren, entdeckten wir einen englischen Matrosen, der Obst gestohlen hatte. Er wurde auf frischer Tat von großen schwarzen Sklaven erwischt, die drohten, ihn vor dem Gouverneur zu zerren. Es kostete den Matrosen etwas Geld, um Frieden zu schließen und die Sklaven zu beruhigen. Nachdem wir uns im Garten erholt hatten, machten wir uns auf den Rückweg zu den Docks, an denen die "De Snikkel" festgemacht hatte. Wir stießen auf vier unserer Schiffskameraden, die vor der Sklavenhütte der Kompanie in der Schlange standen und darauf warteten, mit den farbigen Sklavenhuren zu verkehren. Eine hübsche dunkelhäutige Frau lehnte sich aus einem Fenster und warf ein Stück Zuckerrohr auf Frans, um seine Aufmerksamkeit zu erregen. Sie lächelte und bedeutete uns, zu ihr zu kommen. Doch Frans drehte sich genervt von ihr weg.

Die Besatzungsmitglieder, die in der Schlange standen und von denen viele betrunken waren, obwohl der heilige Sabbat war, verspotteten uns, als wir uns weigerten, uns ihnen anzuschließen. Jan Kut rief uns zu: "Was ist das? Jungs, habt ihr keine Eier in der Hose? Hockst du dich zum Pissen hin?" Ein anderer lachte uns aus und sagte: "Sind die Sklavenfotzen nicht gut genug für dich? Komm rein, du wirst feststellen, dass es genauso riecht wie du es gewohnt bist." Sie warfen uns noch andere beleidigende Sprüche zu, die mich wütend machten. Ich hielt meinen Zorn zurück, denn ich hatte mit einigen dieser Idioten schon vorher gesprochen und wusste, dass es nichts Gutes bringen würde, mit ihnen zu streiten. In unserer Nähe stand ein älterer Moslem aus Persien, glaube ich, der zugesehen hatte, wie uns unsere Schiffskameraden verspottet hatten.

Bevor wir die Szene verlassen konnten, kam er auf uns zu und fragte, ob Frans ein Christ oder ein Moslem sei. Ich antwortete ihm, dass seine Mutter Muslima gewesen sei, aber jung gestorben ist. Er zeigte auf die Seeleute, die in der Schlange standen und auf die Huren warteten, und sagte: "Ihr niederländischen Christen predigt uns eure überlegene Religion. Die Calvinisten sind, um sie zu zitieren, angeblich das Salz der Erde mit ihrer gottgegebenen Moral." Er zeigte auf die Reihe der betrunkenen Seeleute. "Schau dir an, wie es wirklich ist. Sie benehmen sich wie Schweine, wie betrunkene Hurenschweine. Ich würde meiner Tochter niemals erlauben, einen Holländer zu heiraten. Ich würde ihr vorher das Genick brechen. Jetzt habt ihr die besseren Schiffe, die größeren Waffen, und ihr machst uns zu euren Sklaven. Aber eines Tages wird Allah gerächt werden." Ich konnte nicht antworten, so perplex war ich. Der alte Mann ging weg. Frans war sehr schockiert über die Ansprache des alten Mannes und die ganze abscheuliche Situation. Ich fragte ihn, wozu er denn außer dem Besuch der Sklavenhütte Lust hätte, und Frans meinte, dass er gerne auf den Tafelberg gehen würde. Es gab einen schmalen Pfad dort hinauf und so machten wir uns auf den Weg. Gegen Mittag erreichten wir ein Plateau. Das lag zwar noch weit unterhalb des Gipfels, aber selbst hier war die Aussicht grandios und es machte von daher auch gar keinen Sinn, noch höher zu steigen. Frans bat mich, dass ich aus dem Buch von Jan Bakker weiter vorlesen sollte, während er den Blick auf das Meer und die Kolonie genoss. So kramte ich die Seiten heraus und begann vorzulesen:

„Der Fünfzig-Tonnen-Schoner "Vincent Verga" pflügte das mäßig bewegte Wasser vor der Isla Margarita mit Kurs Westnordwest. Die gelbbraunen Segel an den beiden Masten blähten sich im leichten

Wind. Die Rahen knarrten und ächzten. Das Schiff war fünfzehn Meter lang, etwas mehr als drei Meter breit und ragte knapp zwei Meter aus dem Wasser. Die einstmals weiße Farbe des Rumpfes war an vielen Stellen abgeblättert oder gelb geworden. Auf dem Bugdeck war in einem kleinen Aufbau der Besitzer untergebracht, darüber stand das Steuerhaus. Auf dem Achterdeck befand sich ein zweiter, größerer Aufbau, in dem die drei Matrosen der Besatzung schliefen. Dort war auch eine kleine Kombüse. Riccardo Moreno, der Besitzer und Kapitän des Schoners "Vincent Verga", saß in seiner Kajüte vor der Seekarte. Er war sportlich, schlank und hatte zwei scharfe, wache Augen, denen nichts zu entgehen schien. Obwohl er bereits das fünfzigste Lebensjahr überschritten hatte, sah er wesentlich jünger aus. Die "Vincent Verga" segelte schon den achten Tag seit der Abfahrt von Puerto del Mar, dem Hafen der Perleninsel (Isla Margarita), durch das Meer und musste bald ihr Ziel, die Insel Curaçao, erreicht haben. Riccardo Moreno lehnte sich, als er dies errechnet hatte, bequem in seinem Stuhl zurück. Die Augen halb geschlossen, überdachte er noch einmal sein Vorhaben. Moreno war Händler, obwohl er sich selbst - angeberisch wie er nun einmal schon immer gewesen war - als Großkaufmann und Reeder zu bezeichnen liebte. Er handelte mit allem, woran man verdienen konnte, in der Hauptsache mit Früchten.

Im Laufe der Zeit hatte er es zu einem beträchtlichen Vermögen gebracht. Rücksichtslos und gerissen, stets auf seinen Vorteil bedacht, ohne dabei vor Betrug und Bestechung zurückzuschrecken, strebte er danach, seinen Reichtum zu vergrößern. Seine Eltern stammten ursprünglich aus Sevilla in Spanien und betrieben auf der Perleninsel eine dubiose Kanzlei für Rechtsgeschäfte. Der unverheiratete Riccardo Moreno wohnte immer noch in dem stattlichen Haus der Eltern, welches sich die Familie 1692 von einer armen, alten Witwe ergaunert hatte. Moreno hatte sich nicht von der dominanten Mutter lösen können. Während sein Vater eher einem "gutmütigen Stoffel" glich, kam die Mutter als "giftige Hexe" daher, die einmal sogar ihren Angestellten Miguel vom Hof jagte, nur weil der sich privat nicht so verhalten hatte, wie es ihr Sohn Riccardo gerne gehabt hätte. In der letzten Zeit waren die Geschäfte von Riccardo Moreno immer schlechter gelaufen. Eine große ausländische Gesellschaft hatte fast alle kleineren Unternehmen der gleichen Branche allmählich an die Wand gedrückt und geschluckt. Um sich halten zu können, war er gezwungen gewesen, mit Verlust zu arbeiten, bis ihm eines Tages klar wurde, dass er vor dem Ruin stand. Auch um sein Seelenheil stand es nicht zum besten, denn er verbarg ein dunkles Geheimnis, welches nur wenige kannten. Einstmals war Riccardo Moreno ein glücklicher junger Mann gewesen. Er diente in der Armee von Neu Granada, studierte auf Wunsch seiner Mutter an der Universität von Caracas Rechtswissenschaften und hatte dort in den 1680er Jahren in einem Wirtshaus einen gleichaltrigen Jungen namens Franco kennengelernt. Franco kam aus einem kleinen Dorf weit im Innern des Landes. Er war ein Minero, also ein Bergmann in einer Kupfermine. Der muskulöse Körper des Jünglings und dessen ungehobelte Arbeitersprache faszinierten den Studenten Riccardo. Erst kurz zuvor war dieser abends müde aus der Universität in seine von den Eltern finanzierte kleine Stadtwohnung gekommen, hatte sich noch schnell einen Tee gekocht und fand in seinem Bett unerwartet eine nackte Bekannte vor, die ihn auf diese ziemlich direkte Art und Weise zu verführen versuchte. Doch das klappte nicht. Riccardo Moreno geriet überhaupt nicht in Erregung.

Bei Franco verhielt es sich dagegen gänzlich anders. Die totale Lust gewann hier die Oberhand. Nach einer durchzechten Nacht landeten die beiden in Riccardos Bett und wurden ein Paar. Genau wie der schwarze Sklave Curtis Eduarda war auch Riccardo Moreno ausschließlich für die Männerliebe bestimmt. Allerdings hatte er, der

Sohn reinrassiger Weißer aus Europa, im Gegensatz zu einem afrikanischen Sklaven sehr wohl einen Ruf in der "besseren Gesellschaft" zu verlieren. So verschwieg er seine homosexuellen Abenteuer und erzählte bei neugierigen Fragen allerlei Ausreden. Franco, der Bergarbeiter, vergnügte sich alsbald mit dem Abschaum von ganz Caracas, verließ Riccardo nach nur zwei Jahren und brach ihm so das Herz. Riccardo war ausgenutzt worden. Der untreue Arbeiter hatte den reichen, verzogenen Sohn nur dazu benutzt, um seinem elenden Dorf und seiner schweren Arbeit zu entfliehen.

Als sich ein besseres Angebot für ihn ergab, ging er so schnell weg, wie er gekommen war. Riccardo Moreno war für den Rest seines Lebens traumatisiert und trug schwer an der Bürde des Schwulseins. Wie gerne wäre er Vater geworden. Wie gerne hätte er eine eigene Familie gehabt. Um diese Gefühle der Leere zu kompensieren, flüchtete er sich in zahllose sexuelle Abenteuer mit unzähligen Gelegenheitsbekanntschaften, die er in den "Bano publico" oder den "Bano turko" von Caracas und Puerto del Mar auftat. Mit den Jahren wurden seine Lover immer jünger. Er entwickelte eine Freude daran, vaterlosen Jungen und Jünglingen aus armen Familien das Schwimmen bei zu bringen, das Schießen oder auch das Jagen. Oft steckte er den Kindern auch Geld zu oder ließ sie für Geld unnötige Kleinigkeiten erledigen. Moreno fühlte sich so als einer Art Ersatz-Vater und genoss es, von den Kindern für sein Können und sein vieles Geld bewundert zu werden. Auch ließ Moreno diverse Landstreicher und anderes Gesindel im Keller des Anwesens der Familie wohnen, was vor allem seine Mutter sehr erzürnte. Dieses Pack, von Moreno abhängig, bildete seine Ersatzfamilie.

Ein guter Bekannter, der ehrenwerte Bankier George de Lange, mit dem er im Briefwechsel stand, machte Riccardo Moreno entsetzt und besorgt auf dessen unangemessenes Verhalten aufmerksam. Doch der Händler wollte davon nichts hören. Die Lage spitzte sich 1722 für ihn immer mehr zu. Es gab nur noch zwei Möglichkeiten für ihn: das Angebot der ausländischen Gesellschaft annehmen und sein Geschäft dem großen Konzern anschließen, der ihn als schlecht bezahlten Angestellten übernehmen wollte, oder versuchen, auf andere Art wieder in die Höhe zu kommen. Das letztere war schwer, fast aussichtslos, doch Moreno wollte sein Glück erzwingen. Die drohende Verarmung hing wie ein Gespenst über ihm, er musste und wollte sie bannen und scheute vor nichts zurück. Ohne Geld, dass wusste er, wäre er für die zahlreichen "Schmarotzer" seiner "Ersatzfamilie" nichts mehr wert. Sie würden sich von ihm abwenden, so wie es einst seine Jugendliebe Franco mit ihm getan hatte. Dieser Gedanke erschien ihm unerträglich. Der Zufall kam ihm zu Hilfe. Im Hafen von Puerto del Mar waren seine Matrosen mit einem Skipper aus der holländischen Kolonie Curaçao ins Gespräch gekommen. Der hatte erzählt, dass dort mit etwas Kapitaleinsatz günstig Plantagen zu errichten wären, weil die Holländer billige Sklaven importierten und Zwangsarbeiter vom südamerikanischen Festland rekrutierten. Es böten sich günstige geschäftliche Gelegenheiten. Im Süden Curaçaos würde noch freies Land existieren. Die Matrosen erzählten das alles ihrem Herrn und Riccardo Moreno sprang darauf an. Mit billigen Arbeitern konnte eine Plantage womöglich bereits innerhalb eines Jahres reiche Ernten abwerfen, die es ihm gestatten würden, erfolgreich mit der Gesellschaft zu konkurrieren und sein Unternehmen in noch größerem Umfang als bisher aufzuziehen.

Moreno sah die Bananen, Melonen, Orangen und Ananas, die er auf Curaçao anpflanzen würde, schon vor seinem geistigen Auge. In aller Stille wickelte er all seine geschäftlichen Aktivitäten auf der Isla Margarita ab, belud seinen Schoner bis unter Deck mit Lebensmitteln, verabschiedete sich von den alten Eltern und segelte davon. In gewisser Weise stellte dieser Neuanfang auch eine Flucht vor seinem alten, völlig verpfuschten Privatleben dar, was ihm die Auswanderung von der Perleninsel nur noch rosiger erschienen ließ. Moreno hatte Erkundigungen eingeholt. Er wusste um die schlechte Versorgung der Insel mit Lebensmitteln und wollte sich dies zu nutze machen. Auch die kritische Situation auf der Plantage Damasco mit ihrem dem Alkohol verfallenen und offenbar überforderten Besitzer Thielen war ihm zu Ohren gekommen. Hier musste er anlanden und schauen, ob er einen Fuß in die Türe Curaçaos setzen könnte. Das hörte sich für ihn so an, als ob sich auf Damasco die Gelegenheit bieten würde, "den Laden" über kurz oder lang zu übernehmen. Soweit sein zynischer Plan! Sein Geld, das er hatte flüssig machen können, um sein Vorhaben in die Tat umzusetzen, reichte höchstens für ein Jahr. Bis dahin musste sein neues Unterfangen den ersten Gewinn abwerfen, wenn er nicht endgültig Konkurs anmelden wollte. Moreno war entschlossen, klug und rücksichtslos genug um seine letzte Chance zu wahren.

Er verließ seine Kajüte und trat auf Deck. Der kühle Luftzug trocknete sein vom Schweiß nasses Gesicht. Zwei der Matrosen, barfuß und nur mit Hemd und Hose bekleidet, richtige Galgenvögel und "Spielzeuge" von Moreno, hockten auf dem Dach ihrer Unterkunft und unterhielten sich. "Noch kein Land zu sehen?" fragte Moreno. Einer der Matrosen, Bernardo Sanchez, schüttelte den Kopf. "Nein, Riccardo!" Moreno ließ sich auf einer Taurolle nieder. "Verfluchte Hitze", schimpfte er vor sich hin. Die Matrosen grinsten sich an. Dann sagte Bernardo, seinen Kameraden dabei zuzwinkernd: "Ein Schluck Schnaps, schön kühl, wäre dagegen das Richtige!" Er spuckte über die Bordwand. Riccardo Moreno antwortete nicht sogleich, lächelte jedoch. Er war unglaublich geizig und verschenkte nichts, ohne die Gewissheit zu haben, den Gegenwert und noch mehr früher oder später in irgendeiner Form, und sei es nur Sex, zurück zu erhalten. Auf seine Leute, die ihm schon lange Jahre dienten und die ihm treu ergeben waren, musste er sich in den kommenden Wochen und Monaten noch mehr als bisher verlassen können.

Er würde sie deshalb, im wahrsten Sinne des Wortes, "bei der Stange halten" müssen. Außerdem verspürte er selbst das Verlangen, einen Schnaps zu trinken. Er erhob sich, ging in seine Kajüte und kehrte gleich darauf mit einer vollen Flasche zurück. Bernardo Sanchez, technisch versiert und immer für ein Experiment zu haben, band ein Tau daran und zog sie neben dem Schiff durch das Wasser. Eine Weile später, als sie das erste Glas des so gekühlten Schnapses getrunken und auch den Steuermann versorgt hatten, sagte Moreno: "Meine lieben Freunde, es soll nicht die letzte Flache sein, der wir den Hals brechen. Und auch sonst wird manches für euch abfallen!" Er schwieg einige Sekunden, musterte aus schmalen Augen prüfend die Gesichter der ihn erwartungsvoll und neugierig anblickenden Matrosen uns fuhr fort: "Es kommt auf euch an. Führt ihr gewissenhaft aus, was ich anordne, soll es nicht euer Schaden sein. Andernfalls sind wir alle bald am Ende. Ihr wisst ja, was das für uns bedeutet..." Er sprach nicht weiter. Seine Augen schlossen sich noch mehr, seine Lippen pressten sich fest aufeinander, und eine unmissverständliche Bewegung mit den Händen vollendete das Bild: "Rübe ab!"

Die Matrosen schienen ihren Herrn genau zu kennen und an vieles gewöhnt zu sein, denn ihre Gesichter zeigten weder Erstaunen noch Furcht. Sie fragten auch nicht lange. Bernardo Sanchez wollte ohnehin nur seine Ruhe haben. Er war von Person aus ein Langweiler wie man ihn sich schlimmer nicht ausmalen konnte und hatte die Perleninsel zum ersten Mal in seinem Leben verlassen. Er begriff noch immer nicht, was hier genau vor sich ging. "Auf uns kannst Du Dich verlassen. Wie immer!", meinte er und schielte begehrlich nach der Flasche, die neben Riccardo stand. Der Händler nickte. "Dann ist alles in Ordnung, und wir wollen noch einen Schluck darauf trinken!" "Das soll ein Wort sein", meinte Bernardo zu Riccardo. Bereitwillig hielt er Riccardo sein leeres Glas und etwas später auch noch ganz andere Dinge hin. Während dessen ging auf Damasco, der "Plantage des Grauens", der furchtbare Alltag der Zwangsarbeiter wie in einem nicht enden wollenden Alptraum täglich aufs neue weiter. Schweigend quälten sich die weißen Sklaven mit den schweren Steinbrocken ab. Sie wühlten sie aus dem Boden und schleppten sie in Richtung Meer. Dort, wo sich der Ozean an einer schmalen Stelle seinen Weg ins Landesinnere hineingefressen und eine Lagune, das sogenannte "Zoutmeer" (Salzmeer) gebildet hatte, sollten Sie einen Damm errichten, um den Wasserfluss in die Saline kontrollieren zu können.

Der alte, hölzerne Wasserregler, sollte durch ein stabileres Bauwerk ersetzt werden. Mit Brechstangen, aber auch mit den bloßen Händen, lösten die abgemagerten, entkräfteten Gestalten Stein um Stein aus dem Felsengewirr. Sie waren in Schweiß gebadet und konnten sich nur mühsam auf den Beinen halten. Hin und wieder richtete sich der eine oder andere einmal auf, um für wenige Augenblicke auszuruhen. Einige der schwarzen Aufseher duldeten schweigend diese Pausen, andere brüllten und schrien herum, wenn sie es gewahr wurden. Dann schreckten auch die rosaroten Flamingos auf, die in dem seichten Wasser der Lagune nach Krebsen fischten, und stoben laut kreischend auf. Pedro Manzanares und Pablo Sanchez arbeiteten zusammen. Pablo war einige Jahre älter als sein Gefährte und sein Padrone hatte ihn verkauft, weil eine Missernte ihm finanzielle Schwierigkeiten brachte. Weil Pablo stark und kräftig war, ließ sich mit ihm der höchste Preis erzielen. Überdies hatte der Padrone bereits ein begehrliches Auge auf Pablos schöne Frau Juanita geworfen, obwohl diese bereits mit dem siebten Kind von Pablo schwanger war.

So konnte der Padrone zwei Fliegen mit einer Klappe schlagen: Geld bekommen und den lästigen Nebenbuhler los werden. Gemeinsam versuchten Pedro und Pablo jetzt, einen großen, unförmigen Felsbrocken, der zur Hälfte im Erdreich steckte, zu lockern. Sie keuchten, die Adern an ihren Hälsen waren vor Anstrengung geschwollen. Sie arbeiteten langsam, doch ohne innezuhalten, denn der wenige Meter hinter ihnen stehende, von allen gefürchtete Aufseher Curtis Eduarda, beobachtete sie aufmerksam. Sie kannten ihn als einen brutalen, sadistischen Schläger, der keine Rücksicht nahm und dem das Quälen anderer Menschen offensichtliches Vergnügen bereitete. Unaufhörlich trieb er die von ihm beaufsichtigten Arbeiter mit wüsten Flüchen an. Zuweilen stieß er einzelne, die nicht sofort seinen Weisungen folgten, mit dem Gewehrkolben in die Seite oder schlug ihnen damit auf den Kopf. War der Capitano in der Nähe, hielt er sich etwas zurück. Alle nannten Eduarda nur voller Verachtung den "schwulen Teufel". Pedro und Pablo hatten sich nieder gekniet, um mit den Händen die staubtrockene, wie fest betonierte Erde, in der der Felsblock saß, heraus zu wühlen. Aus Schikane hatte man ihnen außer einigen Brechstangen keine Werkzeuge ausgehändigt, obwohl im Schuppen genügend Schaufeln, Hacken und Beile lagerten. Kapitän Thielen erlaubte nur selten deren Ausgabe. Offenbar befürchtete er, dass sich die geschundenen Arbeiter damit bewaffnen und über ihn und die zehn schwarzen Aufseher herfallen würden. Pablo stöhnte plötzlich schmerzlich auf und hob den rechten Arm. Einer der scharfkantigen Steine hatte ihm die Hand aufgerissen. Blut lief über seine Finger und tropfte zur Erde.

Pedro blickte sich schnell nach dem Schinder Eduarda um. Als er bemerkte, dass dieser gerade in eine andere Richtung sah, flüsterte er seinem Gefährten hastig zu: "Still Bruder, wickele Dir einen Lappen darum!" Pablo Sanchez riss einen Fetzen aus seinem ohnehin schon zerschlissenen Hemd und tat, was ihm Pedro geraten hatte. "Was ist dort los?" schrie plötzlich Eduarda und rannte auf sie zu. Pablo blickte erschrocken auf. "Die Hand, Herr, ich habe mich an einem Stein verletzt!" sagte er leise und demütig. Pedro hatte den Kopf nicht erhoben, sondern arbeitete wie bisher weiter. Nur sein Herz schlug schneller als gewöhnlich. "Ach was!" schrie der Afrikaner, "Du willst Dich nur drücken, Du verdammter Tagedieb!" Er stieß ihm den Gewehrkolben in die Hüfte. "Los, schneller, Du Lump, sonst bringe ich Dir bei, wie hier gearbeitet wird!" Pablo presste die Zähne zusammen. Mehr noch als der Schmerz der ihm durch den Körper fuhr, war es die rohe Art des Sklaven, die ihn mit Wut und Hass erfüllten. Mit beiden Händen griff er in die Erde. Das Wasser trat ihm in die Augen, doch kein Laut kam über seine Lippen. Eduarda sah ihnen noch eine Weile mit finsterem Gesicht zu, dann lachte er höhnisch und entfernte sich. Pablo war blass geworden. Jeder Handgriff kostete ihm fast übermenschliche Kraft. Er stöhnte. "Ich schlage ihn tot, den verdammten perversen Hund. Dieses Schwein!" murmelte er mit blutunterlaufenen Augen, "bei der heiligen Jungfrau Maria, ich schlage den Teufel tot. Ich werfe ihn und seine verdammte Mumie den Haien zum Fraß vor!" Pedro hörte sich das an, war aber nicht seiner Meinung. Er durfte es nicht zulassen, dass sich Pablo an dem Sklaven vergriff. Curtis Eduarda wartete nämlich nur auf eine solche Gelegenheit, um einen Vorwand für weitere sadistische Bestrafungen zu haben. Er nickte dem Gefährten deshalb beschwichtigend zu und flüsterte: Lass den Mut nicht sinken, Bruder! Nicht jeden Tag bewacht uns dieser elende Schinder!"

Pablo zischte hasserfüllt zurück: "Ich halte es nicht mehr aus! Ich kann nicht mehr!" Pedro befürchtete eine unüberlegte Handlung Pablos. „Sie werden Dich töten!" flüsterte er eindringlich, ohne den Mund dabei merklich zu bewegen. Scheu blickte er sich um. Eduarda achtete im Augenblick nicht auf sie. „Sie haben Gewehre, Pablo, und ehe Du nur einen Schritt getan hast, bist Du ein toter Mann! Eduarda, das miese Schwein, wird Dich eiskalt abknallen und noch seinen Spaß daran haben. Warte ab, amigo, sei bloß nicht voreilig! Sonst versemmelst Du Dir alles!" Pablo schüttelte eigensinnig den Kopf. „Wenn sie mich erschlagen oder erschießen, ist alles vorbei, dann habe ich wenigstens endlich meine Ruhe!" Trotzdem gelang es Pedro, ihn irgendwie zu besänftigen. Sie wuchteten den Felsbrocken aus der Erde. Endlich neigte sich der Stein und fiel zur Seite. Erlöst richteten sie sich auf. Vor ihren Augen flimmerte es. Doch schon hatte Curtis Eduarda sie erspäht. Wüste Flüche ausstoßend, kam er auf sie zu, die Peitsche in der einen Hand, seine Machete in der anderen. Pedro und Pablo beugten sich hastig nieder, packten den schweren Stein und hoben ihn hoch. Schritt für Schritt trugen sie ihn, taumelnd und stolpernd, den Kilometer den Hügel hinunter bis zu der Stelle an der Küste, wo die Salzlagune in einem zwanzig Meter breiten Streifen mit dem karibischen Meer verbunden war. Hier wurde auf Befehl des Capitano ein künstlicher Damm errichtet, um die Verdunstungsrate zu erhöhen und somit die Salzproduktion der Saline zu steigern.

Eduarda ging eine Weile neben ihnen her und knallte mit der Peitsche in einen Busch. Wie ein kleines Kind freute er sich, als ein orange-schwarzer Trupialvogel, von dem Hieb unvermittelt getroffen, tot zu Boden fiel. Die Dornbusch- und Kakteensavanne, die die Vegetation auf Curaçao ebenso wie auf dem naheliegenden Festland Südamerikas dominiert, ist die Heimat zahlreicher Tropenvögel, wie zum Beispiel der bunten Trupiale, einer Art von Stärlingen. Curtis machte sich immer wieder einen Spaß daraus, Vögel, Leguane oder sogar Fische im Meer mit seiner Peitsche aus dem Leben zu befördern. Einmal peitschte er gar vor aller Augen eine Ziege brutal zu Tode, die es gewagt hatte, an der Leiche seines einbalsamierten Liebhabers Francisco zu schlecken. Pedro keuchte unter der glühenden Sonne: „Langsam, Pablo! Bitte, ich kann nicht mehr!"

Pablo war noch immer sehr erregt: „Ich mache Schluss! Ich habe dieses Leben satt. Hat mich mein früherer Patron mein ganzes Leben lang bestohlen und betrogen? Und vordem schon meine Eltern und meine Großeltern? Wozu bin ich auf der Welt? Welchen Sinn soll das alles haben?"

Pedro entgegnete: „Ich weiß, ich weiß, Bruder, doch wir können es nicht ändern. Sie machen mit uns was sie wollen. Es könnte alles noch viel schlimmer sein. Denk mal nach: Der schwule Teufel sucht bestimmt schon nach einem Ersatz für seinen Mann. Was, wenn er unter den Arbeitern nach Gespielen sucht? Stell Dir bloß mal vor, was uns dann blühen würde." Pablo wurde aschfahl im Gesicht. In der Tat, die Liste möglicher Horrorszenarien auf der Plantage Damasco konnte sich gedanklich immer weiter spinnen lassen, sodass die Realität an Schrecken verlor. Sie erreichten den Strand, an dem Deron, der wohl gutmütigste aller schwarzen Sklaven, die Arbeit überwachte. Gelangweilt saß er auf einer Klippe, rauchte eine Zigarette nach der anderen und kümmerte sich nicht viel um die Gefangenen. Pedro und Pablo versenkten ihren Stein ins Wasser und rückten ihn so, dass er eine Lücke in dem erst um einige Meter vorangetriebenen Damm ausfüllte. Umständlich hantierten sie eine Weile herum, um sich erholen zu können. „Ich reiße aus!" verkündete Pablo plötzlich leise. Er wusste selbst, dass es sinnlos war. Pedro und er hatten schon des Öfteren darüber gesprochen, doch immer wieder davon Abstand genommen. Sie würden elend umkommen. Das stand quasi fest! Und doch war es gut, von der Freiheit zu träumen. Nur diese Phantasien und Tagträume ließen sie ihr Dasein auf der der „Aprikosenplantage" ertragen.

Pedro schüttelte traurig den Kopf. Er sagte nichts weiter. Pablo würde die dummen Fluchtgedanken sicher bald wieder aufgeben. Finge man sie nach einem Fluchtversuch wieder lebend ein, dann würde Curtis sie zu Tode peitschen, um ein Exempel zu statuieren. Gelang es ihnen jedoch den Häschern zu entgehen, erwartete sie der qualvolle Tod durch Verdursten. Es war einfacher und weniger schmerzvoll, sich von einer hohen Klippe ins Meer zu stürzen. Schwimmen konnte ja kaum einer der Arbeiter. Deron, der Wächter, schaute auf: Nun geht schon, Leute", sagte er gutmütig, „genug ausgeruht. Macht bitte weiter!" Pedro und Pablo liefen den Hang, auf dem steilen kleinen Pfad durch die dornigen Büsche und die riesigen Säulenkakteen zurück zu ihrer Arbeitsstelle, auf der sie die Steine ausbuddelten.

Der Capitano plante, hier einen Brunnen anzulegen, aus dem er mittels einer kleinen Windmühle Wasser für die Tiere schöpfen können würde. Auf der von Steinen gesäuberten ebenen Fläche wollte er ein Feld mit Aloe Vera anlegen. Diese arabische Wüstenlilie, von Columbus immer auf seinen Reisen im Gepäck mitgenommen, wäre vermutlich wohl die einzig nutzbare Pflanze, die auf der ausgetrockneten, sonnenverbrannten Erde Damascos ohne Bewässerung eine Chance zum Gedeihen hätte. Während die Arbeiter in der glühenden Tropensonne beim Ausbau der Saline schufteten, lag Kapitän Thielen in seinem kühlen Landhaus unruhig auf seinem Feldbett. Er wälzte sich auf seiner Matratze von einer Seite auf die andere, rauchte ungezählte Zigaretten und trank zwischendurch Hochprozentiges. Er stöhnte und fluchte ohne Unterlass, ließ sich von Deron, der inzwischen von der Aufsicht am Strand abgelöst worden war, Wasser holen und schickte ihn hierhin und dorthin, ohne dass dieser es ihm recht machen konnte. Plötzlich schreckte er hoch. Der Sklave, der auf dem Wachturm der Plantage das Areal kontrollierend im Blick hatte, schrie etwas. Gleich darauf hörte man ihn die Leiter herunterklettern. Einen Augenblick später stürmte er in den Raum. „Señor Capitano, ein Schiff!" stieß er hervor. Thielen sprang wie elektrisiert auf. „Das Versorgungsschiff aus Amsterdam?" Der Posten wehrte ab. „Nein Señor, ein kleiner Schoner!" Der Kapitän, hoch erfreut und neu belebt über diese willkommene Abwechslung, stieß den Sklaven zur Seite und rannte, so wie er war, aus dem Haus. Der Sklave lief ihm nach. Thielen erkletterte den Turm, ließ sich das Fernglas geben und blickte lange hindurch. Deutlich konnte er das kleine Schiff erkennen, das die nahegelegene Bucht Caracasbaai am Fort Beekenburg ansteuerte und in etwa einer halben Stunde Anker werfen musste. Kapitän Thielen war voller Freude. Nach langen Monaten würde er endlich wieder einmal Neuigkeiten vom Rest der Welt erfahren können. Aufgeregt rief er nach seinem Oberaufseher, Curtis Eduarda, und als dieser erschien, beauftragte er ihn, die Arbeit einstellen zu lassen und die Männer in ihre Hütten zu treiben. Mehr gleitend als kletternd stürzte er die Leiter herab und schrie nach Deron: „Meine Kapitäns-Uniform, schnell, schnell!" Thielen lief durch die Räume, gab Befehle, widerrief sie, trieb seine Sklaven durcheinander, ließ Ordnung schaffen, soweit dies in der Kürze der Zeit möglich war, und kleidete sich zwischendurch an. Hose und Uniform waren schmuddelig und nicht gebügelt, die Stiefel staubig und zerrissen, doch das störte den alten Seebären nicht.

Er kämmte sich ausgiebig, wiegte sich eitel in den Hüften und schnallte sich dann den Gürtel mit seiner scharfen Machete um. Er betrachtete sich noch einmal in einer halb erblindeten Spiegelscherbe und trat, mit sich und seinem Aussehen zufrieden, auf die Terrasse. Obwohl er seit mehr als drei Jahren kein Pferd mehr gesehen hatte, trug er große, silberne Sporen, die bei jedem Schritt leise klirrten. Der Schoner war längst mit bloßem Auge zu erkennen und fuhr bereits in die Caracasbaai ein. Kapitän Thielen setzte sich auf seinen Esel „Burrito" und ritt die zwei Kilometer bis zur Bucht. Sein Sklave lief zu Fuß hinterher. Als die Beiden am Strand der Caracabaai angekommen waren, sichteten sie auch schon Riccardo Moreno. Der Händler schwang sich über die Bordwand des an dem Landungssteg vertäuten Schiffes, und ging auf den vor echter Freude strahlenden Capitano zu.

Moreno trug einen schneeweißen Anzug und leichte, saubere Segeltuchschuhe, den Kopf bedeckte ein neuer, breitkrempiger Sombrero. „Ich freue mich, Sie kennenzulernen. Sind Sie der Eigentümer der hiesigen Plantage?" fragte er höflich und schüttelte Kapitän Thielen artig die Hand. Auf dem Turm des nahegelegenen Fort Beekenburg, welches zwanzig Jahre zuvor von den Holländern am Eingang der Bucht zum Schutze Curaçaos vor Piraten und feindlichen Kriegsschiffen gebaut worden war, beobachte der Kommandant, ein gewisser Shermon Heijn, interessiert die Szene durch sein langes Fernrohr. Das von dem kleinen Schoner keine Gefahr ausging, war ihm klar, aber was wollte ein solch feiner Herr nur in dieser abgelegenen Gegend der Insel, fragte er sich. Der Handelshafen von Willemstad lag immerhin 20 km weiter nördlich. Das er Riccardo Moreno später wesentlich näher kennenlernen würde, stand bereits in den Sternen. Doch davon ahnte Kommandant Heijn noch nichts. Derweil kamen Moreno und der Kapitän am einige hundert Meter entfernten anderen Ufer ins Gespräch: „Sie kennen mich, Señor?" staunte Thielen und vergaß vor Verblüffung, den Gruß zu erwidern. „Selbstverständlich! – Mein Name ist Riccardo Moreno, Großkaufmann und Schiffseigentümer von der Perleninsel." Der Händler ignorierte den Schwarzen Curtis Eduarda völlig.

Für Riccardo Moreno stellten die Afrikaner Menschen zweiter Klasse dar, die er nach Möglichkeit nicht weiter beachtete. Er mochte die Mulatten und Mestizen nicht, da sie in seinen Augen das Produkt einer unerwünschten rassischen Vermischung waren. Unter den echten spanischen Familien der neuen Welt galt das Gebot der „Limpieza de Sangre", also der Reinheit des Blutes. Diese Reinheit galt in den Augen Morenos unbedingt es zu erhalten. Er lehnte darum Geschlechtsverkehr mit andersartigen Kreaturen vehement ab. „Sehr erfreut, Señor Moreno!" lächelte Kapitän Thielen und wippte aufgeregt auf seinen Zehenspitzen. „Ich begrüße Sie auf der Insel

Curaçao und auf meinem Land, der Aprikosenplantage Damasco", erklärte er dann würdevoll. Er schwieg einen Augenblick, doch seine Neugier zwang ihn, fortzufahren. „Darf ich fragen, welcher Grund Sie hierher geführt hat, Señor Moreno?" Der Händler wehrte entsetzt ab. „Aber nicht doch in dieser Hitze, Capitano! Wer wird denn gleich von Geschäften sprechen. Darf ich Sie bitten, mein Gast zu sein und mit mir zu speisen? Es ist alles vorbereitet! Ich werde mir dann erlauben, Ihnen den Zweck meines Kommens zu erklären." Der Kapitän, hocherfreut, nickte und ging voraus. Riccardo Moreno grinste verstohlen.

Die Auskünfte, die er über Thielen erhalten hatte, deckten sich einigermaßen mit der Wirklichkeit. Thielen war dreckig, zerlumpt und wirkte einfältig, dabei dem Trunk ergeben und vermutlich auch leicht mit Geld zu beeinflussen. Moreno rieb sich zufrieden die Hände. Die beiden Männer betraten die Kajüte. Ein sauberes Tuch lag auf dem Tisch, der mit Gläsern, Tellern und Bestecken gedeckt war. Adriaan Thielen redete unaufhörlich wie ein Wasserfall. Zum ersten Mal seit vielen Monaten fühlte er sich unter seinesgleichen, zum ersten Mal seit vielen Monaten konnte er sich wieder einmal mit einem echten Europäer unterhalten. Er sprach über sein trostloses Dasein, die Schwierigkeiten mit den Arbeitern auf Damasco, das Ausbleiben des Versorgungsschiffes, über das mörderische Klima, die Insel und alle möglichen Dinge. Der Händler ließ ihn gewähren, nicht nur das, er lauschte begierig und stellte, wenn ihm etwas unklar erschien, neue Fragen. Der Matrose Bernardo Sanchez schenkte immer wieder die Gläser voll, und erst als das Essen auf dem Tisch serviert wurde, drosselte sich der Redefluss des Holländers. Thielen verdrehte entzückt die Augen, als er die Gerichte sah, die er schon seit seinem Aufenthalt auf dieser Insel nicht mehr gegessen hatte. Es gab Kartoffeln mit Kohl. Er ließ sich nicht lange nötigen, sondern langte ordentlich zu und spülte immer wieder mit Alkohol nach. Als beide

Männer gesättigt waren, erzählte Moreno ausführlich von den weltpolitischen Ereignissen des letzten halben Jahres und den Geschehnissen auf der Isla Margarita.

Dann, als Thielens Wissensdurst gestillt war, steuerte er direkt auf sein Ziel los. Bequem lehnte er sich in seinen Stuhl zurück und blies einen kunstvollen Rauchring gegen die niedrige Decke. „Ja, Señor Capitano, um es kurz zu machen: Ich habe die Absicht, auf der Insel Curaçao eine Zuckerrohrplantage anzulegen, vielleicht auch Bananen zu pflanzen. Ich bin gekommen, um zu prüfen, welche Möglichkeiten hierfür gegeben sind. Wie lukrativ ist denn Ihr Geschäft mit den Aprikosen?" Der Kapitän starrte ihn verblüfft an, verschluckte sich fast vor Schreck und fing an fürchterlich zu husten. „Aber Señor Moreno, ich bitte Sie, sehen Sie sich doch um! Wir sind hier nicht auf Jamaika oder Kuba. Zuckerrohr und Bananen wachsen hier nicht. Selbst für Aprikosen ist die Insel nicht geeignet. Es ist hier für den Anbau von Früchten viel zu trocken. Die etwas feuchteren Gebiete, rund um den Christoffelberg im Norden der Insel, dort wo der wenige Steigungsregen fällt, sind längst mit Plantagen belegt. Savonet, Zorgvlied und Zevenbergen heißen diese Güter und sie stehen nicht zum Verkauf. Auf meiner Plantage, Damasco, wächst rein gar nichts. Ich verdiene mein Geld nicht mit Aprikosen, sondern mit dem Abbau von Salz in meiner eigenen Saline und habe eine kleine Viehwirtschaft." Riccardo Moreno starrte Thielen mit versteinerter Mine an.

Das war nicht das, was er von dem Holländer hören wollte. Dann wischte er geringschätzig mit der Hand durch die Luft. Er seufzte, nahm die Flasche, schenkte neu ein und prostete seinem Gast zu. Als sie ausgetrunken hatten, antwortete er: „Ich habe mit Schwierigkeiten gerechnet, Señor Capitano. Aber ich werde einen Weg finden. Irgendwie muss es gehen! Das Land jenseits Ihrer

Plantage, im Gebiet um das Spaanse Water, das ist offenbar noch ungenutzt, oder? Irgendeine Möglichkeit der Nutzung wird sich finden lassen. Und sei es, dass ich hier eine weitere, künstliche Saline anlegen lasse. Arbeitskräfte gibt es hier wohl genug; Sie sollen ja über ein ganzes Heer von Arbeitern verfügen, wie ich gehört habe!" Thielen fuhr hoch. „Die Arbeiter? – Das geht nicht Señor Die brauche ich selber…" Wieder wischte Riccardo Moreno die Einwürfe des Kapitäns mit einer verächtlich wirkenden Handbewegung hinweg. Wie in Gedanken griff er in die Tasche, kramte ein Paket Banknoten hervor, blätterte darin herum und steckte es wieder ein. Forschend sah er sein Gegenüber an, lächelte und sagte dann gleichgültig: „Noch eine Zigarre gefällig? – Vielleicht darf ich Ihnen eine Kiste davon überreichen? – Ausgezeichnete Ware. Ich schicke sie Ihnen morgen früh durch einen Matrosen." Kapitän Thielen, durch den Anblick des Geldes verwirrt und begehrlich geworden, dankte überschwänglich. „Keine Ursache, Señor Capitano", sagte Moreno, „man hilft gern einmal aus. Ich werde Ihnen auch ein paar Flaschen Schnaps mitschicken. Wenn man so wie Sie ganz allein auf der Insel leben muss, braucht man hin und wieder einen Trost. Ist es nicht so?"

Er lachte hysterisch, als hätte er einen besonders guten Witz erzählt. „Oder sind Sie etwa damit ausreichend versorgt?" Der Holländer, der nur noch einige wenige Flaschen besaß, verneinte. Er erzählte von der Langeweile, der ewigen Hitze die auch nachts nicht verging und einen zum Trinken verleitete, und erwähnte auch den Mangel an Lebensmitteln. Riccardo Moreno tat erstaunt. „Sie haben nichts mehr zu essen? Hier auf Curaçao. Wie kommt das denn? Der Markt von Willemstad ist doch nicht weit. Aber warum sagen Sie das denn nicht gleich? Mein Schiff ist voll bis unter Deck mit Mehl, Zucker und anderen Dingen. Selbstverständlich liefere ich Ihnen, was Sie brauchen, das ist doch klar! Aber natürlich gegen Bezahlung bzw. eventuell gar auf Kredit. Es wird sich schon eine Vereinbarung treffen lassen." Thielen, der dem Schnaps schon reichlich zugesprochen hatte, nahm auch dieses Angebot an, ohne sich dabei etwas zu denken. Ihm fielen seine Zwangsarbeiter ein, die schon wochenlang darbten, und er dachte auch an die Bemerkung seines Sklaven Deron, dass sich diese, getrieben durch den Hunger, gegen ihn und die kleine Schar der Aufseher erheben könnten. Seinetwegen mochten sie verhungern. Ihn störte es nicht, solange er nur genug Hochprozentiges zur Verfügung hatte, um sich die Hitze und Ödnis auf Damasco schön zu trinken. Aber er wollte nicht sein Leben gefährden. Er erzählte dem Händler von seinen Befürchtungen. Riccardo Moreno sann vor sich hin. „Das kann natürlich sehr gefährlich werden. Sie sitzen da wahrlich unter einem Damoklesschwert", sagte er endlich. „Ich würde an Ihrer Stelle sehr vorsichtig sein. Vermutlich ist das Versorgungsschiff im Sturm gesunken oder es wurde von Piraten geentert. Dann kommt Monate lang kein Nachschub! Wie ich in Puerto del Mar erfahren habe, werden etliche Schiffe vermisst!" Thielen stieß einen greulichen Fluch aus.

Er beugte sich vor. Seine Hände hatten sich verkrampft. „Oh mein Gott! Was soll ich bloß tun, Señor Moreno. Diese Bestien werden mich und meine Sklaven in Stücke reißen, wenn wir ihnen nicht bald Nahrung geben können. Ich wollte mein Salz auf das Versorgungsschiff laden lassen. Zum Export nach Holland. Dort erzielt es einen guten Preis. Ich sitze auf Bergen von Salz. Aber ich habe keine Lebensmittel mehr. Ich habe auch kein Geld um Essen in Willemstad zu kaufen. Mein ganzes Kapital ist in dem Salz gebunden. Mit der Vorkasse, die mir die Handelskompanie aus Amsterdam für das Salz gegeben hätte, plante ich den Betrieb auf Damasco am laufen zu halten. Ich kann noch maximal zwei Wochen oder einen Monat durchhalten. Danach ist Schluss. Dann kann ich höchstens noch meinen geliebten Esel Burrito und meine Ziegen schlachten. Señor Moreno. Sie müssen mich retten! Können Sie nicht Damasco mit Ihren Vorräten beliefern?" Der Händler wiegte den Kopf bedächtig hin und her. Dann sagte er: „So einfach ist das aber alles nicht, Kapitän. Für Sie persönlich, das ist etwas anderes.

Das sagte ich schon. Doch Lebensmittel für die sechzig Zwangsarbeiter und Ihre zehn Negersklaven, und das noch für Wochen? – Ich weiß nicht. Ich bin Kaufmann, Señor, ich kann mein sauer verdientes Geld nicht verschenken, schon gar nicht an ein solches Gesindel!" „Und wenn ich Ihnen die Vorräte zurückgebe, sobald das Versorgungsschiff eingelaufen ist? Irgendwann wird es kommen. Es muss ja kommen. Sonst bricht der Handel der Kolonie mit Holland zusammen. Das lässt Holland niemals zu!" Moreno erhob sich, verschränkte die Hände auf dem Rücken und lief in der engen Kajüte hin und her. „ Minderwertige Lebensmittel sind es, die Sie bekommen, Capitano, das wissen Sie doch. Das Schlechteste vom Schlechten. Und dagegen soll ich meine…nein, das geht überhaupt nicht. Geld bekommen Ihre Arbeiter wohl nicht für ihre Dienste? Ich meine, sie könnten die Lebensmittel also nicht bezahlen?" Thielen wehrte ab. „Keinen Peso!" erklärte er. „Es sind Zwangsarbeiter, die ich hier so weit wie möglich ausbeute." „Tja!" Moreno hob zweifelnd die Schultern. Lauernd und abschätzend beobachtete er den holländischen Kapitän. Insgeheim lächelte er. Gleich würde Thielen von sich aus den Vorschlag machen, den er vorhin abgelehnt hatte, nämlich ihm die Arbeitskräfte zu überlassen. Und da kam er auch schon.

„Sagten Sie vorhin nicht", begann der alte Seebär, „Sie wollten hier auf Curaçao eine Plantage oder ein Unternehmen gründen und benötigen Arbeitskräfte? – Geben Sie mir Lebensmittel, die Arbeiter werden sie abarbeiten!" „Ich denke, Sie brauchen die Arbeiter selber?" Diesmal war es Thielen, der mit der Hand abwinkte. „Das ist etwas anderes, Señor!" Moreno tat so, als überlege er. Dann ging er, als habe er einen Entschluss gefasst, zur Tür und sah hinaus. Als er sich überzeugt hatte, dass keiner der Matrosen und auch Curtis Eduarda, der Sklave des Kapitäns, in der Nähe war, schloss er die Tür sorgfältig und trat dicht an Thielen heran. „Ich schlage Ihnen ein gutes Geschäft vor, Señor Capitano", sagte er leise. „Hören Sie genau zu, die Sache muss unbedingt unter uns bleiben. Niemand braucht etwas davon zu wissen, das liegt auch in Ihrem Interesse. Ich stelle Ihnen meine Lebensmittel zur Verfügung. Als Gegenleistung legen die Arbeiter für mich an einer geeigneten Stelle am Spaanse Water eine künstliche Saline an. Sie müssen in einer geeigneten Stelle hinter dem Ufer künstliche Senken ausheben, die mittels Dämmen geflutet und trocken gelegt werden können. Sie haben mir ja selbst gesagt, dass hier nichts wächst und mit dem Salz ein guter Preis erzielt werden kann. Mein Schoner wird laufend zum Festland fahren, nach Coro, und neue, billige Lebensmittel heranschaffen. So lange jedenfalls, bis das Versorgungsschiff aus Amsterdam endlich angekommen ist. Selbstverständlich erhalten Sie das, was Sie persönlich benötigen, kostenlos!" Moreno schwieg zunächst. Als er feststellte, dass der alte Holländer nichts gegen seinen Vorschlag einwendete, fuhr er fort: „Natürlich muss gesichert sein, dass die Arbeit nicht eingestellt wird, wenn Ihre bestellten Vorräte endlich auf Curaçao eintreffen. Dann säße ich auf ein paar unfertigen Erdlöchern und hätte meine Ware umsonst unter die Leute gebracht. Das sehen Sie hoffentlich ein, Señor?"

Thielen nickte, obwohl er den Vorschlag des Händlers aufgrund seines Alkoholpegel nicht ganz begriff. Riccardo Moreno setzte sich ihm gegenüber und lehnte sich zurück. Er zündete sich in aller Ruhe eine neue Zigarre an, schenkte Thielen und sich ein und sagte leise, aber mit einer Stimme, die zwar freundlich, doch sehr bestimmt klang und keinen Widerspruch zu dulden schien: „Ich kaufe Ihnen Ihre ganze Bestellung ab, die das Versorgungsschiff bringt, ausgenommen die

Menge, die Sie für sich und Ihre Sklaven brauchen. Das ist meine Sicherheit, verstehen Sie. Sie verkaufen das Salz wie geplant an die Handelskompanie und können so die Zeit überbrücken, wo die Arbeiter nur für mich tätig sind. Ich verteile die Lebensmittel selbst an die Arbeiter, je nach ihrer Arbeitsleistung. Ihre Sklaven setze ich als Aufseher ein, genau wie Sie das bisher getan haben!" Der Kapitän blickte den Händler aus weit aufgerissenen Augen an. Er wollte etwas fragen, Bedenken äußern, brachte jedoch keinen Ton hervor. Ihm schwirrte der Kopf. Er hatte nur begriffen, dass ihm der Händler die ganze Schiffsladung bezahlen wollte und er noch zusätzliches Geld aus dem Verkauf des Salzes bekommen würde. Moreno blickte ihn belustigt an.

„Keine Aufregung Señor", sagte er heuchlerisch. „Es ändert sich überhaupt nichts. Alles geht genau so wie bisher weiter, nur dass die Arbeiter von morgen ab für mein Salinen-Projekt arbeiten und ich sie dafür mit meinen Lebensmitteln bezahle. Später dann mit denen, die ich Ihnen abgekauft habe. Das ist für mich einfacher, als mein Schiff nach Coro oder Puerto del Mar zu schicken. Niemand wird mehr hungern müssen. Ich schenke Ihnen praktisch das Geld, Señor. Ich weiß, Ihre Entlohnung ist zunächst nicht so groß. Wenn aber mein Geschäft anläuft, können wir die Arbeiter in beiden Salinen beschäftigen, mehr und effizienter produzieren und dann machen wir zusammen einen riesigen Profit. Wenn Sie irgendwann doch noch nach Holland zurückkehren wollen, kaufe ich Ihnen Damasco ab und Sie haben dann ein großes Vermögen und ausgesorgt!"

Er zog, ohne eine Antwort abzuwarten, seine Brieftasche, entnahm ihr einige goldene Münzen und legte sie Adriaan Thielen auf den Tisch. „Als kleine Anzahlung", sagte er. „Einverstanden, Señor Capitano?" Thielen starrte wie gebannt auf das Geld. In seinen Augen glitzerte es gierig. Warum sollte er es nicht nehmen? Niemandem würde er damit Schaden zufügen. Schön dumm von diesem Spanier, ihm Geld zu geben. Wenn es Zeit wäre, würde Curtis Eduarda diesen Händler auf seinen Befehl hin beseitigen, aber vorher müsste man den Spinner noch ausnehmen wie eine Weihnachtsgans, dachte der Holländer. Er raffte die Münzen zusammen, stopfte sie in die Tasche. „Ich bin einverstanden, Señor", stotterte er hastig. Plötzlich erinnerte er sich wieder seiner Würde als Grundherr und Seefahrer. Er erhob sich, zog seinen schmierigen Kapitänsrock zurecht und sagte, so feierlich wie es ihm in diesem Augenblick möglich war: "Señor Moreno, als Besitzer der Plantage Damasco erteile ich Ihnen hiermit die Genehmigung zur Anlage einer weiteren Plantage samt Salzgewinnungsbecken in dem an Damasco angrenzendem südlichen Gebiet beim Spaanse Water, welches zur Zeit noch ungenutztes Buschland bzw. Mangrove ist. Ich werde Ihr Vorhaben mit allen mir zur Verfügung stehenden Mitteln unterstützen!" Er klappte die Hacken zusammen, fuhr sich bedeutungsvoll durch sein verfilztes Haar und setzte sich wieder. Moreno deutete eine Verbeugung an und verbarg nur mit größter Mühe ein höhnisches Grinsen. Mit diesem geldgierigen Opa würde er später, wenn er alle Arbeiter unter seine Kontrolle gebracht hätte, noch spielend fertig werden. Er würde ihn des Nachts, wenn er schlief, von Bernardo Sanchez mit einem Kissen ersticken lassen.

Niemand würde einen Verdacht hegen; alle würden denken, der alte Kapitän wäre an seinem Suff verreckt und er könnte Damasco komplett übernehmen. Vorher musste er aber noch Curtis Eduarda, seinen Verwalter, irgendwie quitt werden. Aber auch da würde er mit Sicherheit eine gute Idee für haben, wenn die Zeit reif wäre. Moreno entnahm seiner Tasche einen Zettel, schob ihn Thielen hin und sagte: „Eine kleine Formsache nur, Señor. Bitte, quittieren Sie mir den erhaltenen Betrag. Sie wissen, ich bin Kaufmann, alles muss seine Ordnung haben." Als Thielen widerwillig unterschrieben hatte, rief

Moreno seinem Matrosen Bernardo zu, eine neue Flasche zu holen. Er plante, Thielen von nun an nach Möglichkeit nicht mehr nüchtern werden zu lassen. Curtis Eduarda, der „schwule Teufel", wartete derweil ahnungslos am Ufer beim Esel „Burrito". Dass schon längst ein neuer „schwuler Teufel" sein Unwesen auf Curaçao trieb, hatte er noch nicht mitbekommen. Dieser Satan kam jedoch nicht in schwarz, sondern in weiß daher."

So, Frans, damit habe ich erst einmal genug erzählt, sagte ich zu dem Jungen und packte das Manuskript wieder in meinen Beutel ein. Wir müssen ja wieder hinunter in die Stadt. Frans meinte zu mir, dass er nie im Leben jemals nach Curaçao möchte, wenn dort solch böse Menschen wohnen würden. Ich lachte wegen der Naivität und Gutherzigkeit des Jungen. Hätte ich geahnt, wie es mir zwei Monate später selber ergehen würde, wäre mir das Lachen im Halse stecken geblieben. Als wir an diesem Abend an Bord unseres Schiffes zurück gekehrt waren, bat mich der kleine Frans, ihm einen Teil der Bibel vorzulesen, der die Bestrafung von Sündern behandelte, die vom schmalen Weg der Gerechtigkeit abgekommen waren. Ich las ihm eine Predigt des heiligen Paulus vor, die uns beiden sehr zu Herzen ging.

Eine lange Predigt

Am 20. April 1725 stand ich gegen Abend zwischen zwei Schiffen im Hafen und sah zu, wie die Sonne in Richtung Brasilien unterging. Ich rauchte meine Pfeife. Frans und Luke Lucas, ein englischer Deckmann, standen in der Nähe, Luke mit einer Tasse Grog und Frans mit einem süßen Lächeln, als Prediger Mol aus dem Offizierskasino schritt, gefolgt von seinem Assistenten, Bart Kerkhof. Lucas, ein Anglikaner, aber kein sehr frommer Christ, flüsterte mir zu: "Hier kommt eine fette Sau, gefolgt von einem mageren Ferkelchen. Wir sind für die abendliche Show da." Mol schien zu schwanken, als hätte er zu viel Gin gehabt. Kerkhof läutete die Bronzeglocke des Schiffes, um alle Mann auf das Hauptdeck für den Gottesdienst zu rufen. Normalerweise war dies eine relativ kurze Angelegenheit unter der Leitung von Kerkhof, bei der wir nur lustlos ein paar Hymnen sangen. Lucas mochte die Prediger nicht. "Es ist schon schlimm genug, dass diese faulen Lümmel das beste Essen bekommen, mit den Beamten Gin trinken und nicht wirklich arbeiten. Darüber hinaus predigen uns die Heuchler über unsere Sünden. Was für ein Schwachsinn!" „Mol ist ein sehr gelehrter und geachteter Mann", sagte ich. „Warum? Weil er wörtlich ganze Seiten der Bibel auswendig ausspucken kann wie ein Elefant, der pisst? Er trinkt wie ein Loch und treibt es mit Huren wie der Rest von uns. Ich sah ihn aus der Sklavenhütte in Kapstadt schleichen, betrunken und sein Pimmel hing noch halb aus der Hose."

Mit dem Klingeln der Glocke kam die Besatzung langsam aus verschiedenen Teilen des Schiffes zusammen geströmt, viele der Männer trugen ihre Grog-Rationen in Zinnbechern. Mol schien das gar nichts auszumachen. Die Seeleute versammelten sich auf dem Hauptdeck, während Mol über uns auf dem Hinterdeck stand. Er schickte seinen Assistenten nach unten, um die gesamte Besatzung zu holen. Niemand durfte sich verstecken! Es war klar, dass er eine lange Predigt für uns auf Lager hatte. Wir bemerkten, dass er mehr schwankte, als es die Bewegung unseres Schiffes rechtfertigen würde. Lucas sagte zu mir: "Der fette Kerl ist wieder total besoffen; wir stehen vor einem langen Monolog. Herr, bewahre uns!" Mol räusperte sich, starrte uns unten an, und so schien es mir, betrachtete mich ganz besonders. "Wir Männer sind schwache Geschöpfe", begann er. "Wir alle sündigen. Wisst ihr, dass die Ungerechten das Reich Gottes nicht erben werden. Lasst euch nicht täuschen: weder Unzüchtige noch Götzendiener, noch Ehebrecher, noch Schwuchteln oder Lügner werden in das Paradies kommen", sagte der heilige Paulus zu den Korinthern. "Fleisch soll für den Bauch sein und der Bauch für das Fleisch, aber Gott wird beide am Schluss zerstören ... Unser Körper ist auf dieser Erde nicht zur Unzucht und für den eigenen Genuss da, sondern nur um den Herrn zu dienen. Einige Sünden vergibt Gott. Einige bringen aber seinen vollen Zorn zu uns, nicht nur zu dem Sünder, sondern auch zu seinen Gefährten! Lasst uns die Hymne 'Gott, er ist stark' singen."

Während wir sangen, hatte ich das Gefühl, dass mich der Prediger intensiv beobachtete. Ich war ihm früher am Tag bereits begegnet, als ich die Frachtliste kontrolliert hatte. Er hatte darum gebeten, diese zu sehen. Er wurde ziemlich wütend, als ich mich weigerte, sie ihm ohne die Erlaubnis des Kapitäns zu zeigen. Mit seiner dröhnenden Stimme fuhr der Prediger fort: "Unter den bösen Verbrechen, die von dem Herrn ganz verflucht werden, sind Verbrechen gegen die Natur, unnatürliche Handlungen von abscheulichen und entarteten Männern. Ich beziehe mich auf die Sünden von Sodom und Gomorrha. Wisst ihr nicht, dass euer Körper der Tempel des Heiligen Geistes ist, der in euch ist ...?" Hier flüsterte Lucas mir ins Ohr: "Unsere Körper mögen dem Heiligen Geist gehören, aber unsere Seelen gehören der VOC." Das brachte mich zum Lächeln, aber ich gestehe, ich habe die Predigt rein gar nicht genossen. Was hätte Mol wohl den schwulen Teufeln auf Curaçao erzählt? Wohl was ganz anderes, denn die hätten den sonst umgehend in tausend Stücke zerhackt und an die Schweine verfüttert.

Wopke Mol fuhr fort: "Erinnert euch, ihr Sünder, als Josiah von Gott befohlen wurde, sein auserwähltes Volk zu reinigen. Josiah hat die Häuser der Sodomiten niedergerissen! Der Herr kann Menschen, die solch ein Übel begehen, nicht verzeihen. Die Männer von Sodom waren böse und außerordentliche Sünder vor dem Herrn. Was war ihre Sünde? Als Lot zwei Fremden in seinem Haus Zuflucht gewährt hatte, kamen die Männer von Sodom zu seiner Tür und riefen zu ihm: 'Wo sind diese Männer? Bring sie zu uns heraus, damit wir mit ihnen Sex haben können.' Aber Lot war ein gerechter Mann und er antwortete: 'Seht, ich habe zwei Töchter, die noch Jungfrauen sind. Lasst sie in Ruhe! Die Männer sollen meine Töchter befruchten.' Aber die unnatürlichen Männer von Sodom waren böse und wollten nicht auf Lot hören. Sie wollten die Fremden selbst besitzen, um mit ihnen unfruchtbaren Sex zu haben! Daraufhin wurde der Herr wütend und forderte Lot und seine Familie auf, die böse Stadt zu verlassen, bis die Sonne das nächste Mal über der Erde aufging. Dann ließ der Herr auf Sodom und Gomorrha Schwefel und Feuer aus dem Himmel regnen. Damit zerstörte er diese Städte und alle ihre Bewohner. So berichtet es uns die Heilige Bibel. Um ein Schicksal wie dieses zu vermeiden, um unsere Flotte, unser Leben und unsere Ladungen zu erhalten, müssen wir alles unnatürliche Böse, alle Unzüchtigen aus unserer Mitte entfernen. Wenn wir dies nicht tun, wird der Herr sicherlich Feuer und Schwefel auf unsere Schiffe regnen lassen. Wir sind seiner Barmherzigkeit ausgeliefert. Haltet seine Gebote ein, tragt sie fest in euren Herzen. Lasst uns jetzt eine weitere Hymne singen. Kerkhof wird euch anleiten ... "

Als die Predigt nach über zwei Stunden endlich endete, war ich völlig genervt. Weil ich das Gefühl hatte, von Mol und Kerkhof als Unzüchtiger angesprochen worden zu sein. Um mich abzulenken, las ich den Text von Jan Bakker. Das fand ich spannender als die Bibel, Sodom und Warnungen vor vom Himmel regnenden Schwefel. So ging die Curaçao Story weiter:

„Zum ersten Mal seit langer Zeit konnten sich die Zwangsarbeiter satt essen. Moreno hatte, um sich gut einzuführen, reichlich bemessene

Rationen verteilen lassen. Die „weißen Sklaven" saßen vor ihren Hütten und löffelten begierig ihre Blechgefäße leer. Es war noch früh am morgen um 6 Uhr. Die Sonne, die sich hier auf 12 Grad nördlicher Breite noch ungefähr an das Äquinoktium, also an die Tag- und Nachtgleiche hielt, war gerade erst aufgegangen. Sie hatte sich hinter grauen Wolken verborgen, doch kein Regen fiel, so sehr ihn sich alle Bewohner Curaçaos auch wünschten. Dennoch war die Hitze bereits unerträglich. Das warme Meer verhinderte jegliche Nachtkühle. Am Landungssteg in der nahen Caracasbaai wiegte sich sanft der Schoner „Vincent Verga", während sich im benachbarten Fort Beekenburg die tägliche Wachablösung vollzog. Shermon Heijn, der junge, blonde, blauäugige 29jährige Kommandant des Forts, sah in seiner schmucken Offiziersuniform so nett und adrett aus, dass jede junge Dame der besseren Gesellschaft Curaçaos ihn gerne näher kennenlernen wollte. Doch Shermon verspürte bislang wenig bis gar kein Interesse an den Frauen. Umso mehr interessierte er sich für alles Militärische und für Waffen jeder Art. Dass der Schoner nun schon mehrere Tage die Mole blockierte, ärgerte ihn. Auch der Name des Schiffes erschien ihm mittlerweile ziemlich suspekt, denn „Verga" bedeutete soviel wie „Schwanz" und wirkte irgendwie seltsam. Bei nächstbester Gelegenheit würde er mit dem Eigentümer des Seglers sprechen, damit dieser sich einen anderen Ankerplatz suchte oder – noch besser – abreiste.

Auch die Arbeiter wunderten sich. Pablo, Pedro und Hugo hockten nebeneinander auf einem der höchsten Hügel Damascos, sahen das Schiff in der benachbarten Bucht liegen und unterhielten sich leise. „Ich möchte nur wissen, was das für ein Schiff ist", fragte Hugo, ein älterer Mann mit grauen Schläfen. „Ob das Schiff direkt aus Holland kommt?" „Es hat Lebensmittel gebracht", erklärte Pedro, „hätten wir sonst so viel zu essen bekommen? Noch nie ist es uns so gut gegangen, seit wir auf diesem verfluchten Curaçao angekommen sind. Vielleicht wird alles besser, Brüder, Zeit würde es!" Er seufzte tief. Pablo brummte unwillig vor sich hin, lachte dann höhnisch auf: „Besser, amigos? – Wir werden es erst besser haben, wenn wir tot sind - Sicher haben sie sich bereits eine neue Schikane ausgedacht. Glaubt mir, umsonst füttert man uns nicht so gut. Sie planen neue Teufeleien!" Pedro sah ihn zweifelnd an. „Ich kann es nicht glauben, Pablo. Was haben wir denn verbrochen? Warum sind diese „Schweine" so brutal. Man muss uns doch wie Menschen behandeln!" Verzweiflung schwang in seiner Stimme. Er hatte den Gefährten an der Schulter gepackt, rüttelte ihn. „Sind wir wilde Tiere, die man bis zum Umfallen hetzt? Oder Müll, oder Dreck? Sag es, sind wir in deren Augen so wenig wert?" Pablo presste die Lippen zusammen und wandte sich verbittert ab. Erst nach einer Weile antwortete er: „Sie betrachten uns weder als Menschen, noch als Tiere. Wir sind für sie nur Dreck, der letzte Dreck! Kot sind wir für sie. Je eher wir verrecken, um so besser für sie. Dann brauchen sie uns nicht einmal das wenige Essen zu geben. Wenn der Damm erst fertig gebaut ist, brauchen sie nicht mehr so viele Arbeiter.

Die Bewirtschaftung der Saline und der Ziegenviecher – dafür reichen die zehn Neger und eine Hand voll von uns aus. Wenn die nächsten von uns krepieren, dann ist es Kapitän Thielen nur recht. Mit weniger von uns kann er sich noch mehr als bisher die Taschen füllen!" Pedro blickte geschockt zu Boden. Pablo hatte die Wahrheit messerscharf erkannt. Er wusste aus eigener, bitterer Erfahrung, wie recht sein Kamerad hatte. Und trotzdem hoffte er immer wieder auf eine Besserung ihrer Lage. Jedes Schiff, das die Caracasbaai anlief, konnte ihnen die Erlösung bringen und sie befreien. Auf welchem Weg auch immer. Bisher hatte er allerdings immer vergeblich gehofft. Auch dieser Schoner, dass ahnte Pedro, würde seine Hoffnung nicht erfüllen. Pablo fuhr voller Bitterkeit fort: „Heute satt zu essen und morgen gar nichts. Die Herren haben noch niemals etwas verschenkt. Was sie uns heute gegeben haben, verlangen sie morgen in irgendeiner Form doppelt und dreifach wieder zurück." Pedro schloss die Augen. Eine grenzenlose Niedergeschlagenheit erfüllte ihn. „Recht hast Du, amigo", sagte er leise und müde, „ich vergesse es immer wieder. Wahrscheinlich kann ich diese Gewissheit einfach nicht ertragen und blende sie aus." Eine Weile war Schweigen. Plötzlich rückte Hugo ein wenig näher zu Pedro und Pablo heran. „Hört auf zu jammern, Jungs! Man darf nie den Mut verlieren, Brüder. Nie, merkt euch das! Ihr seid jung und gesund. Einmal schlägt auch für euch wieder die Stunde der Freiheit. Ihr dürft euch nur nicht unterkriegen lassen! Oder glaubt ihr, Curtis und der Kapitän werden ewig leben?" Er schwieg und blickte lange Zeit über die endlose Fläche des Meeres. „Mut nicht verlieren!" knurrte Pablo böse. „Freiheit! Wenn ich das schon höre. Zu schön, um wahr zu sein ist das. Wir sind erst frei, wenn wir tot sind. Nicht früher. Welches Wunder soll denn geschehen, dass wir von hier frei kommen? Soll das Meer trocken fallen wie in der Bibel? Oder werden uns Flügel wachsen? Wohl kaum. Unsere Lage ist hoffnungslos. Wir sind verraten, verkauft und verloren!"

Hugo ging nicht darauf ein. „Ich bin ein alter Mann, amigos, und habe viel erlebt. Als ich so alt war wie ihr, zwanzig, fünfundzwanzig Jahre sind seitdem vergangen, arbeitete ich in einer Kupfermine in den Bergen in der Nähe von Bogota. Unsere Herren hatten sie den Engländern verschachert, die aus Nordamerika kamen. Zwölf, vierzehn Stunden täglich mussten wir schuften. So lange, bis die

Dunkelheit hereinbrach und wir die Hand nicht mehr vor den Augen sehen konnten. Wie hier stand auch dort ein Aufseher hinter uns, trieb uns an, schlug uns. Eine harte Arbeit war es, amigos, eine sehr, sehr harte Arbeit. An Seilen ließ man uns den steilen Abhang hinunter, und dort, die Füße gegen die Felswand gestemmt, um die Brust das Seil, hingen wir stundenlang und brachen das Gestein los. Die Hände konnten kaum die Hacken halten und die Beine wurden gefühllos. Wenn wir uns einmal, und auch nur für Sekunden, ausruhten, kürzte man unseren Lohn, der sowieso nur ein Hungerlohn war. Und wenn die Hacke den entkräfteten Händen entfiel und zerbrach, zog man uns einen vollen Wochenlohn ab. Was glaubt ihr, wie viele Arbeiter das Seil mit der Hacke durchschlugen und sich in die Tiefe stürzen ließen? Und wie oft das Seil von allein riss, weil es alt und morsch war? Ein neues Seil kostete ja mehr als ein Peon. Wir waren billiges Menschenmaterial. Am Zahltag erhielten wir nur ein paar Pesos, gerade genug, um nicht verhungern zu müssen. Ja, amigos. Schlimmer geht immer", schloss der alte Hugo seufzend, „was man uns hier antut, ist nicht halb so schlimm, wie meine Schinderei in der Mine damals. Glaubt es mir."

Der alte Mann schwieg. „Und das habt ihr euch gefallen lassen?" fragte Pedro. Hugo zuckte mit den Schultern. Er lächelte bitter. „Gefallen lassen", wiederholte er leise. „Wir wurden nicht gefragt." „Ihr wart doch freie Arbeiter, keine Sträflinge!" „Unser Barackenlager war mit Stacheldraht eingezäunt. Wir durften es nicht verlassen. Nur in die Bodega durften wir, um unseren Kummer und unsere Not in Schnaps zu ertränken. Dort wurde uns auch gepumpt, damit wir immer tiefer in ihre Schuld kamen. Das war unsere ganze Freiheit. Wir hatten Schulden, alle, wir kamen nicht mit unserem Verdienst aus. Die Mine betrieb auch einen Salon mit Glücksspiel. Einige von uns

Arbeitern versuchten dort, sich mit dem Glück des Würfels von ihren Schulden zu befreien. Doch das misslang. Neben den Schulden beim Wirt sammelten sie auch noch Spielschulden an. Und dann gab es da auch immer wieder „Señoritas", die die englischen Betreiber der Mine aus Caracas mitbrachten.

Für einige Pesos konnten wir uns mit ihnen vergnügen. Das haben wir damals ausgiebig genutzt. Denn wir waren jung. Wir brauchten die Frauen. Ihr versteht, was ich meine? Solange wir aber unsere Schulden nicht bezahlen konnten, durften wir nicht nach Hause zu unseren Familien. Oh, es war ein schlau eingefädelter Plan, Brüder!" „Schufte sind es", stieß Pablo hasserfüllt hervor. „Wir können nicht lesen und nicht schreiben. Wir setzen drei Kreuze unter die Verträge und wissen nicht, was wir damit unterschrieben haben!" „So ist es, Jungs", bestätigte Hugo. „Mir und allen anderen hatte man gesagt, dass wir nach fünf Jahren wieder gehen könnten. Und als es soweit war, lachte man uns aus." „Konntet ihr euch nicht dagegen wehren?" wollte Pedro wissen. Hugo lächelte wehmütig. „Viele haben es versucht. Die einen stellten sich krank, die anderen versuchten zu fliehen, wieder andere verweigerten die Arbeit. Sie alle wurden von den Aufsehern brutal zusammengeschlagen, manche sogar öffentlich ausgepeitscht. Als warnendes Beispiel. Ein Teil von ihnen starb daran. Auch ich erhielt einmal fünfundzwanzig Stockschläge. Ich war heimlich davongelaufen, wurde jedoch wieder eingefangen. Ihr Bewachungssystem war so raffiniert angelegt, dass kaum einem die Flucht gelang. Insgesamt zwanzig Jahre musste ich in den Kupferminen schuften."

Pedro sah traurig und niedergeschlagen vor sich hin. Juan blickte aus finster zusammengezogenen Augen auf das Meer. „Und wie bist Du nach Curaçao gekommen?" fragte Pedro nun neugierig, ohne den

Alten dabei anzusehen. „Hast Du einen der Aufseher erschlagen, die dich gequält hatten?" Hugo wehrte ab. „Quatsch, nein, natürlich nicht! An meinen Händen klebt kein Blut, obwohl Gott es mir mit Sicherheit verziehen hätte, wenn ich einen dieser Schinder getötet hätte. Nein!" betonte er noch einmal. „Man braucht als armer Peon kein Verbrechen zu begehen, um nach Curaçao verkauft zu werden. Wisst ihr das nicht selbst? Meine Arbeitskraft ließ nach. Ich bin nun alt. Zu alt für die Mine. Außerdem gab es noch ein anderes Ereignis: Eines Tages, es mag vielleicht fünf oder sechs Jahre her sein, lernte ich einen Ausländer kennen, einen Europäer. Rüdiger Franz Heyer hieß er. Ich werde ihn nie vergessen. Er war Ingenieur für Statik in unserer Mine und neu aus dem Königreich Preußen gekommen. Er erzählte mir, dass er der Sohn eines armen Bäckermeisters aus dem Dorf Wetten bei Kevelaer am Niederrhein wäre und die Familie so arm sei, dass er nun weit weg von der Heimat Geld verdienen müsste. Mir war es ganz neu, dass es auch in Europa Leute gab, die keine reichen Herren waren. Er schrie nicht herum, schlug uns nicht, im Gegenteil, wenn meine Kolonne mit ihm arbeitete, durften wir uns ausruhen, durften wir rauchen, was sonst nicht geduldet wurde. Könnt ihr verstehen, dass wir für ihn durchs Feuer gegangen wären? Zum ersten Mal wurden wir wie Menschen behandelt. Ich fasste Vertrauen zu ihm und er auch zu mir. Und eines Tages wurde ich sein Gehilfe. Wir unterhielten uns oft und ich brachte ihm Spanisch bei. Er war sehr klug. Ich erzählte ihm von unserem Leben, obwohl es nicht nötig gewesen wäre. Er wusste es ja selbst und sah jeden Tag, wie schlecht es uns erging. Mir und meinen Freunden konnte er nicht helfen. Er war ja auch nur ein kleiner Angestellter. Er hatte sowieso keinen leichten Stand bei den Aufsehern. Er sagte mir, dass wir einig sein müssten, wenn wir etwas erreichen wollten. Ich verstand ihn nicht. Waren wir nicht einig? Doch er schüttelte den Kopf und erklärte mir, wie er es meinte. Er hob ein Hölzchen vom Boden, gab es mir und sagte: ‚Zerbreche es!' Ich tat es, verwundert, ohne zu wissen, was er damit bezweckte. Daraufhin las er eine Handvoll Hölzer zusammen, drückte sie mir in die Hand und forderte mich auf, es jetzt noch einmal zu versuchen. Sosehr ich mich auch anstrengte, diesmal vermochte ich sie wohl zu biegen, doch nicht auseinander zu brechen. Fragend, verständnislos sah ich ihn an. Wollte er sich einen Scherz mit mir erlauben? Er aber lächelte. Glaubt mir, amigos. Ich sehe Rüdiger Heyer jetzt gerade vor mir, als ob es gestern gewesen wäre. Seine blauen Augen, sein blondes Haar und dieses strahlende Lächeln, was mir Hoffnung gab und mich aufmunterte. Er nahm mir das Bündel Hölzchen ab, hob eines nach dem anderen hoch und sagte dazu: ‚Das bist Du, das ist Manuel, das ist Lorenzo, das ist Philippo, das ist Juan', und so weiter. ‚Sieh her, Hugo, ich nehme alle wieder zusammen und bündele sie: Manuel, Lorenzo, Philippo, Juan, dich und die anderen, wie sie alle heißen. Kann ich sie zerbrechen? Nein. Doch jetzt pass auf.' Mit diesen Worten nahm er ein Hölzchen aus dem Bündel, zeigte es mir und sagte: ‚Das ist Manuel'. Er knackte es auseinander. ‚Das bist Du!' Wieder zerbrach er es, mit einer Hand, amigos, und so tat er es mit allen. Da verstand ich endlich, was er gemeint hatte, als er sagte, wir sollten einig sein. Wenn Manuel sich weigerte, unter solchen Bedingungen zu arbeiten, würde man ihn zerbrechen wie ein solches Hölzchen. Und wenn Philippo sich auflehnte, würde es ihm nicht anders ergehen!" Pedro Manzanares und Pablo Sanchez hatten dem Alten interessiert zugehört, ohne ihn auch nur einmal zu unterbrechen. Pedro las Hugo jedes Wort vom Mund ab, auf Pablos Gesicht war der Ausdruck des Hasses geschwunden. „Und habt ihr den Rat des preußischen Ingenieurs befolgt?" fragte Pedro. „Es war ein guter Rat, finde ich", fügte Pablo hinzu. Hugo nickte. „Ja, Brüder, wir taten es. Es dauerte lange, bis alle Minenarbeiter es begriffen.

Zuerst sprach ich mit meinen Freunden. Dann redeten wir mit den übrigen. Vorsichtig mussten wir sein. Es konnten Verräter unter uns sein, und dann wäre alles vergeblich gewesen. Wir durften nichts übereilen, mussten Geduld haben, auch wenn es uns schwer fiel. Doch eines Tages war es soweit!" Hugo redete sich in Begeisterung. Er hatte sich aufgerichtet, seine Augen blitzten. Um zehn Jahre jünger schien er geworden zu sein. „Als die Trommeln den Arbeitsbeginn ankündigten, verließ keiner der Arbeiter die Baracken. Die Aufseher fluchten und tobten, doch niemand folgte ihrer Aufforderung, an die Arbeit zu gehen. Sie fuchtelten mit ihren Macheten und Gewehren herum, liefen durcheinander wie Ameisen, deren Bau zerstört worden war. Als ihre Drohungen nichts nützten, versuchten Sie es auf andere Weise. Sie versprachen jenen, die die Arbeit aufnehmen würden, einige Pesos und dazu eine Sonderration Schnaps. Wir aber lachten sie aus. Man hatte mich und einige meiner Freunde zu Sprechern gewählt. Und wir erklärten den Vertretern der Minengesellschaft, dass wir nur dann wieder zu arbeiten bereit wären, wenn man uns den versprochenen Lohn zahlte. Wir verlangten weiter die Verkürzung der Arbeitszeit auf zehn Stunden täglich, und wir verlangten, dass man jene armen Teufel, die schon länger als fünf Jahre in den Minen schufteten, endlich nach Hause zu ihren Familien zurückkehren ließ. Wir forderten nur das ein, was uns vertraglich zugesichert worden war, als man uns einstellte. Auch das war ein Rat von Rüdiger Heyer. Ich will es kurz machen, nach drei Tagen gaben sie nach. Wir hatten gesiegt …" „Und wurde es tatsächlich besser, Hugo?" fragte Pedro. Pablos Gesicht hatte sich wieder verfinstert. Zynisch lachte er. „Wieso bist Du denn dann hier auf Curaçao und nicht bei deiner Frau, wenn ihr gesiegt habt? Ein schöner Sieg, der einem die Lohnsklaverei bei den Holländern einbringt!" Hugo wandte sich ihm zu. „Das ist etwas anderes, Pablo. Verstehst Du nicht, zum ersten Mal hatten wir gespürt, wie stark wir waren, wenn wir einig sind. Ja, wir waren stärker als sie. Gewiss, unser Sieg war nicht von langer Dauer. Die Herren betrogen uns, wie sie uns immer betrügen. Sie waren schlau, sehr schlau. Sie versprachen uns alles, was wir gefordert hatten. Und wir glaubten Ihnen. Doch sie hielten ihre Versprechen nicht. Sie säten Zwietracht in unsere Reihen, bevorzugten die einen, bestachen die anderen. Sie engagierten ein teuflisches Weib mit riesigen Brüsten und vollen Lippen und einem riesigen Mund. Man nannte sie ,Marina'! Derjenige Arbeiter, der sich wohl verhielt, durfte das Weib des Nachts besuchen und mancher wurde nach den Künsten ihrer Lippen und ihres tiefen Schlundes, der alles aufnehmen konnte, geradezu süchtig. So zerbrach die Einigkeit zwischen uns Arbeitern wieder. Wir, die wir Sprecher gewesen waren, sperrten sie ein. Sie schlugen uns halb tot und verkauften uns als Lohnsklaven. Da ich alt bin, ließ sich für mich kein guter Preis erzielen und so landete ich bei der Gruppe von achtzig Männern, die der schwule Teufel Eduarda seinem Herrn Thielen für billiges Geld vom Markt der Perleninsel beschafft hatte. Ihr kennt ja diesen Teil der Geschichte, denn ihr seit ja auch auf diesem Wege gegen euren Willen nach Curaçao geschafft worden."

„Ein schöner Sieg!" wiederholte Pablo noch einmal höhnisch. „Es war ein Sieg!" sagte Hugo ernst und bestimmt. „Trotz alledem! Ich weiß heute, dass wir stärker sind als sie, viel stärker, auch ohne, Messer und Musketen. Sie sind nur schlau und brutal. Wir müssen lernen, es in Zukunft besser zu machen. Wir müssen lernen, zwischen Freunden und Feinden zu unterscheiden. Wir müssen lernen, nicht mehr auf ihre schönen Worte und Versprechungen hereinfallen. Wir müssen uns vor allem von den Frauen und deren Verführungskünsten fern halten. Gut, dass der schwule Teufel Eduarda keine Frauen auf der Plantage hinein lässt.

Auch wenn ihr junge Kerle nach den Brüsten der teuflischen Weibsbilder giert, so müssen wir unsere ganze Kraft aber für andere Dinge einsetzen und unser Verstand muss klar bleiben. Eduarda wird es noch bereuen, Damasco zu einer Zone frei von Frauen gemacht zu haben." Pedro hatte begierig jedes Wort von Hugos „Moralpredigt" aufgenommen. Jetzt brach es aus ihm heraus: „Und wir, Hugo, warum versuchen wir nicht hier bei uns eine Einigkeit zu erzielen, mit der wir Thielen in die Knie zwingen. Wir sind sechzig Männer und zu allem entschlossen. Und sie sind nur zehn. Den Kapitän zähle ich erst gar nicht mit. Und nicht alle sind gegen uns. Deron zum Beispiel ist nicht böse. Da muss sich doch was machen lassen. Trotz ihrer Gewehre!" Wir erschlagen sie, einen nach dem anderen. Wir schlachten sie ab. Wir hauen ihnen mit den Macheten die Köpfe ab und spießen sie auf den Kakteen vor dem Landhaus auf. Zur Warnung an alle anderen holländischen Sklaventreiber auf diesem verfluchten Curaçao."

Hugo lachte: „ Und was kommt dann? Fort Beekenburg liegt gleich um die Ecke. Die Soldaten werden kurzen Prozess mit uns machen. Dann wird eine Strafexpedition kommen und uns im Handumdrehen zusammen schießen. Womöglich schlägt man uns dann die Köpfe ab. Nein, das will ich in meinem Alter nicht mehr erleben. Das ist mir zu dumm und nicht durchdacht! Wie wollen wir denn von dieser Insel entkommen? Bedenkt, wir haben kein Schiff, um fliehen zu können. Und außerdem müssen wir erst die anderen Peonen für unser Vorhaben gewinnen. Das geht nicht so schnell. Wir müssen extrem vorsichtig sein. Nicht jeder kann eingeweiht werden. Stellt euch vor, einer der Arbeiter wäre ein heimlicher Liebhaber von Eduarda. Mir kann doch keiner erzählen, dass der nicht längst auf der Suche nach einem Ersatz für Francisco ist. Wenn hier hinter den Kulissen etwas läuft, von dem wir nichts wissen, liefert man uns womöglich ganz schnell ans Messer. Wir müssen abwarten, schauen und die Lage ganz genau analysieren. Unterdrückt euren Hass, bis wir uns eines Tages befreien können. Klug müssen wir handeln!" Nach einer Weile hob Pablo den gesenkten Kopf. „Recht hast Du, Hugo, verzeih meine Ungeduld und Hitzköpfigkeit."

Der alte Peon lächelte ihm tröstend zu. „Wir wollen unsere Befreiung vorbereiten, doch schweigt wie ein Grab. Wir dürfen nichts überstürzen, wenn wir Erfolg haben wollen. Wenn die Stunde gekommen ist, müssen wir bereit sein und zuschlagen!" Am nächsten Tag zerriss ein Trompetensignal die Stille des Morgens. Die Arbeiter erhoben sich, rannten so schnell sie nur kannten zum Koral, dem gemauerten Ziegenpferch vor dem Landhaus, und stellten sich dort, wie immer in zwei Reihen auf. Die Schwarzen, die Musketen und Gewehre umgehängt, bewachten sie von allen Seiten. Über die große Freitreppe des Landhauses kamen Thielen und Moreno majestätisch herunter geschritten und blieben vor der Menschenmenge stehen. Abschätzend musterte der Händler die ausgemergelten, zerlumpten Gestalten. Kapitän Thielen wirkte nervös. Er hatte am frühen Morgen, relativ ausgenüchtert, das Geschäft noch einmal durchdacht und witterte Gefahr. Ganz so einfältig, wie Moreno es glaubte, war der Holländer nämlich nicht! Insgeheim hatte er bereits beschlossen, den Händler, nachdem er ihn um sein Vermögen gebracht haben würde, mit Eduardas Hilfe zu töten und seine Leiche zu verbrennen oder den Haien zum Fraß vorzuwerfen. Er musste nur noch einen Plan entwickeln, wie er ohne großes Aufsehen an das Geld des Spaniers kommen könnte. Auch müsste er die Matrosen sowie das Schiff verschwinden lassen. Nun, ihm würde gewiss innerhalb einer Woche eine gute Idee kommen. Da war er sich sicher. In seiner Rocktasche klimperten bereits die ersten Goldmünzen und es würden nicht die letzten sein. Das Magasina war ohnehin mit Salz übervoll und die Versorgung mit Lebensmitteln fürs erste gesichert. Der Händler hatte ihm eine Atempause verschafft. Auf die Arbeitskraft seiner Männer konnte er somit vorerst verzichten. Sollten sie doch ruhig für Moreno neue Flächen am Spaanse Water urbar machen. Das alles würde sich seine Plantage Damasco dann später einverleiben. Wenn er nicht mehr leben würde, bekäme Curtis Eduarda den ganzen Besitz und auch seine Freiheit. So war es schriftlich verfügt! Das, was die Arbeiter jetzt erschufen, würde nicht Moreno, sondern ihm gehören. Allerdings ahnte Thielen, dass der Händler geneigt sein könnte, ein ähnliches Schicksal für ihn selbst bestimmt zu haben. Plante dieser Schurke, ihn zu aus dem Weg zu räumen und Damasco zu übernehmen? Möglich war alles. Darum blieb der alte Kapitän wachsam. Riccardo Moreno seinerseits war hingegen über die Zustände auf Damasco total geschockt. Nicht über die Misshandlung der Arbeiter, sondern darüber, welche Position der Sklave Curtis Eduarda auf der Plantage inne hatte. Thielen stellte lediglich eine Art "Frühstücksdirektor" dar. Das praktische Sagen oblag diesem "verdammten Negerteufel", wie Moreno Eduarda gegenüber Bernardo Sanchez und den zwei anderen Matrosen bezeichnete. Als der Händler dann die "Salzleiche" in der Kapelle neben dem Magazin entdeckte und die Geschichte dazu hörte, geriet er regelrecht in Panik. Der "Negerteufel" war schwul und hatte vermutlich längst durchschaut, dass er es auch war. In diesem Moment wusste Moreno, dass ihm nicht mehr viel Zeit blieb. Er musste Eduarda sterben lassen, da dieser Mann seinem neuen Leben im Wege stand. Und zwar so schnell wie möglich! Mit Moreno war also Satan nach Curaçao gekommen! Ein skrupelloser Mann, der für seine eigenen Vorteile über Leichen gehen wollte und der ein dunkles Geheimnis bewahrte. Der Händler schwitze. Ihm schwirrten alle möglichen Theorien und Szenarien im Kopf herum. Er konnte kaum mehr einen klaren Gedanken fassen.

Kapitän Thielen erhob die Hand: "Herhören, Gesindel!" schnarrte er. Er deutete auf Riccardo Moreno. "Dieser Herr will ein paar Worte sagen!" Anfangs war der Capitano gar nicht einverstanden gewesen mit der Bitte des Händlers, zu den Arbeitern sprechen zu wollen, hatte dann aber nachgegeben. Thielen befürchtete einen Autoritätsverlust. Das konnte gefährlich für ihn sein, denn immerhin war er der Chef hier. Aus seiner Sicht hätte es genügt, wenn sein Sklave Curtis die notwendigen Befehle gäbe und notfalls mit der Peitsche für deren Befolgung sorgte. Aber er musste Moreno in dem Punkt entgegen kommen. Schließlich war er zu diesem Zeitpunkt weder im Besitz des Goldes des Händlers, noch waren die Lebensmittel vom Schiff in das Depot gebracht worden. Mit guter Mine zum bösen Spiel ließ er seinen "Geschäftspartner" also den gewünschten Auftritt vor den Arbeitern.

Moreno trat einen Schritt vor. Er hatte sich das, was er sagen wollte, gut überlegt. Verkehrt wäre es gewesen, mit Drohungen zu beginnen. Es würde seinen Plänen förderlicher sein, wenn er sich den Anschein des Wohltäters gab. In diesem Sinne sprach er nun. Moreno fühlte äußerstes Unbehagen. Die dunklen Augen des "Negerteufels" musterten ihn misstrauisch. Er spürte förmlich, wie gefährlich dieser Sklave für ihn war. Aber der Spanier riss sich zusammen und sagte den Arbeitern in freundlichem, aber bestimmten Ton, dass er eine neue Saline anlegen wolle und sie für ihn arbeiten sollten. Er versprach für gute Leistungen gutes und reichliches Essen und vergaß auch nicht hinzu zu fügen, dass er ihnen die Morgenmahlzeit geschenkt habe. Sein Gesicht jedoch blieb dabei unbewegt, und seine Augen blickten kalt über die Sträflinge hinweg. Er fühlte in diesem Moment nur Furcht. Und Hass! Und Bitterkeit! Hass auf den verdammten Curtis Eduarda, der seinen Plänen im Wege stand. Er hatte mit einem einfältigen, alten Kapitän gerechnet. Nun aber war da dieser große, starke Schwarze, der ihm im Wege stand und der offenbar allseits respektiert wurde. Trotzdem er Sklave und schwul war. Es schnürte Moreno fast die Kehle zu. Er, der edle, reinrassige weiße Spanier musste seine Sexualität zeitlebens verstecken, während dieser gesellschaftliche Niemand hier sogar seinen toten Liebhaber zum Heiligen erklärte? Das war alles zu viel für Riccardo Moreno. In diesem Moment begriff er schlagartig, wie verpfuscht sein Leben wirklich war. Mit Tränen in den Augen wandte er sich ab und stützte zurück ins Haus. Ein Weinkrampf schüttelte ihn. Kapitän Thielen war völlig verdattert, rannte ihm dann aber sehr schnell nach und versuchte Moreno zu beruhigen. Der suchte nach einer Ausrede und behauptete, der alte Hugo hätte eine große Ähnlichkeit mit seinem toten Vater. Dies hätte ihn bei dessen plötzlichen Anblick emotional völlig überwältigt.

Eine glatte Lüge, denn Morenos Vater lebte, zwar uralt, aber bei guter Gesundheit, auf der Perleninsel. Kapitän Thielen und Eduarda kauften ihm diese lächerliche Ausrede schließlich tatsächlich ab. Der Händler schien doch vielleicht gar nicht so gefährlich zu sein, wie sie es sich eingebildet hatten. Adriaan Thielen beruhigte dieser seltsame Auftritt zunächst. Offenbar handelte es sich bei Riccardo Moreno um einen Weichling mit vielen Schwachstellen. Nun galt es herauszufinden, wo dieser sein Gold aufbewahrte. Während sich der Capitano um seinen

Gast kümmerte, gab es unter den Arbeitern wegen der neuen Nachrichten einige Erregung. Pedro hatte begriffen, was das alles für ihn und seine Freunde bedeuten könnte. Der Händler würde auf Curaçao bleiben und damit auch der kleine Schoner. Seine Hände wurden feucht und zitterten. Dort lag das Schiff, ihr Schiff, greifbar nahe, mit dem sie fliehen konnten. Von der Seite blickte er schnell und forschend Hugo an, der neben ihm stand. Doch dessen Gesicht blieb unbewegt. Hatte er begriffen, was der Entschluss dieses merkwürdigen Mannes für sie bedeutete? Pedro war versucht, ihn anzustoßen, ihm seine Entdeckung mitzuteilen, doch rechtzeitig genug besann er sich. Er durfte sich nicht verraten. Ein neues Trompetensignal riss ihn aus seinen Gedanken. Die Arbeiter marschierten zum Schuppen und empfingen Werkzeuge: Äxte, Sägen, Hacken, Brechstangen und Schaufeln. Ihren Gesichtern sah man an, dass die Worte des Händlers ihre Wirkung nicht verfehlt hatten. Sie sollten zu essen bekommen, reichlicher als vielleicht je zuvor und sie sollten dafür Land roden. Warum nicht? Hatten sie nicht die ganze Zeit arbeiten müssen, hart und schwer, und dafür nur wenig zu essen erhalten? Es musste leichter sein, den Boden mit Hilfe von Werkzeugen zu roden, als mächtige Steine mit den bloßen Händen aus der Erde zu wühlen.

Riccardo Moreno legte den Bauplatz genau an die Stelle, wo eine schmale Landzunge in die Caracasbaai hineinragte, und diese Bucht von dem Binnenmeer des "Spaanse Water", also des "Spanischen Wassers", trennte. Direkt in Sichtweite des Fort Beekenburgs an der anderen Seite der Bucht gelegen, bildete dieses mit Mangroven bewachsene flache Stück Land die besten Voraussetzungen, um dort ein künstliches Becken mit geringer Tiefe zur Salzgewinnung anzulegen. Der Salzgehalt der Karibik war aufgrund der hohen

Verdunstungsrate schon von Natur aus höher als der in anderen Meeren und das Binnenmeer "Spaanse Water", das nur über einen schmalen Zufluss mit dem Ozean verbunden war, zeichnete sich noch einmal durch einige Prozent mehr an Salz aus. Also ein idealer Ort für eine Saline! Mit wahrem Feuereifer begannen die Arbeiter das Buschwerk, die Mangroven, die Kakteen und die Akazien zu beseitigen. Die Aufseher brauchten sie nicht einmal wie sonst anzutreiben.

Während das Projekt so erste Fortschritte machten, begaben sich Moreno und Thielen zurück zum Landhaus Damasco um das weitere Vorgehen zu besprechen und ließen sich vom Sklaven Deron bedienen. Erst musste die vorgesehene Fläche einigermaßen vom Gestrüpp befreit sein, um weitere Entscheidungen treffen zu können. Die Sonne kletterte inzwischen höher und höher. Der Schweiß rann den Zwangsarbeitern in Strömen über die Körper. Die Stacheln und Dornen der unbarmherzigen Kakteen und Büsche zerfetzten ihre ohnehin schon zerlumpten Kleider noch mehr, rissen blutige Wunden, in die Haut, die wie Feuer brannte. Ihre Kräfte ließen allmählich nach, und bald begannen die schwarzen Aufseher wieder zu fluchen und zu schreien. Die erst so hoffnungsvolle Stimmung sank in sich zusammen. Shermon Heijn, der Kommandant von Fort Beekenburg, stand auf der anderen Seite der Bucht auf dem Festungsturm und beobachte die Szenerie kopfschüttelnd mit seinem Fernrohr. Die Caracasbaai galt eigentlich als militärisches Gebiet und kommerziell nicht nutzbar. Bisher war noch niemand auf die Idee gekommen, hier Anlagen oder Gebäude zu errichten. Zudem blockierte der Schoner immer noch den Landungssteg. Er würde wohl mit seinen Soldaten zu einem Besuch dieser Leute aufbrechen müssen, um die Bauarbeiten zu verbieten bzw. die Abreise des Schoners anzuordnen. Auf Ärger hatte der junge Offizier eigentlich keine Lust, denn es ging ihm psychisch nicht besonders gut. Die Langeweile, die Hitze und die viele Zeit im Fort brachten ihn zum grübeln. Irgendetwas schien dem jungen Mann zu fehlen. Die Zeit verrann und nichts passierte. Demnächst war sein 30. Geburtstag. Seine Soldaten waren alle schon verheiratet und besaßen eine Familie und er hatte viel Zeit auf der Militärakademie verbracht, nebenbei auch noch Sprachen gelernt und fühlte sich trotzdem "unausgelastet". Er seufzte. Um 15 Uhr, wenn die Sonne zu sinken begann, würde er zur anderen Seite der Bucht aufbrechen, um mit diesen Leuten zu reden. Vielleicht ließ sich eine Lösung im Einvernehmen finden. Er hoffte es.

In der Zwischenzeit, es war schon Mittag, erschien Moreno in Begleitung von Thielen wieder an der Caracasbaai. Sie kletterten auf eine der hohen Klippen am Nordrand der Bucht und betrachteten die bisher geleistete Arbeit aus der Vogelperspektive. Señor Moreno schien mit der bisherigen Arbeitsleistung ziemlich unzufrieden zu sein. Sein Gesicht verzog sich ärgerlich zu einer bösen Fratze. Ungeduldig und gereizt klopfte er mit einem Stock gegen die Schäfte seiner Stiefel. "Die Banditen arbeiten ohne Mittagspause durch!" rief er dem Capitano unbeherrscht zu. "Ich werfe mein gutes Geld doch nicht auf die Straße! - He, Bursche, willst du dich wohl an deinen Platz scheren!" brüllte er plötzlich einen der Arbeiter an, der sich an einem der großen Tongefäße niedergekniet hatte, um zu trinken. Curtis Eduarda, der in der Nähe stand, eilte hinzu und stieß den Sträfling so heftig in den Rücken, dass dieser niederstürzte. Er raffte sich sogleich wieder auf und begann, hastiger als bisher, mit der Axt in das Gestrüpp zu schlagen. "Ihre Aufseher sind zu weich und nachsichtig!" stieß Moreno zornig hervor. "Sie haben doch nichts anderes zu tun, als die Faulen anzutreiben!"

Thielen dachte an das Geld in seiner Tasche und beeilte sich, einen entsprechenden Befehl zu geben. Die schwarzen Sklaven schrien daraufhin noch wilder auf die weißen Arbeiter ein, schlugen und traten sie. Einige taten es zögernd oder nur zum Schein, andere wie Curtis gerieten immer mehr in einen Rausch und gebrauchten rücksichtslos die Peitsche. Zahlreiche der Arbeiter kollabierten. Da wurde es selbst Riccardo Moreno zu bunt und er schrie den "schwulen Teufel Nr. 1" an, sofort aufzuhören. Die Misshandlung der Arbeiter schadete seinem Projekt; Moreno, der "schwule Teufel Nr. 2" ließ sich schließlich von Thielen überzeugen: Die Arbeit wurde nun wegen der Hitze für drei Stunden unterbrochen. Die Gefangenen durften trinken, bekamen jedoch nichts zu essen. Sie kehrten in ihre Hütten zurück und warfen sich dort zu Boden, völlig entkräftet und erschöpft, nur von dem Wunsch beseelt, die Glieder zu strecken und zu schlafen.

Auch Pablo, Pedro und Hugo, die mit zwei anderen Gefangenen, Antonio und Jorge, die zweite Hütte bewohnten, hatten nicht mehr die Kraft, wach zu bleiben oder sich zu unterhalten. Hugo hauchte noch bedeutungsvoll: "Der Satan ist nach Curaçao gekommen!", um danach sofort die Augen zu schließen und einzuschlafen. Pedro und Jorge nickten sich darauf noch vielsagend zu. Dann wurde es still. Der Satan, Moreno, blieb trotz der Mittagshitze nicht untätig. Zeit bedeutete Geld für ihn, und er dachte nicht daran, Geld einzubüßen. Einen breiten, schattenspendenden Strohhut auf dem Kopf, in der rechten Hand ein schweres Buschmesser, den Gürtel mit der Pistole umgeschnallt, so drang er in der Schneise vor, die die Arbeiter bereits geschlagen hatte. Mit der Machete schlug er in die meterhohen Säulenkakteen hinein, die krachend unter seinen heftigen Hieben zusammenbrachen. Doch auch dem Händler ging sehr bald die Puste aus. Er schwitzte wie ein Schwein und musste sich schließlich auf einen Felsen setzen, denn vor lauter Schwindel und Erschöpfung sah er bereits Sterne. Hastig trank er aus seiner Wasserflasche, in der schon bald nur noch ein kleiner Rest an Trinkbarem vorhanden war. Da ertönte es plötzlich "Guten Tag, Señor!", hinter ihm. "Darf ich Sie um Aufklärung bitten, was hier vorgeht?", sagte eine junge Stimme in einem unverschämten Befehlston zu ihm. Der Händler sah verdutzt auf. Vor ihm standen zwei Soldaten der holländischen Garde in Uniform samt Bewaffnung. "Wir legen hier eine Saline an, wir erweitern die Plantage Damasco", meinte Moreno kleinlaut und ahnte sofort , was nun kommen würde. "Sie haben dazu keine Genehmigung. Das Gebiet ist meines Wissens nach Teil des Sperrgürtels um Fort Beekenburg und nicht zur Bebauung freigegeben. Mein Name ist Shermon Heijn. Der Soldat an meiner Seite ist Teil meiner Mannschaft. Ich bin der wachhabende Offizier des Forts. Wer sind Sie?"

Moreno richtete sich auf, um den Mann besser sehen zu können. Er stand im Gegenlicht, die pralle Sonne hinter ihm; bisher hatte er mehr oder weniger nur seinen schwarzen Umriss registriert. Als er aber seine Position gewechselt hatte und Shermon Heijn nun, von der Sonne angestrahlt, gut sichtbar vor ihm stand, da erkannte der Händler einen bildhübschen jungen Burschen, wie er ihn sich in seiner Phantasie nicht schöner hätte ausdenken können. Der Wind wehte ihm die kurzen, goldblonden Haare unter seinem Offiziershut mal nach links, mal nach rechts und seine blauen Augen funkelten wie die silbernen Knöpfe seiner Uniform, die sich eng anliegend an seinen wohlgeformten Körper schmiegte. "Ich bin der Kaufmann Riccardo Moreno, von der Isla Margarita, der Perleninsel, wissen Sie. Mir gehört das Schiff hier am Steg. Ich bin der neue Geschäftspartner von Adriaan Thielen. Den kennen Sie doch, oder?" stammelte Moreno, von der Schönheit des Kommandanten völlig überwältigt. Es war ein schier magischer Moment, an dem ihm, dem Mann über fünfzig, schlagartig klar wurde, seine Sonne vor sich zu haben, um die er nur noch als willenloser Planet drum herum kreisen konnte. Er fühlte, wie er innerhalb von wenigen Momenten der sexuellen Anziehungskraft dieses Unbekannten völlig zu erliegen schien. Heijn bemerkte, dass hier etwas seltsames passierte. Zwischen ihm und diesem Señor Moreno knisterte es, und als der junge Mann seinem älteren Gegenpart freundlich die Hand zur Begrüßung reichte, da flogen die Funken.

Erschrocken zog Shermon Heijn seine Hand zurück, doch dann mussten die Beiden herzhaft lachen, als sie in das jeweils total verdutzte Gesicht des anderen schauten und das Eis zwischen ihnen war wie weggeblasen. Der Kommandant verspürte keine Gefahr mehr. Er schickte seinen Soldaten zurück auf das Fort. Da er durch sein Sprachenstudium sehr gutes Spanisch sprach, freute er sich, bei dem feinen Señor Moreno seine Kenntnisse nun anwenden zu können, vor allem, weil dieser den originalen andalusischen Dialekt aus Sevilla beherrschte, den Heijn doch als sehr "drollig" empfand. Der Spanier gefiel ihm. Warum wusste er nicht. "Nun, Herr Moreno. Ich gebe Ihnen einen Ratschlag: Wenn Sie die Saline nicht hier, sondern dort drüben anlegen, werden Sie keinen Ärger bekommen. Der junge Offizier deutete auf eine Stelle ca. 1 Kilometer weiter im Hinterland, wo das Spaanse Water sich schon weit unterhalb eines großen Tafelberges in die Insel hineingefressen hatte. Dieses Gebiet gehört zu einer Plantage, deren Besitzer letztes Jahr an der Pest verstorben ist und die aufgegeben wurde. Ich kann ihnen Kraft meines Amtes zehn Hektar davon übertragen, wenn Sie eine neue

Bewirtschaftung des Areals auf Dauer garantieren können. Kommen Sie doch einfach heute Abend in das Offiziershaus. Es ist das zivile Gebäude direkt unterhalb von Fort Beekenburg. Dort wohne ich. Da sind auch die Karten und die Dienstbücher. Wir können das dann besprechen. Übrigens: Ihr Schoner blockiert nun schon den dritten Tag in Folge den Steg. Das ist nicht erlaubt. Bitte legen Sie ab und ankern Sie in der Bucht oder im Spaanse Water. Der Steg ist Teil der Anlagen des Forts und dient nur der militärischen Nutzung. Sie haben Glück, dass das Schiff mit der Ablösung für meine Soldaten erst wieder in einer Woche kommt. Ansonsten wäre eine saftige Geldstrafe für Sie fällig. So sind die Gesetze hier auf Curaçao. In Willemstad müssen Sie sich übrigens noch in der Kommandantur melden. Sie sind Ausländer......"

Riccardo Moreno bekam nur noch die Hälfte von dem mit, was der junge Holländer ihm da zu erklären versuchte. In seinem Gehirn lief gerade ein ganz anderer Film. Er sah, wie sich er und der junge Mann nackt und küssend am Strand der Bucht in den Armen lagen, während das warme Wasser der Brandung ihre zuckenden Körper umspülte. "Señor Moreno, haben Sie verstanden, was ich gesagt habe?" fuhr ihn Shermon Heijn an und riss den Händler aus seinem Tagtraum. "Äh, ja. Entschuldigung. Ich bin wohl zerstreut. Die Hitze..." "Die Hitze ist hier genau so groß wie auf der Perleninsel", lachte Heijn. Er fand diesen seltsamen Händler irgendwie lustig. "Kommen Sie um 20 Uhr? Haben Sie eine Laterne? Ja?" Moreno nickte. "Oh gut, dann klopfen Sie bitte fünfmal kurz an der Tür. Dann weiß ich, dass Sie es sind und nicht wieder irgendein entlaufener Sklave...ha ha", kicherte der Offizier. Nachdem er sich verabschiedet hatte, blieb ein Riccardo Moreno zurück, dessen Herz vor Aufregung pochte. Die nächsten Stunden bis zu dem Treffen am Abend ging ihm die Begegnung mit diesem

Shermon nicht mehr aus dem Kopf. Er hatte sich tatsächlich Hals über Kopf in diesen bildschönen Jüngling, der vom Alter her sein Sohn hätte sein können, verliebt."

Bosch faltete das Manuskript von Bakker zusammen und steckte es wieder in seinen Beutel. Voller Wehmut dachte er an die Zeit auf Texel und seine heimlichen Treffen mit Jan Bakker. Ihm erging es damals, vor drei Jahren, wie diesem Moreno aus der Curaçao-Geschichte. Auch er hatte sich seinerzeit völlig in diesen Mann verliebt, nur das Bakker vom Alter her sein Vater hätte sein können. Und jetzt kamen diese Art von gefährlichen Gefühlen wieder in ihm auf! Dieses mal gegenüber Frans. Aufgewühlt von seinen Gefühlen, der Predigt und der Curaçao-Geschichte fand Bosch in dieser Nacht nur einen unruhigen Schlaf.

Bosch sitzt auf dem Trockenem

Zurück von den Ereignissen in Kapstadt auf die Insel Ascension: Am 1. Juli sieht Bosch eine Herde Ziegen. In seinem Tagebuch notiert er: „Da das Wasser an dem Ort ausgetrocknet war, an dem ich es gefunden hatte, war ich nun bereit, vor Durst zu sterben. Trotzdem bot ich Gott meine Gebete an, um mich zu retten und zu bewahren, wie er es für Mose und die Kinder Israels getan hatte, indem er das Wasser aus den Felsen sprudeln ließ. Ich schätzte, dass ihre Leiden nicht so schlimm wie meine waren, da ich nicht nur ohne Nahrung und Kleidung war, sondern aus der gesamten menschlichen Gesellschaft verbannt und die Geier schon über meinem Kopf kreisten. Während ich auf der Suche nach Trinkbarem auf und ab wanderte und die Spitze eines Hügels hinaufstieg, erspähte ich eine Herde Ziegen, die in einiger Entfernung weideten. Ich folgte ihnen, so schnell ich konnte, aber zu meinem Leidwesen stellte ich fest, dass sie viel zu schnell für mich waren. Ich folgte ihnen trotzdem noch in einiger Entfernung in der Hoffnung, den Ort zu finden, an dem sie sich tränkten. Irgendwann kam ich nach langer Verfolgung zu einer fünf oder sechs Meter tiefen Grube, die ich hinabstieg, in der ich aber kein Wasser fand. Ich glaube, wenn die Ziegen diese Stelle besuchen, gibt es hier manchmal wohl Wasser, hauptsächlich verursacht durch den Fall des spärlichen Regens. Es grenzt für mich an ein ein Wunder, wie sich die Ziegen in solch einer Trockenzeit am Leben halten. Da es so viele Ziegen auf der Insel gibt, ist es überraschend, dass ich sie nicht viel früher entdeckt habe. Ich glaube sie verstecke sich tagsüber oft in Löchern und Gruben und grasen nur früh am Morgen oder vor Sonnenuntergang. In einer Grube fand ich ungefähr zwei Gallonen Wasser. Meine Freude war unbeschreiblich!"

Exkurs von Autor Nicolas Montemolinos: Die Versorgung mit Süßwasser ist für alle Robinsone der Tropen das zentrale Problem. Dies fiel mir im Rahmen der Recherche für meine Robinson-Trilogie auf. Während sich feste Nahrung notfalls immer noch aus dem Meer beschaffen lässt, sieht es beim kühlen Nass oft ganz anders aus. Hier liegt ein Unterschied zu den Inseln der kalten Zonen, bei denen es zwar meistens Wasser genug gibt, aber Nahrung nur schwer zu besorgen ist. Schon die Pazifik-Auswanderer auf der Galapagos-Insel Floreana rund um die „Robinson-Frau" Margret Wittmer gerieten in eine existenzielle Krise, als ihre Quelle in der Trockenzeit nur noch tröpfelte. Der arme Rudolf Lorenz musste auf der benachbarten Insel Marchena, die wohl gewisse Ähnlichkeiten mit Ascension aufweist, zuerst Robbenblut trinken, um dann trotzdem qualvoll zu verdursten, bevor man Monate später seine vertrocknete Mumie am Strand fand. Die Trinkwasserversorgung geriet ebenso für den „Seychellen-Robinson" Brendon Grimshaw und seinem „Freitag" René Antoine Lafortune im Indischen Ozean zur entscheidenden Frage. Zwar regnet es hier fast täglich, doch ohne stählernen Wassertank konnte er seine Paradiesinsel Moyenne nicht dauerhaft besiedeln. Und auch für den „schwulen Robinson" Leonard Bosch im Atlantik sollte die Wasserfrage letztlich über Leben und Tod entscheiden.

Doch zurück zu Boschs Aufzeichnungen: „4. Juli. Ich holte meine Sachen aus meiner Höhle und ging zur Westseite der Insel, um meinen neuen Wohnsitz in Beschlag zu nehmen, da ich sicher war, dass wenn überhaupt, nur auf dieser Seite Wasser wäre. Ich betete zu Gott, dass er reichlich Regen senden möge. Vom 5. bis zum 8. betete ich und suchte nach Wasser. Tatsächlich ging am Nachmittag des 8. ein kräftiger Schauer über der Insel nieder, der Pfützen in einigen der Gruben hinterließ. Ich sammelte mit meinen vorhandenen Gefäßen Wasser aus den Pfützen auf und trank aus den Pfützen, bis ich nicht mehr konnte. Für den Moment war ich gerettet. Als ich nach etwas Ausruhen endlich wieder halbwegs klare Gedanken hatte, kramte ich die Seiten von Jan Bakker aus meinem Beutel hervor und las wieder in seinen Curaçao-Geschichten. Ich kannte diese Geschichte zwar inzwischen schon fast auswendig, doch für mich war das Lesen darin der letzte Kontakt zur Menschheit. Darum war das Lesen eine Art Medizin oder Therapie für mich. Außerdem tröstete mich die Tatsache, dass in dieser Story, die laut Bakker zu 90 Prozent der Wahrheit entsprach, auch andere Holländer unter dem Tropenklima litten und auch ein unzüchtiges Leben führten. Und trotzdem regnete es kein Feuer und Schwefel über sie vom Himmel. Ich las weiter auf Seite 47, als sich Shermon und Riccardo im Fort Beekenburg trafen:

„Shermon Heijn freute sich auf den Besuch von Riccardo Moreno. Endlich einmal etwas Abwechslung hier draußen. Das kleine Fort thronte einsam auf einem Felsen über der Bucht. Die nächste Plantage, Damasco, war zwei Kilometer entfernt. Sonst gab es hier außer Mangroven, Kakteen und Gestrüpp nichts. Nur die niemals endende Hitze. Heijn stammte aus dem Mutterland, aus Utrecht. Mit dem Klima auf Curaçao haderte er sehr. Oft träumte er nachts davon, wie Schneeflocken den Turm des Forts umspielten und er auf dem zugefrorenen Spaanse Water Schlittschuh laufen würde, um dann aufzuwachen und festzustellen, dass das Thermometer morgens um sechs bereits 28 Grad anzeigte. Manchmal fühlte er, wie dieser "ewige Sommer" ihm förmlich alle Energie aus seinem Körper entzog. Doch jetzt war er gut gelaunt. Die Soldaten hatten tagsüber noch mit den Kugeln der Kanonen ein Wurfspiel geübt, der auflandige Wind brachte eine kühle Brise von See her und die Karte der Umgebung des Forts hatte der junge Offizier auch schon im Schrank des Offiziershauses gefunden. Es herrschte eine entspannte Atmosphäre. Während die einfachen Soldaten in einem "Schuppen" am Eingang des Forts schliefen, lag das Offiziershaus genau auf der anderen Seite der Anlage, etwas unterhalb der Befestigungsmauer versteckt hinter Büschen. Das gewährte dem Kommandanten immerhin ein Mindestmaß an Privatheit. Frauenbesuche waren strikt untersagt! Das Fort war 1703 zum Schutz des Binnenmeeres vor Angriffen der Engländer gebaut worden. Da auf Curaçao keine Ziegelei existierte, wurde das komplette Baumaterial per Schiff aus den Niederlanden importiert.

Alle anderen, zivilen Gebäude der Insel baute man aus dem hier reichlich vorhandenen lokalen Muschelkalk, doch für eine militärische Befestigung reichte dieses Material beileibe nicht aus. So bildete das kleine Fort einen Fremdkörper in der malerischen Bucht, optisch wie auch tatsächlich. Bisher waren seine Kanonen aber noch nicht zum Einsatz gekommen; die Abschreckung wirkte. Shermon dachte oft mit Grusel an den Tag, wenn wirklich einmal ein feindliches Kriegsschiff hier versuchen würde, Truppen anzulanden. Würde es ihnen gelingen, den Angriff abzuwehren und das Schiff durch eine treffsichere Beschießung zu versenken? Tagsüber lagen die Posten im Ausguck, aber wie oft hatte er die Soldaten schon beim schlafen erwischt. Es zählte der Moment der Überraschung. Wenn ein feindliches Schiff bereits zu weit in die Caracasbaai eingedrungen war, konnten die schweren Kanonen nicht mehr entsprechend ausgerichtet werden, denn sie zeigten auf das offene Meer. Das war der eklatante Schwachpunkt der Verteidigungsanlage. Aber Shermon wollte jetzt nicht daran denken. In der kleinen Küche suchte er nach dem Rest vom Pomeranzen Likör, einem Produkt aus lokaler Produktion, welches aus den vertrockneten Schalen von ungenießbar bitteren Pomeranzen destilliert wurde. Einstmals hatten die Spanier, die ersten Kolonisatoren der Insel, versucht hier Orangen zu züchten. Doch das misslang. Es gediehen hier nur einige krüppelige Pomeranzen, deren Früchte niemand essen konnte. Als die Holländer die Spanier 1674 aus Curaçao vertrieben hatten, nutzen sie die ätherischen Schalen der Bitterorangen zur Ölgewinnung für eine Art von Schnaps, den sie trefflich "Curaçao" nannten. Zuckerrohr für die Herstellung von Rum wie auf den meisten anderen Antillen-Inseln gab es hier ja nicht. Als die Sonne schon untergegangen war, klopfte es fünfmal an die Holztüre.

Kommandant Heijn hatte bereits die Öllampen angezündet und das Dienstzimmer erhellt. Auf dem Tisch lag die große Karte von Curaçao ausgebreitet, um mit dem Händler zu besprechen, wo dieser die neue Saline legal anlegen konnte. Heijn öffnete die Türe. "Guten Abend, Señor Moreno. Immer herein in meine bescheidene Hütte. Setzen Sie sich bitte. Ich habe schon alles vorbereitet, wir können uns gleich an die Arbeit machen, um für Sie den geeigneten Ort hier auf der Insel für Ihr Unternehmen zu finden. Wissen Sie, ich beneide Sie ja auch ein bisschen. Sie kommen wenigsten in der Welt herum. Hätte ich geahnt, dass ich nach der Akademie hier, am Ende der Welt, zehn Jahre dienstverpflichtet bin, wäre ich besser in Utrecht geblieben."

Shermon lachte schallend und auch Riccardo Moreno lachte. "Ach, Comandante, Sie stellen sich mein Leben aufregender vor als es ist. Ihr Einkommen zahlt der Staat. Ich muss meines selber erwirtschaften. Glauben Sie mir, es ist nicht alles Gold was glänzt..." Nach einigem Smalltalk studierten die beiden ausgiebig das Kartenmaterial und fanden nach etlichen Diskussionen eine Stelle, die offiziell noch niemandem gehörte und die für die Anlage einer Saline sehr geeignet schien. Shermon Heijn stellte eine schriftliche Besitzakklamation im Namen des Stützpunktes Beekenburg auf Riccardo Moreno aus und notierte den Vorgang in sein großes Dienstbuch. Die Saline würde allerdings einen gewissen Prozentsatz ihrer Gewinne an das Fort abführen müssen. Anschließend begossen die beiden Männer ihren Deal mit dem Likör. Der Händler freute sich wie ein kleines Kind über seine neue Chance und bot Kommandant Heijn das vertraute Du an, was dem Holländer nur recht war. Er hoffte, in Riccardo vielleicht einen sympathischen Nachbarn gefunden zu haben, mit dem der eine oder andere gesellige Abend verbracht werden könnte. Adriaan Thielen war dagegen ein Einzelgänger. Noch nie hatte er den Weg von Damasco ins Fort gefunden, obwohl er schon seit über drei Jahren auf der benachbarten Plantage wohnte. Und Señor Moreno suchte geradezu den Kontakt zu ihm. Heijn fühlte sich dadurch ziemlich geschmeichelt.

So becherten der Offizier und sein neuer Freund immer weiter und wurden immer fröhlicher, je mehr von dem Schnaps sie intus hatten. Shermon begann, sich auszuziehen, denn Alkohol wärmt ja bekanntlich von innen und die heiße Tropennacht tat ihr übriges. Es kam, wie es kommen musste. Riccardo konnte sich beim Anblick des freien Oberkörpers des jungen Mannes nicht mehr beherrschen. Er ergriff die Alternative, zog den blonden Holländer an sich heran, und küsste ihn. Der wusste zuerst gar nicht, wie ihm geschah. Aber er wehrte sich nicht. Nein, dazu war er zu überrumpelt. Riccardo küsste ihn nochmal. Und Shermon ließ es zu. Denn es gefiel ihm. Es gefiel ihm sogar sehr. In dieser Nacht "entjungferte" Riccardo Moreno den unschuldigen, jungen Offizier und beide erlebten einzigartige, romantische Momente. Beide begriffen, nun nicht mehr alleine zu sein. Sie hatten sich gefunden. Diese Geschichte würde eine Zukunft haben und der Händler war nun fester denn je entschlossen, sich ein neues Leben auf Curaçao aufzubauen. Nur Thielen und Eduarda standen dem noch im Wege. Als der Morgen graute, verabschiedete sich Moreno von seinem jungen Liebhaber und machte sich auf den Weg zu seinem Schiff, um mit Bernardo Sanchez die weitere Vorgehensweise zu besprechen. "Bernardo! Bernaaardo!", schrie er, als er sich ziemlich wackelig, da noch nicht nüchtern, über die Bordwand schwang. Sanchez, wie üblich schon seit 4 Uhr 30 wach, tauchte ziemlich überrascht aus der Kajüte auf.

"Señor Moreno, was ist denn mit Ihnen los? So früh sind Sie doch sonst nie!?" "Bernardo, du erinnerst dich doch noch an diese trostlose Insel, die wir einige Stunden vor dem Erreichen Curaçaos passiert haben. Wie hieß dieser trostlose Flecken doch gleich noch?" fragte Moreno. "Och, das war Klein Curaçao", meinte Sanchez, "aber da ist nichts. rein gar nichts. Nur Sonne und Sand." "Eben!" grinste Moreno und wiederholte es: "Nur Sonne und Sand!" "Ja, und?" schaute Bernardo Sanchez seinen Herrn verständnislos an. Er begriff nicht, was Riccardo Moreno sagen wollte. "Schau Bernardo..." holte dieser aus "...das Problem an der Plantage Damasco ist der verdammte Sklave Curtis Eduarda. Der ist vom Capitano Thielen offenbar als sein Nachfolger vorgesehen. Ein äußerst brutaler, gefährlicher Mann ist er. Er steht mir im Wege, wenn ich die Plantage vom Kapitän übernehmen möchte. Das ist das Problem, mein lieber Bernardo. Verstehst du? Ich muss diesen Typen ausschalten. Ich muss ihn aus dem Weg räumen! Und anschließend dann auch den Kapitän. Wenn das geschafft ist, wirst Du der neue Verwalter. Mit Gewinnbeteiligung. Sag aber bitte den anderen beiden Matrosen nichts, denn es muss unser Geheimnis bleiben. Mir ist eine Idee gekommen: Eduarda ist fast immer bewaffnet. Erschießen können wir ihn leider deshalb nicht so einfach. Wir müssen also eine heimtückische List anwenden. Wir erzählen Thielen, dass ich den Großteil meines Geld aus Misstrauen vor dem, was mich auf Curaçao erwartete, auf der Insel Klein Curaçao vergraben habe. Weil dort keine Menschen sind. Weil das Geld nur da sicher ist. Wir werden den Kapitän bitten, dass er uns Eduarda und einige Arbeiter überlässt, damit wir die angeblichen Goldmünzen sicher ausgraben und nach Damasco bringen können. Der Kapitän ist gierig. Er wird darauf eingehen! Aber sobald Eduarda auf der Insel abgesetzt ist, segeln wir ohne ihn zurück. Er wird ohne Trinkwasser kaum mehr als 36 Stunden dort überleben. Wir bleiben zwei Tage auf See, dann vergewissern wir uns, dass er tot ist. Und dann kommt der Kapitän an die Reihe. Was sagst Du dazu, Bernardo?"

Bernardo Sanchez strahlte. Ihm gefiel, was Moreno da ausgeheckt hatte. "Ich mache auf alle Fälle mit", meinte er, "denn ohne dass Sie die Plantage in Ihre Hände bekommen, bin auch ich verloren. Ihr Plan ist genial!" Jetzt strahlte Moreno auch. Auf Sanchez war in jeder Situation Verlass. Bernardo Sanchez war ein extrem ängstlicher und äußerst vorsichtiger, obrigkeitshöriger Mensch. Er erkannte, dass auch er einer ungewissen, trüben Zukunft entgegen schauen würde, wenn es seinem Herren nicht gelänge, seine finanziellen Probleme zu lösen. Nur an dessen Seite hätte er ausgesorgt. Diese Art von "Beamtenmentalität der allerschlimmsten Sorte" machte ihn zum gewissenlosen Komplizen seines skrupellosen Arbeitgebers. Riccardo Moreno wusste das genau. Er konnte bei den geplanten Morden zu 100 Prozent auf Sanchez zählen. "Nun mache ich mich wieder auf nach Damasco. Halte hier bitte die Stellung, Bernardo! Ich werde vermutlich von den Arbeitern einen Teil der Lebensmittel abholen lassen, damit sie die Kisten ins Depot der Plantage transportieren. Allerdings verlangt der Kommandant von dem Fort dort drüben, dass wir den Steg freimachen." Moreno deutete mit dem Finger auf Fort Beekenburg. "Er ist zwar ein netter Kerl, aber er muss die strengen Dienstvorschriften einhalten. Da ist nichts zu machen. Löst bitte gleich die Taue und ankert in der Bucht. Es geht nicht anders!" seufzte er, verabschiedete sich von den Matrosen und machte sich auf den Weg zum Landhaus. Auf Damasco angekommen, richtete sich Riccardo Moreno häuslich ein, ohne den Capitano großartig zu fragen. Mit der Hilfe von Shermon würde er das Landgut sehr schnell übernommen haben. Wenn der Capitano jemals gehofft hatte, in seinem Gast einen Menschen gefunden zu haben, mit dem er sich unterhalten konnte und der ihm die Langeweile vertreiben würde, so sah er sich gründlich getäuscht. Moreno saß, wenn er sich nicht auf dem Areal der Salinenbaustelle aufhielt und die Aufseher und Arbeiter gleichermaßen antrieb, in seinem für ihn reservierten Raum an einem mit Papieren und Zeichnungen bedeckten Tisch.

Er schmiedete unentwegt neue Pläne. Abends war er auch nie im Landhaus, sondern immer verschwunden. Niemand ahnte, dass er mit seinem jungen Lover den besten Sex seines Lebens im Offiziershaus von Fort Beekenburg hatte. Wenn er dann doch gelegentlich Zeit fand, sich um Thielen zu kümmern, dann förderte er unauffällig und doch nach einem wohlüberlegten Plan die Trunksucht des Holländers, indem er ihm aus seinen Beständen reichlich Schnaps zur Verfügung stellte. So wurde der Kapitän nur noch selten nüchtern. Was Moreno auch wünschte und forderte, Thielen erfüllte es. Ihm überkam anfangs – in den wenigen klaren Momenten – wohl hin und wieder das böse Gefühl, die Kontrolle zu verlieren. Doch seine Bequemlichkeit schwemmte alle diese Bedenken bald hinweg. Er hatte es gut. Er brauchte sich um nichts mehr zu kümmern, konnte schlafen, essen und trinken, solange und soviel er wollte. Moreno erledigte alles für ihn. Nur die Tatsache, dass der Händler mit seinem „Ziehsohn" Curtis immer wieder in Streit geriet, betrübte ihn. Der Spanier verlangte, dass die sonntägliche Gedenkmesse für den toten Francisco entfallen müsse. Stattdessen sollten die Arbeiter den Vormittag noch komplett in der Saline arbeiten und erst ab 11 Uhr 30 frei bekommen, um sich zu erholen. Curtis Eduarda missachtete diese Anordnungen des Händlers und die beiden schrien sich lautstark an. Nach drei Wochen verlor Riccardo Moreno endgültig die Geduld. Er ging zum Capitano und erklärte, dass er selbst, seine Matrosen, Curtis und zwei der Arbeiter, Ramon und Jesus, mit der „Vincent Verga" nach Klein Curaçao segeln müssten, um seine vergrabenen Goldmünzen auszugraben. Thielen glaubte sich verhört zu haben, als ihm der Händler diese Geschichte erzählte.

Das war die Gelegenheit, an das Vermögen des nervigen Spaniers zu gelangen. Die Gier in ihm wurde so groß, dass sein Körper anfing zu zittern. Voller Erregung sagte er: „Schauen Sie, Señor Moreno. Ich habe grundsätzlich nichts dagegen, wenn Curtis Eduarda und zwei der

Arbeiter Sie begleiten, aber ich muss erst noch mit Curtis sprechen. Wann wollen Sie denn diese Fahrt machen? Curtis wird sehr leicht seekrank. Noch ist das Meer glatt, wer weiß, wie lange noch!" Riccardo Moreno erwiderte: „ Wir können morgen schon aufbrechen. Ich muss Sanchez nur bitten, genug Trinkwasser zu besorgen. Reden Sie mit Ihrem Neger. Ich brauche ihn zur Bewachung der Arbeiter und zu meinem Schutz. Ramon und Jesus sollen die Kiste ausgraben. Sanchez und der Steuermann bleiben auf dem Schiff. Ich kann nichts riskieren, denn das Schiff ist unsere Rückversicherung. Zwei Mann Besatzung müssen immer an Bord bleiben. Das ist mein Befehl." Adrian Thielen lachte in sich hinein. Curtis als bewaffnete Bewachung? Sobald das Gold an Bord war und das Schiff wieder in Curaçao angelegt hätte, würde er den Händler und die Matrosen mit Kopfschüssen hinrichten. Dann wären sie diese Störenfriede los, hätten Geld und auch noch ein Schiff. „Ich werde mit meinem Sklaven reden, Señor Moreno. Ich werde ihm befehlen, dass er Sie begleitet. Ich gebe Ihnen heute Abend die Antwort. Ich denke, das wird klappen", meinte Thielen mit gespielter Gelassenheit. In Wirklichkeit wummerte sein Herz vor lauter Aufregung. Umgehend suchte er nach Eduarda und fand seinen Schützling in der Kapelle bei der Salzleiche. „Curtis, wir müssen dringend reden. Bitte hol den Esel Burrito. Wir müssen sofort auf den Hügel beim Windrad reiten. Da sind wir ungestört!" Immer wenn es etwas zu besprechen galt, dass andere nicht belauschen sollten, begaben sich der Herr und sein Sklave zum Windrad, denn dessen rotierende Flügel machten einen solchen Krach, dass man kaum ein Wort verstand, selbst wenn man direkt nebeneinander stand. Thielen erläuterte dem Afrikaner die Situation. Der brannte seit seinem Disput um die Messe für Francisco förmlich auf Rache. Er schwor seinem Chef, Moreno, Sanchez und alle anderen Beteiligten der Segelfahrt nach der Bergung des Schatzes mit seinem

Gewehr und der Machete zu erschießen bzw. niederzumetzeln. Ramon und Jesus sollten zuerst sterben. Noch auf Klein Curaçao würde er sie fesseln und mit der Machete enthaupten. Dem Händler würde er dies als „Beseitigung lästiger Zeugen" verkaufen. Moreno und Sanchez wären die nächsten. Kurz vor der Küste würde er sie mit zwei gezielten Schüssen erledigen. Dem Steuermann und den anderen Matrosen ginge es an den Kragen, sobald das Schiff sicher vor Anker gegangen wäre. „dann ist alles besprochen, Curtis! Ich überbringe dem Spanier jetzt die Nachricht, dass ihr morgen los segelt. Ich zähle auf Dich Curtis.

Wenn das klappt, sind wir alle Sorgen los!" Der Capitano ritt zurück zum Landhaus und erstattete dem Händler Bericht. Dieser machte sich daraufhin umgehend zur Caracasbaai auf, wo sein Schoner ankerte. Bernardo Sanchez bekam den Auftrag, drei große Fässer mit Trinkwasser zu organisieren, was sich als gar nicht so einfach herausstellte. Erst als der Händler bei Shermon Heijn intervenierte, konnte Sanchez zwei leere Fässer mit Wasser aus der Zisterne des Fort Beekenburg befüllen. Das dritte Fass musste von den Arbeitern Ramon und Jesus von der Plantage Damasco herbeigeschleppt werden. So verzögerte sich die Fahrt und die „Vincent Verga" lichtete am Folgetag erst gegen 9 Uhr sie Segel. Es dauerte, obwohl der Wind günstig stand, sechs Stunden, bis die Küste Klein Curaçaos in Sichtweite kam. Diese Verzögerung war Moreno und Sanchez nur recht, denn so konnten Sie eine gewisse Hektik erzeugen. Während Sanchez mit Ramon und Jesus eines der Trinkwasser-Fässer vom Schoner mit einem Seil an den Strand herüber zog, stand Curtis Eduarda, bis zu den Zähnen bewaffnet, grimmig an Deck und beobachtete die Szenerie. Riccardo Moreno erklärte dem Sklaven, die Kiste mit den Münzen sei relativ im Zentrum der Insel vergraben, dort, wo Stürme das flache, baumlose Eiland nicht überschwemmen würden und der Schatz sicher sei. Sanchez kenne die Stelle und würde ihn und die Arbeiter nun dorthin führen. Sie müssten sich sehr beeilen, denn die Dunkelheit würde schon bald herein brechen. Mit einem kleinen Dingi setzte Curtis, der nur schlecht schwimmen konnte, von Moreno angetrieben, an Land über. Womit der Neger allerdings nicht gerechnet hatte war die Tatsache, dass Bernardo Sanchez ein gute Schwimmer und ein noch besserer Taucher war und die Geschichte mit dem vergrabenen Gold überhaupt nicht stimmte.. Während der Händler von Deck aus den rudernden Sklaven durch das Zurufen sinnloser Anweisungen geschickt ablenkte, hatte sich Sanchez längst wieder in die Fluten gestürzt und tauche unter Wasser, für Curtis nicht sichtbar, auf die Rückseite des Schiffes. Über eine Strickleiter gelangte er an Bord und schon machte sich der Schoner wieder auf den Rückweg. Ohne Curtis, Ramon und Jesus. Ehe die drei begriffen, was hier vor sich ging, war die „Vincent Verga" auch schon außer ihrer Reichweite. Curtis fluchte wie ein Berserker. Das „Schwein" Moreno hatte ihn reingelegt. Nun war er das Opfer. Und die beiden Arbeiter, die wohl deshalb für das Kommando ausgesucht worden waren, weil sie in der Vergangenheit dem Händler gegenüber recht aufmüpfig zeigten.

Curtis begriff, dass das Spiel aus war. Er würde auf der einsamen Sandbank verhungern und verdursten. Bernardo Sanchez hatte überdies dem an Land gebrachten Fass Trinkwasser in einem unbeobachteten Moment einen Klumpen Salz hinzugefügt, sodass es ungenießbar geworden war. Mit List und Tücke konnten der Händler und sein Matrose also ihrem Schicksal entgehen und inszenierten ihren eigenen Mord. Den Mord auf Klein Curaçao. Drei Tage lang verbrachte die „Vincent Verga" auf hoher See. Drei Tage, in denen

Bernardo Sanchez das schlechte Gewissen plagte und Riccardo Moreno über seinen Coup triumphierte. Am Morgen des vierten Tages steuerten sie erneut Klein Curaçao an, jene trostlose Insel aus Korallenschutt, auf der nichts wuchs außer ein paar trockener Gräser und verkrüppelter Büsche. Sie fanden die drei Männer tot in der Nähe des Holzfasses. Ramon und Jesus lagen enthauptet am Strand. Curtis hatte wohl, damit für ihn das Wasser länger reichte, die Köpfe der wehrlosen, gefesselten Arbeiter mit seiner Machete abgeschlagen. Als er dann aber bemerkte, dass das Wasser verdorben war, steckte er den Lauf seiner Muskete in den Mund und feuerte ab. Sein blutüberströmter Torso mit dem explodierten Schädel bildete einen grausigen Anblick. Bernardo Sanchez musste sich vor Ekel übergeben und auch Riccardo Moreno wich die Farbe aus dem Gesicht. Kreidebleich befahl er, umgehend nach Curaçao zurück zu segeln. Die Leichen zeigten schon starke Anzeichen der Verwesung und in zwei, drei weiteren Tagen wären die Toten nicht mehr identifizierbar. Darum machten sich die Mörder Sanchez und Moreno nicht einmal mehr die Mühe, die Körper im Meer zu entsorgen. Sie ließen sie einfach liegen und segelten davon. Freudenstimmung kam auf dem Rückweg nicht auf. Zu sehr nagten die schrecklichen Bilder an dem Händler und seinem willigen Helfer. Am Abend ankerte das Schiff bereits wieder in der Caracasbaai. Nun wurde der zweite Teil des Komplotts vollzogen. Gegen drei Uhr morgens schlich sich der Händler zurück zum Landhaus Damasco.

Da er sich mittlerweile mit allen Räumlichkeiten und Gepflogenheiten bestens vertraut machen konnte, wusste er, dass der Capitano immer bei offenem Fenster schlief und zwar fest wie ein Stein, denn er ging niemals ohne seinen „Schlummertrunk" zu Bett. Die im Vorraum schlafenden Soldaten sollten Thielen bewachen, aber dieser verriegelte von drinnen stets die Türe. So kümmerte es die Soldaten herzlich wenig, was ihr Herr in seinem Zimmer machte. Riccardo Moreno hatte in einer unscheinbaren Kiste hinter dem Magasina ein Kissen deponiert, und mit diesem „Werkzeug" stieg er nun in das Schlafgemach des Kapitäns. Er zögerte nicht. Mit voller Wucht drückte er dem alten, betrunkenen Holländer das pralle Kissen ins Gesicht. Dieser zuckte, strampelte und wehrte sich heftig, aber der Händler war stärker. Nach fünf Minuten Todeskampf war der Kapitän endlich erstickt. Das alles lief relativ geräuschlos ab und niemand merkte etwas. Morgen würde man den toten Kapitän finden. Dann würde die Stunde schlagen, um zusammen mit Sanchez die Plantage unter seine Kontrolle zu bringen. Shermon, sein neuer Freund, würde ihn bei seinem Plan sicher auch eine Stütze sein. Doch soweit war es noch nicht.

Wie ein Dieb in der Nacht schlich sich der Spanier mit dem Kissen in der Hand vom Hof. Noch vor Sonnenaufgang verbrannte er das Mordwerkzeug auf einer vorbereiteten Feuerstelle am Rande der Mangroven der Caracasbaai und vernichtete somit alle Beweise, die diese heimtückische Tat hätten aufklären helfen. Dann schwamm er zur „ Vincent Verga", zog die nassen Klamotten aus, hängte diese noch zum trocknen auf und legte sich völlig erschöpft in seine Kajüte. Binnen weniger Sekunden fiel er in einen tiefen Schlaf und wurde erst um die Mittagszeit wach, als seine Matrosen an Deck allzu betriebsam herumhantierten. Moreno hatte rasende Kopfschmerzen. Es ging ihm nicht gut und die stickige, heiße Luft in der Kajüte beförderten sein Wohlbefinden auch nicht gerade. So zog er sich an, begab sich an Deck und verteilte sogleich einige Aufgaben, um den Anschein der Normalität zu erwecken. Nur Bernardo Sanchez wusste Bescheid. Der Händler zwinkerte seiner „rechten Hand" bedeutsam zu und der Matrose wusste, dass das Werk vollbracht war. Thielen lebte nicht mehr. Der weg zur Übername der Plantage war frei; ein sicherer Hafen gefunden. Sanchez wirkte mehr als erleichtert. Zwar klebte nun Blut an ihren Händen, doch die Aussicht auf ein abgesichertes, gutes Leben war es wert. Mit dem Dingi setzte er trocken an Land.

Dieses kleine Beiboot, dass Holzfass und auch die Macheten und Waffen hatten sie nach dem Tode der drei Männer auf Klein Curaçao eingesammelt, um nicht durch die Gegenstände verraten zu werden. Der Händler hatte seine mehrtägige Abwesenheit und die des Schoners seinem Geliebten Shermon gegenüber mit dem Versuch erklärt, Fische auf See zu fangen. Shermon schöpfte keinen Verdacht und gab sogar noch gute Hinweise, wo die besten Fanggründe zu finden seien. Nun würde sich Moreno nach Fort Beekenburg begeben und seinem Freund weitere Lügen auftischen. Freudestrahlend begrüßte Heijn den Spanier: „Hallo Riccardo, schön Dich zu sehen." Sie gingen sofort in die Wohnung des Offiziers, küssten sich leidenschaftlich, rissen sich gegenseitig die Kleider vom Leibe und fielen umgehend übereinander her. Viel Zeit hatte der junge Offizier nicht, denn es war früher Nachmittag und er konnte seine Soldaten nicht längere Zeit unbeaufsichtigt lassen. Aber es reichte für eine Art von Sex, der beinahe das Gebäude zum Einsturz brachte. Nach dem Akt lagen beide erschöpft und verschwitzt im Bett. Shermon fragte: „Und, was habt ihr gefangen? Bekomme ich auch ein paar Fische?" Moreno lächelte gequält: „Du Shermon, ich muss Dir was gestehen. Wir haben total versagt. Bernardo, mein dusseliger Matrose, hat das volle Netz beim Einholen nicht mehr halten können. Es ist ihm aus der Hand geglitten und mitsamt dem ganzen Fang versunken, ehe wir wenden und es wieder packen konnten. Anschließend sind wir auch noch vom Kurs abgekommen und mussten eine zusätzliche Nacht auf See verbringen, da wir nur mit Hilfe der Sterne unsere Position exakt bestimmen konnten. Alles ist schief gelaufen. Unsere Fischfang-Tour war ein einziges Desaster, Shermon."

Der Offizier lachte herzlich, denn er wusste selbst, dass sich der Fischfang auf hoher See wesentlich schwieriger gestaltete, als man es als Laie denken würde und so wunderte er sich über den vermeintlichen Misserfolg seines Lovers rein gar nicht. Moreno atmete auf, dass sein junger Freund ihm so bereitwillig und gutgläubig abnahm, was er da an Phantastereien in die Welt setzte. „So, Shermon, ich muss nun nach Damasco aufbrechen, um die Arbeiten zu kontrollieren und Kapitän Thielen die schlechten Nachrichten zu überbringen. Auch er wird auf den frischen Fisch verzichten müssen. Außerdem war es sein Fischernetz, was wir versenkt haben. Ich werde es ihm ersetzen müssen. Na ja, er hat es ja sowieso nie gebraucht. Ich hoffe, der alte Mann hat heute schon ordentlich was getrunken, dann ist er viel umgänglicher", lästerte Moreno und Heijn kicherte. Der Händler verließ das Fort, lief zum Steg und holte Sanchez vom Schiff, damit sie beide nun nach Damasco gingen, um die „Machtübernahme" in die Wege zu leiten. Als die Sonne bereits unterging, erreichten die Mörder Damasco. Im Landhaus herrschte bereits das Chaos. Einige der Sklaven liefen wie aufgeschreckte Hühner umher, Deron weinte hysterisch und ein paar andere der Aufseher hatten sich offenbar voll mit Schnaps laufen lassen.

Um die Arbeiter kümmerte sich niemand. Die saßen verwundert in ihren Hütten und ahnten, dass etwas furchtbares passiert sein musste, wenn man sie an einem Tag, der kein Sonntag war, nicht zur Arbeit versammelte. „Was ist hier los?" schrie Moreno mit gekünstelter Wut. „Wo ist Eduarda, wo ist der Kapitän? Warum wird hier nicht gearbeitet? Sprecht, ihr Halunken!" Deron schluchzte: „Señor Moreno, der Capitano ist tot! Tot! Tot!" „Was!?" entfuhr es dem Händler mit gespieltem Entsetzen. „Tot? Was redest Du da? Lasst mich zu ihm. Das will ich sehen. Das glaube ich nicht!" Auch Bernardo Sanchez tat so, als ob ihn diese schlimme Nachricht zu Herzen ging und setzte eine bittere Miene auf. Moreno stürmte in das Schlafgemach des Kapitän und da lag der alte Mann, steif und blass und ganz offensichtlich ohne Leben. „Wie konnte das nur passieren?" rief er zu Deron, aber der wimmerte nur und brachte kein vernünftiges Wort mehr zustande. Sanchez sagte vor aller Ohren: „Señor Moreno, der Capitano war schon alt. Siebzig oder sogar noch älter. Und er hat zuviel getrunken. Offenbar viel zu viel! Das ist ihm wohl nicht gut bekommen!" „Mag sein", erwiderte der Spanier, „er wirkte auch auf mich schon ziemlich krank. Wenn ich das geahnt hätte, wäre ich nicht weggefahren. Der arme, alte Mann. Er tut mir so leid. Ist hier ganz alleine und ohne seine Familie gestorben. Was für ein Drama!", heuchelte er voller Inbrunst. „Stellt Kerzen auf! Richtet eine Totenwache ein!" befahl er mit einem Male in einem herrischen Ton und zog das Blatt Papier aus seinem Rock, mit welchem ihm Heijn die Rechte an dem neuen Land am Spanischen Wasser eingeräumt hatte.

Die Sklaven konnten nicht lesen. Sie sahen nur das Siegel. So tischte er den Anwesenden eine weitere perfide Lüge auf. „Ich bin nun der neue rechtmäßige Besitzer von Damasco. Der Kapitän hat mir vertraglich das Anwesen für den Falle seines Todes vermacht. Hier ist das behördliche Dokument. Von nun an hört alles auf mein Kommando!" Die schwarzen Sklaven standen wie versteinert im Vorraum des Schlafgemaches und starrten Moreno erschrocken an. Es herrschte Stille. Selbst Deron, der wie Curtis sehr an dem Kapitän gehangen hatte, blieb ruhig. „Wo ist Eduarda?" fragte er kleinlaut. „Das wissen wir nicht!" log Sanchez eiskalt die Schwarzen an. Thielen und Curtis hatten niemandem ein Wort gesagt und so wusste keiner der Sklaven, dass sich der verhasste Eduarda an Bord der „Vincent Verga" begeben hatte. „Es ist auch egal, wo dieser verdammte Eduarda ist!" wetterte Moreno zornig. „Von nun an ist Bernardo Sanchez der Oberaufseher. Nicht mehr Eduarda! Versteht ihr das? Sagt diesem Curtis er solle sich umgehend bei mir melden, wenn er wieder auftaucht. Ich werde ihm dann persönlich erklären, dass ich die Verwaltung von Damasco meinem langjährigen Angestellten Sanchez übertragen habe. Schließlich kenne ich diesen Curtis Eduarda gar nicht näher und es ist mein Geld, von dem ihr Nichtsnutze hier alle lebt. Jetzt werden hier andere Seiten aufgezogen! Das verspreche ich euch, Halunken! Geht nun, und schaufelt ein Grab für euren verschiedenen Herrn. Dort, wo auch schon die anderen Toten liegen. Und schaufelt auch ein zweites Grab, damit wir den armen Francisco ebenfalls würdig bestatten können. Mit dem Anbeten einer eingesalzenen Mumie ist nämlich ab sofort Schluss! Die Arbeiter haben von nun an Sonntags von Tagesbeginn bis zum Zenit der Sonne zu arbeiten."

Die Sklaven trauten ihren Ohren nicht, als sie die Worte des Händlers vernahmen. Der „schwule Teufel" Eduarda war entmachtet, der Spuk mit der Salzleiche vorüber. Für die meisten waren es gute Nachrichten. Nur Deron schien überaus unglücklich, denn der Verlust des Kapitän machte ihm sichtlich schwer zu schaffen. Als der neue Tag heran gebrochen war, lagen zwei tiefe Gruben vorbereitet in dem kleinen Winkel unterhalb einer hohen Palme, wo man in der äußersten Ecke der Plantage, dort wo der ungenutzte Busch begann, die Toten verscharrte. Die Sklaven trugen die beiden Leichen, in Tüchern eingewickelt, zu den Gruben und warfen sie hinein. Der Kapitän war wegen der Hitze bereits am verwesen und so beeilten sich alle, um das Begräbnis möglichst rasch hinter sich zu bringen. Auf eine Ansprache wurde verzichtet. Damit sich kein Widerstand regen konnte, befahlen Moreno und Sanchez die Arbeiten am Damm der Saline von Damasco, die für einige Zeit unterbrochen gewesen waren, sofort wieder aufzunehmen. So ertönte das Signal der Trompete, die Arbeiter versammelten sich und alles ging wieder seinen gewohnten Gang. Vom Tode des Kapitäns würde er die Männer später erst informieren. Nun aber galt es, die Arbeit auf der Plantage in Gang zu setzen und die Position des Kapitäns und seines brutalen Oberaufsehers nahtlos auszufüllen. Gegen Nachmittag erschienen Moreno und Sanchez in der Saline. Sie teilten die Arbeiter in drei Kolonnen ein. Die eine begann Steine zu beschaffen, die andere schleppte sie ans Ufer und die dritte baute damit den Damm. Das Arbeitstempo wurde verschärft. Moreno tauchte immer öfter an der alten Saline im Zoutmeer und auch im Bereich der neu zu bauenden Salzgewinnungsanlage am Spanischen Wasser auf. Ständig pendelte er nun zwischen den beiden Produktionsstätten hin und her und verbreitete Angst und Schrecken. Er hielt eine Peitsche in der Hand und schlug rücksichtslos zu, wenn einer der Arbeiter nach seiner Meinung zu faulenzen schien.

Marco Luenerito, ein schon älterer Mann, der vor vielen Jahren aus Europa nach Spanien und von dort nach Südamerika ausgewandert war und ursprünglich Markus Lünebach geheißen hatte, konnte eines Tages nicht mehr. Keuchend hob und senkte sich seine Brust. Der Atem brach kurz und stoßweise über seine Lippen. Beine und Arme versagten ihm den Dienst. Vor seinen Augen wogten milchige

Schleier. Ein Schwächeanfall packte ihn. Er fiel auf die Knie, der Kopf sank ihm auf die Brust. Ehe er völlig kollabierte, durchfuhr ein grässlicher Schmerz seinen Körper. Er schrie wild auf, warf sich herum. Vor sich sah er Riccardo Moreno stehen, der gerade ein zweites Mal mit der Peitsche ausholte. Marco hielt die Hände schützend vor das Gesicht, wollte dem Schlag ausweichen. Zu spät! Pfeifend klatschte die Lederschnur auf seinen Rücken. Im gleichen Augenblick bäumte sich Marco auf. Das Blut schoss ihm aus seiner Nase. Der Hass wallte übermäßig in ihm und ließ ihn jede Vorsicht vergessen. Er konnte nicht klar denken. Er wusste nicht, was er tat. Mit einem fast tierischen Gebrüll packte er die Beine Morenos und wollte sie wegreißen. Schaum stand ihm vor dem Mund, doch Marco fehlte die Kraft, sein Vorhaben auszuführen. Der Händler rief etwas. Er trat dem vor ihm liegenden Luenerito auf den Kopf und in den Leib. Und gleichzeitig schlug er rasend und fast besinnungslos vor Wut mit seiner Machete auf den Arbeiter ein, bis dieser kein Lebenszeichen mehr von sich gab. Blutüberströmt lag der Leichnam vor ihm. Dann erst hielt er inne, und sein verzerrtes Gesicht glättete sich. Argwöhnisch blickte er sich um, bereit, sofort über den nächsten herzufallen. Doch die restlichen Arbeiter hatten das Spiel begriffen und niemand wagte es mehr, einen Anlass für neue Wutausbrüche zu geben. Sie arbeiteten, ohne auch nur einmal aufzusehen. Moreno zündete sich eine Zigarre an und schlenderte weiter. Die Leiche blieb in der heißen Sonne liegen. Niemand durfte sich ihr nähern.

Das Blut sickerte in Richtung eines großen Kaktus, dessen ausgedörrtes Wurzelwerk die kostbare Flüssigkeit gierig aufsaugte. Eine Stunde später befahl der neue Herrscher, Schluss zu machen. „Nehmt den Kerl da mit!" sagte er und deutete auf den Toten. „Jedem von euch wird es so ergehen, der es wagen sollte, die Hand gegen mich zu erheben. Zur Strafe gibt es heute nichts zu essen. – Abmarschieren!" Während die Männer die zerschundene Leiche fortschleppten, von einer Klippe aus ins Meer warfen und sich anschließend in ihre Hütten begaben, dachte der aufgepeitschte Moreno an den hemmungslosen Sex mit seinem jungen Liebhaber. Er dachte daran, wie er in diesen eindrang und sich sein ganzer Lebenssaft in den blonden Jüngling ergoss. Er konnte sich vor Erregung nicht mehr beherrschen, legte nun selbst Hand an sich und sein zu Boden tropfender Samen mischte sich mit dem Blut seines unglückseligen Opfers, welches dadurch gleichsam posthum noch einmal gedemütigt wurde. Die Nacht brach herein. Tausende von Sternen glitzerten am blauschwarzen Firmament. Leise rauschend brachen sich die Wogen des Meeres an den Korallenriffen. Kein menschlicher Laut durchbrach die Stille. In einer der Hütten saßen zehn, zwölf der Zwangsarbeiter und trauerten. Stumm und ernst waren die hageren Gesichter mit den wild wuchernden Bärten. Auch die anderen Männer schliefen nicht. Sie lagen auf dem harten Boden und warteten. Sie wussten nicht worauf. Wie Blei senkte sich eine unaussprechliche Verzweiflung über die kleine Siedlung. Mitten in den hohen, zerklüfteten Klippen, in relativ großem Abstand zur Bucht, hockten drei Gestalten, deren Umrisse in der Dunkelheit nur schwer zu erkennen waren. Zu ihren Füßen lag der Ozean, der im Licht des Mondes silbrig schimmerte.

Bereits vor Monaten hatte der alte Hugo durch Zufall eine Art von Unterstand in den zerklüfteten Uferfelsen gefunden, der sich als Versteck eignete. Tagsüber war die kleine Höhle zwar von den benachbarten, höheren Klippen einzusehen, doch nachts würde niemand leicht zu ihr finden. Das dichte Dornengestrüpp, das aus allen Ritzen und Spalten spross, bildete in der Dunkelheit ein nicht leicht zu überwindendes Hindernis, und man musste gute Augen haben und die Vorsprünge und Kanten ganz genau kennen, um den Ort zu erreichen. Die Gefahr des Entdecktwerdens war hier gering. Die Arbeiter, müde und erschöpft vom harten, schweren Tagwerk, waren froh, wenn sie Abends ihre Glieder strecken konnten, und kletterten nur sehr selten in den Klippen herum. Was sollten sie auch dort? Es gab nichts zu sehen als das unendliche Meer und gleich hinter den Felsen die Wildnis aus Kakteen, Büschen und Diwi-Diwi-Bäumen, durch die man sich nur mit Hilfe von Werkzeug einen Weg bahnen konnte. Auch die Aufseher mieden diese Stelle. Sie wussten, dass keiner der Männer entweichen konnte."

Als die Sonne auf Ascension langsam unterging, war es für Bosch nicht mehr möglich, weiter zu lesen. Bosch legte das Manuskript beiseite und schief einigermaßen zufrieden ein.

Abbildung 05: Die Kirche in Georgetown erstrahlt in unschuldigem Weiß.

Bakkers Manuskript spendet Trost

Vom 9. bis zum 18. Juli 1725 suchte Leonard Bosch vergebens Wasser. Abends zerstreute er weiter seine Sorgen mit der Lektüre seines Ex-Lovers Jan Bakker:

„Für Pablo, Pedro und Hugo war diese Höhle der Ort, an dem sie unbelauscht miteinander über ihre Befreiungspläne sprechen konnten. Meist rauschte die Brandung so laut, dass sie nicht einmal ihre Stimmen zu dämpfen brauchten. An diesem traurigen Abend schwiegen die Männer jedoch lange Zeit. Vorsichtig, die Glut in den hohlen Händen verbergend, zogen sie an ihren selbst hergestellten Zigarren. Pedro hatte, wie schon des Öfteren, am Fuß einer Klippe, unter einem Stein, einige Tabakblätter gefunden. Deron musste sie, während sie am Damm schufteten, dort verborgen haben. Der Sklave stammte aus der Gegend, in der auch Pedro ursprünglich beheimatet war. Sie hatten herausgefunden, vor mehr als einem Jahr, als Pedro einmal die Latrine des Kapitäns im Landhaus säubern musste, dass sie sogar gemeinsame Bekannte besaßen. An diesem Tage begann die Freundschaft zwischen dem afrikanischen Sklaven und dem weißen Zwangsarbeiter. Wenn es irgendwie möglich war, versteckte Deron etwas zu essen oder zu rauchen unter jenem großen Stein. Er hatte Pedro natürlich darum gebeten, bloß niemandem etwas davon zu sagen, da er sonst schwer bestraft werden würde. Pedro hatte das Versprechen bis zu diesem Abend gehalten. Doch dann entschloss er sich, Pablo und Hugo in sein Geheimnis einzuweihen. Er wusste, dass er sich auf sie verlassen konnte. Die drei Männer rauchten schweigend, löschten die Glut und warfen die Stummel ins Meer. Pedro brach als erster das Schweigen: „ Wir müssen Marco rächen!" sagte er. Weder Pablo noch Hugo antworteten darauf. Sie nickten nur, doch das konnte Pedro in der Dunkelheit nicht sehen.

„Das miese, perverse Schwein Moreno hat auf ihn getreten, als er schon lange kein Lebenszeichen mehr von sich gab", fuhr er fort. Pablo ballte die Hände. Sein Gesicht war von Hass entstellt. Er knirschte mit den Zähnen. „Marco wird nicht der letzte gewesen sein, den dieses Monster totschlägt! Jeder von uns kommt noch an die Reihe, jeder! Damasco wird mit unserem Blut gedüngt! Moreno will uns in Angst und Schrecken versetzen. Lorenzo, der schlaksige Kerl aus der vierten Hütte, musste heute Nachmittag zwei neue Gräber ausheben. Auf Vorrat. Ich hab's mit eigenen Augen gesehen. Das soll eine Warnung an die Arbeiter sein. Eine Drohung. Wer nicht spurt, für den ist das Grab schon vorbereitet." Pablo atmete heftig und zitterte am ganzen Körper. „Ich kann nicht mehr, Brüder! Lasst uns handeln, bevor es zu spät ist. Bevor dieser neue Teufel uns alle tötet. Ach, wäre Eduarda nur hier. So ist nur ein Teufel durch einen viel schlimmeren Satan ersetzt worden." Pedro griff das Stichwort auf: „Was meinst Du, Pablo. Wo ist Curtis Eduarda? Kann es ein Zufall sein, dass der Kapitän stirbt und sein Kronprinz zur selben Zeit verschwindet? Da ist doch was faul, oder?" Hugo schaltete sich ein und meinte: „Natürlich ist hier was faul. Alles stinkt hier zum Himmel! Du kannst davon ausgehen, dass auch Curtis nicht mehr lebt. Auch zwei andere Arbeiter, die sich oft sehr rebellisch verhielten, sind spurlos verschwunden. Wahrscheinlich liegen ihre mit Kugeln durchsiebten Körper längst in einem tiefen Brunnenschacht oder wurden ins Meer geschmissen. Sie haben Thielen womöglich gar vergiftet. Dieser Bernardo Sanchez, dieser hässliche Gnom, steckt vielleicht dahinter. Der frisst seinem Herrn Moreno genauso aus der Hand, wie Eduarda es bei Thielen tat. Nur sind Moreno und Sanchez offensichtlich um einiges cleverer, skrupelloser und brutaler als der Capitano und seine schwule Marionette. Irgendwie hat dieser Händler es geschafft, Damasco im Handstreich zu übernehmen und keiner unternimmt etwas dagegen."

Der alte Arbeiter seufzte. Pedro schlug die Hände über seinem Kopf zusammen. „Wir drei, Hugo, was können wir denn schon ausrichten? Man wird uns genauso zu Tode treten und prügeln wie Marco!" „Wir müssen Geduld haben!" sagte Hugo barsch. „Zu früh anfangen, bedeutet meist, falsch gehandelt zu haben. Es kommt auf den richtigen Zeitpunkt an!" Pablo wurde aufbrausend. „Geduld! Geduld!

stieß er hervor. „Wie lange noch? Bis wir tot sind?" Der Alte lächelte nachsichtig und verständnisvoll.

„Bis die Gelegenheit für uns günstig ist, Pablo", sagte er mit Nachdruck. Doch Pablo ließ sich mit dieser Antwort nicht mehr beruhigen, sie erregte ihn nur noch mehr. „Vielleicht ist dann keiner mehr am Leben, der sich befreien kann!" höhnte er. „Seid ihr Luschen zu feige?" Pedro fuhr beleidigt hoch, doch ein starker Händedruck von Hugo zwang ihn, sich wieder zu setzen. „Wahrscheinlich werden noch viele sterben müssen, bevor es soweit ist", verlautbarte der alte Arbeiter ruhig und gelassen. „Das ist nicht zu ändern, wenn wir die Freiheit für uns und die anderen erlangen wollen!" Er wandte sich direkt an Pablo. „Ich begreife deinen Hass und deine Ungeduld, amigo. Doch überlege: Ich bin alt, und jeder Tag, den ich auf Curaçao bleiben muss, macht mich schwächer und bringt mich dem Tode näher. Meine Chance, lebend zum Festland zurückzukehren, wird von Woche zu Woche geringer. Und doch muss ich Geduld haben!" Pablo senkte den Kopf. Er schämte sich seiner Worte. Pedro und er waren jung und verfügten über mehr Widerstandskraft als ihr alter Freund. Auch Pedro schwieg. Er vertraute Hugo, dessen Ruhe und Besonnenheit ihm Respekt und Achtung einflößten, doch er konnte Pablo auch sehr gut verstehen. Seit dieser Händler auf der Insel erschienen war, begann sich ihr bis dahin schon kaum erträgliches Los in eine Hölle auf Erden zu verwandeln.

Die Plantage des Grauens, Damasco, auf der sich dornige Pflanzen vom Blut und Schweiß der Menschen ernährten, befand sich nun, nach dem Exitus Thielens, im unbarmherzigen Griff eines diabolischen Schinders. Das Essen war trotz aller Versprechungen noch weniger geworden, und die geforderte Arbeitsleistung steigerte sich mehr und mehr. Und auch die Schläge, die heute Marco getroffen hatten, würden nicht die letzten sein. Als er an dieses schreckliche Erlebnis dachte, fragte er voller Verzweiflung: „Wer gibt diesem Teufel das Recht, uns zu schlagen, uns zu quälen? Sind wir seine Sklaven, mit denen er machen kann, was er will?" Pablo schüttelte den Kopf. „Recht!" sagte er bitter, doch ruhiger als zuvor, „für uns gibt es kein Recht. Er hat unsere Arbeitsleistung vom Kapitän abgekauft wie eine Ware!"

Wieder schwiegen die Männer für Minuten. Nur das Meer rauschte eintönig. In dieses Schweigen hinein sagte Hugo: „Wir können erst dann etwas unternehmen, wenn wir die Möglichkeit haben, von dieser Insel wegzukommen!" „Das Schiff dieses Satans!" schrie Pedro aufgeregt. Er dachte an den Augenblick, da ihm dieser Gedanke zum ersten Male gekommen war. „Dieses Schiff kann unsere Rettung sein", bestätigte Hugo. „Doch bevor wir daran denken können, es in unsere Hand zu bekommen, müssen wir mit unseren Brüdern sprechen. Wenigstens mit ein paar von ihnen. Wir allein können uns nicht befreien. Denkt daran, dieser Moreno ist bewaffnet, und die Schwarzen sind es auch!" Er verstummte, schien zu überlegen und fragte dann: „Was haltet ihr von Antonio und Jorge, die mit uns die Hütte bewohnen? Können wir sie in unser Vorhaben einweihen? – Ihr wisst, wir müssen äußerst vorsichtig zu Werke gehen." Pablo bejahte es, ohne lange zu überlegen. „Es sind keine schlechten Peonen", sagte er. „Jorge und Antonio haben nichts verbrochen. Genauso wenig wie wir. Sie haben ihrem Patron nur offen ins Gesicht gesagt, wie ungerecht er ist. Ich bin dafür, dass wir mit den beiden sprechen. Sie sind tapfer und unerschrocken und werden uns nicht verraten!" Auch Pedro war damit einverstanden. „Gut", sagte Hugo daraufhin, „ich bin derselben Meinung wie ihr. Lasst uns in unsere Hütte zurück kehren und mit ihnen sprechen." Geschickt und lautlos überkletterten sie die

Klippen und schlichen in ihre Unterkunft. Niemand bemerkte sie. Antonio und Jorge schliefen noch nicht. Die drei Männer streckten sich neben ihnen aus. Eine Weile sagte keiner ein Wort. Dann fragte Hugo flüsternd: „Woran denkst Du, Antonio?" „An den toten Marco", erwiderte dieser leise. Pablo atmete tief. Pedro fühlte sich plötzlich leicht angestoßen. Er wälzte sich herum. Hugo flüsterte dicht an sein Ohr: „Geh, Bruder, setze dich vor die Tür und pass auf. Wenn jemand sich unserer Hütte nähert, sagst Du sofort Bescheid." Pedro erhob sich, kroch durch den Eingang und kauerte sich vor der Hütte in den Sand. Er war zornig, und es gelang ihm nicht, ruhiger zu werden. Hinter sich hörte er Hugo leise mit Antonio und Jorge sprechen, konnte jedoch nichts verstehen. Rings um ihn war dunkle Nacht. Undeutlich erkannte er die einige Meter entfernt stehende Hütte. Etwa fünfhundert Schritte vor ihm leuchteten noch immer zwei Fenster des Landhauses durch die Finsternis. In Umrissen erkannte er Bernardo Sanchez, der wohl um diese Zeit noch dabei war, Schriftstücke und Dokumente des verstorbenen Capitano zu sichten.

Pedro blickte sich aufmerksam um, lauschte, die Sinne angespannt, doch nichts Verdächtiges war zu sehen oder zu hören. Allmählich beruhigte er sich. Nichts würde jetzt noch geschehen, die Nacht war ihr Freund. In den Nächten wagten sich die schwarzen Aufseher nicht in die Nähe der Hütten, schon gar nicht der feige, hinterhältige, Speichel leckende „Gnom" Sanchez, und auch Riccardo Moreno würde sich hüten, sie in der Dunkelheit aufzusuchen. Pedros Stimmung verfinsterte sich beim Nachdenken über ihre Situation. Was konnten sie in den Nächten tun? Fliehen? Wohin? Sie konnten sich nur unterhalten, Pläne schmieden und träumen, nichts weiter. Wirklich nichts weiter? Doch, sie konnten und mussten mehr tun. Sie mussten versuchen, nachts in das Depot einzudringen, um

Lebensmittel zu besorgen, damit man für den Tag der Befreiung stark und kräftig blieb. Sie mussten sich Waffen holen, Werkzeuge…. Pedro konnte vor Ungeduld das Ende der Unterredung in ihrer Hütte kaum erwarten. Endlich rief ihn Hugo herein. Pedro fragte leise: „Und?" Der Alte klopfte ihm auf die Schulter. „Alles in Ordnung, Freund, Antonio und Jorge gehören zu uns!" „Auf Leben und Tod, Brüder!" bestätigte Jorge. „Habt ihr daran gezweifelt?" brummte Antonio. Pedro konnte nicht länger schweigen. „Hört, was ich mir soeben überlegt habe", begann er hastig zu flüstern. Die Männer lauschten, ohne zu unterbrechen, gespannt seinen Vorschlägen und waren der gleichen Meinung. Pablo wollte sofort beginnen, sie auszuführen, doch Hugo bremste ihn. „Was Pedro vorschlägt, ist gut", begann er, „wir brauchen Waffen, und wir brauchen Lebensmittel. Doch wir dürfen nichts überstürzen." Pablo begehrte auf. Er konnte nicht verstehen, dass Hugo immer und immer wieder zur Geduld mahnte. Jetzt, wo sogar der Kapitän tot und Curtis verschwunden war, schwebten sie doch offenbar alle in akuter Gefahr. Worauf sollte man da noch warten? Er hatte keine Geduld mehr.

Doch die anderen waren nicht seiner Ansicht. „Hugo hat recht", brummte Jorge. „Es darf niemand merken, dass etwas fehlt. Merken das Schwein Sanchez und der Teufel Moreno etwas, durchsuchen sie unsere Unterkünfte." „Sie werden nichts finden, weil wir bessere Verstecke haben", trumpfte Pablo auf. „Dann werden sie aber die Vorräte schärfer als bisher bewachen, und wir können nichts mehr holen. Sanchez ist ein richtiger Geizkragen. Der zählt doch alles genau ab. Der würde uns nicht mal einen halben Laib schimmeliges Brot schenken!" „Richtig!", bestätigte Hugo. „Hört meinen Vorschlag! Wir müssen warten, bis Riccardo Moreno seinen Schoner entleert und die Waren nach Damasco abtransportiert hat oder bis das

Versorgungsschiff aus Amsterdam endlich hier eintrifft. Im Augenblick ist das Depot fast leer. Jede Kiste, jeder Sack ist von dem Gierhals Sanchez gezählt. Ich stand zufällig in der Nähe, als dieser miese, kleine Erbsenzähler eine Inventur des Lagers durchgeführt hat. Er schrieb alles genau auf. Wenn jedoch das Versorgungsschiff hier anlandet oder die komplette Ladung der „Vincent Verga" gelöscht wird, dann verlieren sie den Überblick. Dann wird es nicht auffallen, wenn wir etwas verschwinden lassen. Bis dahin müssen wir die Wachmaßnahmen rund um das Depot herausfinden und vor allem überlegen, wie wir an die Nahrungsmittel heran kommen!" „Neben dem Landungssteg an der Caracasbaai steht doch ein Stapel leerer Kisten", fiel Antonio ein. „Die Afrikaner verfeuern sie allmählich, wenn sie ihr Essen kochen. Wenn wir das Schiff ausladen, muss es uns einfach nur gelingen, einige der Kisten auszuwechseln. Wir stellen volle ab und tragen leere ins Depot. Nachts holen wir sie uns dann!"

Ein guter Vorschlag", sagte Hugo, „aber auch sehr, sehr gefährlich. Was machen wir denn, wenn der verdammte Sanchez den Inhalt der Kisten im Depot umgehend kontrolliert?" „Wenn es um die Freiheit geht, muss man etwas wagen", erklärte Jorge ruhig. „Und Werkzeuge brauchen wir, als Waffen!" schlug Pedro vor, „Schaufeln, Hacken, Äxte..." Pablo hatte sich nicht an dem Gespräch beteiligt. Jetzt hob er den Kopf. „Und ein Netz, amigos, damit wir des Nachts fischen können. Ich habe großen Hunger. Ihr doch auch! Wenn wir ein Netz hätten, könnten wir unseren Hunger stillen!" Hugo widersprach erneut. Er gab Pablo zu verstehen, dass man das Fehlen des Netzes sehr rasch bemerken würde. Außerdem wäre die Gefahr, dass sich ein Sträfling verriet, zu groß. Pablo musste es, wenn auch widerwillig, einsehen. Er dachte einen Augenblick nach und sagte dann: „Aber ein neues Versteck brauchen wir, in dem wir die Werkzeuge und die

Kisten verbergen können. In den nächsten Nächten müssen wir eines suchen." Die anderen stimmten ihm zu. Dann verstummte die Unterhaltung allmählich. Hugo sagte: „Wir wollen Schluss machen, Amigos, die Nacht ist bald herum, und wir können heute nicht alle Dinge beraten." Bald verkündeten tiefe Atemzüge, dass die Männer eingeschlafen waren. Nur Pedro lag noch lange wach. Der heutige Abend hatte ihm neue Hoffnung gegeben. Vielleicht würde er bald wieder frei sein. Er träumte vor sich hin, bis auch ihn die Erschöpfung übermannte. Auch Riccardo Moreno schlief nicht. Er lag zur selben Zeit im Bett seines Liebhabers Shermon und hielt den jungen Holländer eng umschlungen in den Armen.

Er war froh, den schwulen Sklaven Curtis umgebracht zu haben, bevor dieser seine eigene Homosexualität enttarnen konnte. Überdies entsprach der blonde Jüngling, mit dem er nun nackt das Kissen teilte, durch und durch seinen Vorstellungen der Reinheit des Blutes. Die Karibik und auch Südamerika wurde fast ausschließlich von Schwarzen, Indios, Mulatten, Mestizen und sogar Zambos bevölkert. Die Auswahl an attraktiven, jungen Kerlen europäischen Ursprungs, die sich für die reine Männerliebe interessierten, tendierte gegen Null. Insofern handelte es sich bei Shermon Heijn um einen Glücksfall. Der junge Soldat musste nur noch seine Militärkarriere beenden, mit ihm nach Damasco ziehen und das Glück wäre perfekt. Aber dummerweise würde Shermon für weitere fünfzehn Jahre in der niederländischen Armee dienen, konnte jederzeit versetzt werden und auch nicht die Beziehung mit dem Händler in aller Öffentlichkeit führen. Insofern zogen bereits die ersten dunklen Wolken über dem jungen Glück auf, was Riccardo Moreno unglaublich belastete. Shermon Heijn selbst war auch unzufrieden. Zwar konnte er zum ersten Mal im Leben der puren Lust frönen, doch der Reiz des Neuen verflog schnell. Kaum hatte der junge Offizier Erfahrungen mit seinem ersten Mann gemacht, der vom Alter her sein Vater hätte sein können, da richteten sich seine begierigen Blicke auch schon auf andere, weit jüngere und attraktivere Burschen. Heijn schwärmte insgeheim für einen seiner Soldaten und sein Verlangen steigerte sich nun nahezu von Tag zu Tag. An manchen Tagen konnte er kaum mehr einen klaren Gedanken fassen, so „rattig" war er. Mit unguten Vorahnungen bezüglich seines Lovers schlich sich Moreno kurz vor Sonnenaufgang heimlich ins Landhaus Damasco zurück und begann den Tag dort mit ziemlich schlechter Laune. Er musste sich irgendwie von seinen privaten Problemen ablenken und dachte von daher vermehrt an die Arbeit, die Plantage und die Zukunft. Die war solange nicht gesichert, bis das Salz im Gebäude des Magasinas und in den benachbarten Schuppen nicht endlich verkauft war. Er musste wohl in Willemstad einen Zwischenhändler finden, denn wenn das Versorgungsschiff nicht kam, blieb er auf der Ware sitzen.

Ein Zwischenhändler wollte jedoch auch noch einen Gewinn erzielen und so würde er das bisher produzierte Salz zum einen mühsam nach Willemstad transportieren und zum anderen auch einen geringeren Verkaufspreis akzeptieren müssen. Ein niedrigerer Verkaufspreis müsste durch eine höhere Produktion ausgeglichen werden. Moreno überlegte, wie er die Leistungen der Arbeiter noch erhöhen konnte, ohne als Antreiber direkt in Erscheinung zu treten. Und er fand auch eine Methode. Jedem Arbeiter wurde täglich eine genau festgelegte Fläche Land zur Rodung und Aushebung im Gebiet der neuen Saline zugewiesen, oder eine Anzahl von zu bewegenden großen Steinen genannt, für die er dann Lebensmittel erhielt. Moreno hatte dabei die Rationen so knapp bemessen, dass sie gerade ausreichten, um den ärgsten Hunger zu stillen. Sein pedantischer, willfähriger Handlanger

Bernardo Sanchez, der selbst kaum je im Leben hart arbeiten musste, teilte den gequälten Arbeitern die unzureichenden Portionen zu. Manchmal saß Sanchez sogar am Fenster des Landhauses, starrte auf die ausgemergelten Gestalten, und stopfte einen fettigen, vor Kalorien triefenden, Kuchen auf der Basis von Ziegenmilch in sich rein, ohne auch nur einen Gedanken an die armen Menschen draußen vor dem Haus zu verschwenden. Um satt zu werden und bei Kräften bleiben zu können, mussten die Sträflinge versuchen, mehr zu leisten, als vorgeschrieben wurde, was bei ihrem Gesundheitszustand nahezu ausgeschlossen war. Schafften sie es dennoch, erhielten sie lediglich eine Handvoll Mais und ein paar Blätter Tabak zusätzlich. Leisteten sie weniger, und dies war bei fast allen der Fall, so wurden die ohnehin kleinen Rationen noch mehr gekürzt. Die Folge war, dass die Gefangenen bis zum Umfallen schufteten. Und das hatte Moreno erreichen wollen. Aufmerksam und gierig beobachtete er die Ergebnisse dieses von ihm eingeführten teuflisches Systems und optimierte es allmählich derart, dass die Leistungen zwar sprunghaft anstiegen, jedoch kaum einer der Sträflinge in den Genuss der Sonderration kam. Kurz darauf ergänzte er es noch auf raffinierte Weise.

Er machte auch die Lebensmittelzuteilungen an die schwarzen Aufseher von den Arbeitsleistungen der Zwangsarbeiter abhängig. Bernardo Sanchez, dieser „Bürokrat des Todes", brachte ihn auf diese menschenverachtende Idee. Zwar erhielten die Aufseher mehr zu essen, als die Arbeiter, doch nur dann, wenn die vorgeschriebenen Ziele von der jeweiligen Gruppe geschafft wurden, bekamen sie Zucker, Schnaps und Tabak. Als besonderen Anreiz organisierte Bernardo Sanchez für die schwarzen Sklaven eine Hure, die fortan einmal in der Woche gegen ein geringes Entgelt ihre Dienste anbot.

Die Hure, eine ca. 45jährige Mulattin mit einer starken Gehbehinderung, die auf den Plantagen nicht mehr arbeiten konnte, verkaufte ihren alten, geschundenen Körper für ein wenig Essen. Der gewissenlose Bernardo Sanchez handelte die arme Frau im Preis schließlich so weit herunter, dass sie die Reste seiner und Morenos Mahlzeiten als Lohn akzeptierte, die sonst auf dem Müll gelandet wären. Auf der frauenlose Plantage wirkte diese Art von „Belohnung" wahre Wunder und die "Kraft der Muschi", wie Sanchez es nannte, aktivierte Potenziale, von denen Moreno und sein widerwärtiger Handlanger nicht einmal zu träumen gewagt hatten. Bis auf den schüchternen Deron setzten alle afrikanischen Sklaven Himmel und Hölle in Bewegung, um an ein Schäferstündchen mit der besagten Dame zu gelangen. Was das für die Arbeiter bedeutete, konnte sich jeder ausmalen. Ihr Leben mutierte tatsächlich immer mehr zu einer Hölle auf Erden. Die notgeilen Aufseher, die endlich an eine Frau kommen konnten, trieben die Arbeiter immer rücksichtsloser an und schlugen sie beim geringsten Anlass. Es war ein wahrhaft diabolisches System, das nur dem Gehirn eines auf Reichtum und Macht versessenen Menschen entspringen konnte. Sanchez manipulierte die Sklaven nicht nur mit seiner billigen Prostituierten, sondern verschaffte sich bei den Aufsehern ein Ansehen und einen Respekt, den sein Vorgänger, der notorische Frauenhasser Curtis Eduarda, nie genossen hatte. Adriaan Thielen, der als einziger diese gnadenlose und niederträchtige Ausbeutung von Menschen hätte verhindern können, lebte nicht mehr. Und Shermon Heijn wurde von dem gierigen, skrupellosen Händler ganz bewusst von der Plantage fern gehalten, damit der junge Offizier kein schlechtes Bild von seinem Liebhaber bekam.

Bernardo Sanchez vergrub sich indessen trotz seiner geschickten Steuerung der Sklaven mehr und mehr in seinem Zimmer im Landhaus. Fast nie ging er vor die Türe, wenn es nicht unbedingt sein musste. Er hatte Angst, dass irgendjemand von den wütenden Peonen ein Messer zücken könnte und es ihm hinterrücks in den Rücken rammen würde. Immer stand er um 4.30 Uhr auf und ging um 20.00 Uhr ins Bett. Seine Flexibilität glich in diesem Punkt der eines Steines im Damm der Saline, d.h. sie war nicht vorhanden. Die unter Zwang arbeitenden Peonen sanken abends, kaum dass sie ihr kärgliches Essen gekocht und verzehrt hatten, todmüde und völlig erschöpft zu Boden und schliefen wie Tote. Wenn der Morgen graute, riss sie das Trompetensignal wieder aus ihren Hütten. Müde schleppten sie sich zum Depot, wurden gezählt, empfingen Sägen, Äxte, Hacken, Brechstangen und Schaufeln und wurden zum Spaanse Water getrieben, um dort die große, flache Senke für die neue Saline auszuheben. Nur hin und wieder, und dies auch nur in den ersten Tagen nach Einführung des neuen Antreibersystems, schafften einige der Männer etwas mehr als die ihnen zugewiesene Arbeit. Es waren die kräftigsten. Sie schufteten, ohne auch nur einmal aufzusehen und ohne sich, wenn auch nur für Sekunden, auszuruhen. Die Angst vor dem kaum zu ertragenen Hunger saß ihnen im Nacken, fast mehr noch als die Angst vor den Schlägen. Doch schon bald ließen auch ihre Kräfte nach, und sie erreichten nicht einmal mehr die von ihnen geforderte Leistung. Immer öfter brach einer zusammen. Röchelnd blieb er liegen, bis ihn die brutalen Schmerzen der Peitschenhiebe wieder hochtrieben. Riccardo Moreno, unzufrieden mit seiner bröckelnden Beziehung zu Shermon Heijn, ließ seine Wut darüber am Rest der Welt aus. Er kannte kein Mitleid. Nach Arbeitsschluss überprüfte er selbst die gerodete Fläche und den Fortschritt bei der Anlage des Flutungsbeckens für das Meerwasser. Jeder Arbeiter hatte in seinem Planquadrat stehen zu bleiben. Moreno, in Gedanken mit seinem Liebhaber und dessen neuerlicher Reserviertheit ihm gegenüber beschäftigt, marschierte ausdruckslos durch die Baustelle. Mal blieb er hier stehen, mal dort. Er stocherte mit einem Stock in der Erde herum. Er runzelte gelegentlich mit seinen Augenbrauen. Wenn er zufrieden war, sagte er nichts. Wenn er aber noch einen großen Stein fand oder meinte, die Grabung sei nicht tief genug oder zu uneben, sauste sofort die Peitsche durch die Luft und klatschte dem Unglücklichen auf den Rücken. Jeden Morgen traten die armen Bewohner der Hütten an, und am Depot wurden ihnen Werkzeuge übergeben.

Der Sklave Leslie, ein ziemlich einfältiger "Negerlümmel", gab sie aus und zählte dabei laut. Die gleiche Anzahl musste am Abend wieder abgeliefert werden. Hugo und Jorge standen hintereinander und warteten darauf, an die Reihe zu kommen. Es ging nur langsam voran. Der Sklave Leslie konnte weder lesen noch schreiben und hatte sich das Zählen auch erst mühsam angeeignet. Die Arbeiter nannten das Werkzeug das sie brauchten, und der Sklave händigte es ihnen aus. Hugo überlegte fieberhaft, wie er ein überzähliges Werkzeug, möglichst eine Axt, erhalten konnte. Er drehte sich vorsichtig zu Jorge um, blickte ihn fragend an. Der zuckte die Schultern. Nur noch drei Männer standen vor ihm. Er hörte, wie der erste sagte: "Eine Schaufel", und wie Leslie gleich darauf antwortete: "Nummer fünfunddreißig." "Eine Hacke!" "Nummer sechsunddreißig", sagte der Sklave. Der vor Hugo stehende Peon war nun an der Reihe. Plötzlich hörte der Alte hinter sich Jorge flüstern: "Verlange zwei Werkzeuge, und wenn Du sie hast, verschwinde sofort!" "Nummer siebenunddreißig! sagte Leslie. Hugo trat in die Tür des Depots. "Eine Brechstange und eine Axt!" sagte er laut und deutlich. Der Sklave wandte sich brummend um, nahm eine der zugespitzten Eisenstangen vom Boden, reichte sie Hugo und bückte sich nach einer Axt. Hugo nahm sie ihm aus der Hand und ging weg. Leslie blickte ihm etwas erstaunt nach und begann: "Nummer...." Jorge unterbrach ihn hastig. "Ich brauche auch eine Brechstange und eine Axt, Señor Aber eine scharfe Axt. Die ich gestern erhielt, war stumpf. Und mit einer stumpfen Axt kann man nicht arbeiten. Señor Moreno kontrolliert heute die Arbeiten." "Was redest Du da, Kerl!" knurrte der überforderte Leslie böse. "Bringst mich ganz durcheinander!" Jorge schlug demütig die Augen nieder. In ihm zitterte alles. Hoffentlich hatte Leslie, diese "Intelligenzbestie", die Zahl vergessen. "He, da!" schrie im gleichen Augenblick Bernardo Sanchez. Der "Giftzwerg" stand auf der Terrasse des Landhauses und hatte die Stockung prompt bemerkt. "Schneller, schneller, sonst mach ich euch Beine!" Für Sekunden schien es, als wollte Leslie etwas erwidern. Jorge stockte der Atem. Das Blut wich aus seinem Gesicht.

Ein Gefühl der Schwäche durchzog seine Glieder. Mit einem Fluch bückte sich der Sklave und gab das verlangte Werkzeug heraus. Allerdings hatte ihn der Vorfall bereits, wie von Jorge beabsichtigt, total aus dem Konzept gebracht. Er sagte: "Nummer...." und stockte verwirrt. Zornig runzelte er die Stirn. Jorge nahm sich zusammen.. Die Versuchung, die richtigen Nummern zu sagen war groß. Sollte er die falschen angeben und dem Sklaven fielen die richtigen wieder ein, war er erledigt. Doch er musste es wagen. Er musste Leslie die Zahlen vorsagen, die eigentlich schon bei Hugo an der Reihe gewesen wären. "Nummer achtunddreißig und Nummer neununddreißig!" erklärte Jorge so ruhig und gleichmütig, wie es ihm möglich war, und lief weg. Leslie sah ihm, misstrauisch geworden, nach. Irgend etwas schien nicht zu stimmen. Doch genau wusste er es nicht und Sanchez stand wie ein Wachhund nahebei und beobachtete die Szene aufmerksam. Um nicht unangenehm aufzufallen müsste er jetzt weiter machen, denn der nächste Arbeiter wartete bereits auf sein Werkzeug. Fluchend wandte sich der Sklave ab. Die Kolonne marschierte zum Spaanse Water. Die sieben Sklaven, die wie immer die Arbeiter beaufsichtigten, hatte sich über die Länge des Zuges verteilt. Das Sprechen war streng verboten. Trotzdem wagte Jorge, der neben Hugo ging, diesem verstohlen zuzuflüstern: "Alles in Ordnung, wir können die Äxte behalten!" Die beiden Männer arbeiteten wie immer zusammen. Während der eine mit der Axt das Unterholz rodete, lockerte der andere mit der Brechstange den harten, mit Steinen durchsetzten Boden. Auch sie konnten sich kaum noch auf den Beinen halten. Ihre Muskeln verhärteten sich. Immer wieder drohte das Werkzeug ihren kraftlosen Fäusten zu entgleiten. Doch sie bissen die Zähne zusammen und munterten sich gegenseitig durch vielsagende Blicke wieder auf. Sie durften nicht schlapp machen, durften nicht auffallen. Zuviel stand auf dem Spiel. Sie hatten noch keine Gelegenheit gefunden, ein Versteck für die zwei Äxte zu suchen. Verbergen konnten sie diese noch nicht, denn vorerst wurden sie noch auf der Baustelle gebraucht. Erst als die senkrecht über ihnen stehende Sonne die übliche Mittagspause gebot und der Schinder Moreno das Signal gegeben hatte, konnte sie sich erlöst in den Schatten einer Mangrove legen. Gierig tranken sie das bereitgestellte kühle Wasser. Moreno kehrte ins Landhaus Damasco zurück, um dort in Thielens altem Feldbett zu schlafen.

Die Aufseher hatten es sich, ca. 100 Schritte entfernt, unter einem riesigen Diwi-Diwi-Baum gemütlich gemacht und spielten ein Würfelspiel. Hugo richtete sich nach einer Weile auf. Er blickte sich suchend nach seinen Gefährten um. Nicht weit von ihm lag Pedro.

Auch Antonio konnte er nach einigen Augenblicken unter den erschöpften und zum großen Teil bereits schlafenden Männern erkennen. Doch wo war Pablo? Hugo wurde unruhig. Ächzend erhob er sich vom Boden und lehnte sich gegen die Mangrove. Hatte man Pablo zusammen geschlagen und irgendwo in der Sonnenglut liegen gelassen? Oder hatte der immer hitzköpfige und schnell aufbrausende Freund eine Dummheit gemacht, sich nicht beherrschen können und war davongelaufen? Hinein in den Busch, in das Innere der Insel, wo er bald elend verhungern und verdursten musste? Hugo ging auf Antonio zu, um ihn nach Pablo zu fragen.. Die beiden hatten zusammen gearbeitet. Antonio musste wissen, wo sich der gesuchte Kamerad befand. Jorge blieb neben der Mangrove im Schatten liegen. Er war zu erschöpft, um dem Alten folgen zu können. Vorsichtig stieg Hugo über die schlafenden, erbärmlich anzuschauenden Gestalten. Einige lagen auf dem Bauch, die von den Schlägen blutigen Rücken entblößt. Andere bemühten sich um sie. Mit nassen Tuchfetzen versuchten sie das Blut zu stillen und die brennenden Wunden zu kühlen.

Wimmern und Stöhnen drang an die Ohren des alten Peon. Zwei, drei Zwangsarbeiter wälzten sich vor Schmerzen auf der Erde. Andere schienen bewusstlos zu sein. Hugo blieb erschrocken stehen. Ein Würgen saß in seiner Kehle. Der Wunsch, etwas Tröstendes, etwas Ermunterndes zu sagen und seinen gequälten Brüdern zuzurufen, noch einige Zeit Geduld zu haben und auszuharren, war so stark in ihm, dass er all seinen Willen und seine Vernunft aufbieten musste, diese Regung zu unterdrücken. Er ging zu Antonio, der etwas abseits von den anderen im Schatten des Gebüsches hockte. Neben ihm lag ein Mann, dessen Gesicht mit einem nassen Hemd bedeckt war. Hugo ließ sich neben Antonio nieder. Mit dem Kopf deutete er auf die

Gestalt. "Pablo?" fragte er. Antonio nickte. Erleichtert wollte der Alte aufatmen, doch ein Zug im Gesicht des Freundes machte ihn stutzig. "Was ist mit ihm?" Statt eine Antwort zu geben, lüftete Antonio ein wenig das nasse Hemd. Hugo beugte sich vor und fuhr im gleichen Augenblick wieder zurück. Was er sah, erschütterte ihn zutiefst. Quer über Pablos Gesicht, vom Kinn über den Mund, die Nase bis zur Stirn lief ein dunkelroter, heftig geschwollener Striemen. Die aufgeplatzte Unterlippe blutete wie ein löchriges Fass Trinkwasser. "Moreno, der Teufel", sagte Antonio nur. Nach einer Weile erst erzählte er, was vorgefallen war. "Pablo und ich schleppten einen schweren Stein. Pablo stolperte und stürzte zu Boden.

Der Felsbrocken fiel Moreno vor die Füße. Da schlug das Schwein zu! Ohne Vorwarnung! Ohne Rücksicht! Offenbar mit sehr viel Spaß dabei!" Er schwieg. Dann fügte er leise hinzu: "Pablo blieb ruhig, wie wir es geschworen haben. Er bezwang seinen Hass!" Ehe Hugo etwas darauf erwidern konnte, ließ sich Pablo vernehmen. Mit vor Wut zitternder Stimme murmelte er mühsam: "Er wird es büßen. Wenn die Zeit gekommen ist. Ich töte ihn. Ich werde ihm seinen Kopf abhacken. Ich werde ihn aufschlitzen. Ich werde ihm seinen Schwanz abschneiden. Ihm und dem verfluchten Sanchez! Ich alleine werde das tun!" Der Alte streckte sich neben den beiden aus. "Hört Brüder, wir besitzen jetzt zwei Äxte. Pablo, wir haben jetzt die Waffen, um diesen beiden Kreaturen der Hölle die Köpfe abzuschlagen. Der Zeitpunkt der Abrechnung rückt näher!" In kurzen Worten berichtete er, wie Jorge es fertig gebracht hatte, den dummen Sklaven Leslie bei der Werkzeugausgabe zu übertölpeln. "Heute Abend, wenn wir ab rücken, werden wir sie unter den abgeschlagenen Kakteen verbergen und in der Nacht holen." "Hoffentlich merkt der Sklave Leslie nichts", meinte Antonio besorgt. Hugo zuckte die Schultern. "Wir müssen es darauf ankommen lassen. Wenn er was merkt, sind wir erledigt. Sanchez wird uns töten lassen. Ich habe mittlerweile den Eindruck, dass Moreno noch berechenbarer und gnädiger ist als sein Handlanger. Wie dieser Sanchez immer guckt. Das sind nicht mehr die Blicke eines Menschen. Das sind die Blicke eines Tieres!" Leslie merkte nichts. Gelangweilt zählte der einfältige Schwarze am Abend die zurück gegebenen Werkzeuge, verglich sie mit der auf einem Zettel notierten Zahl und war zufrieden. Auch zu essen erhielten die Arbeiter, obwohl Bernardo Sanchez noch am Nachmittag gedroht hatte, wiederum nichts auszugeben. Keiner der Peonen ahnte, dass dies Derons Werk war. Der Sklave hatte den Auftrag, im Laufe des Tages die Rationen vorzubereiten und sie nach Arbeitsschluss unter Aufsicht des Händlers zu verteilen. Als er am frühen Nachmittag Sanchez abpassen konnte, als dieser aus der hinter dem Landhaus liegenden Latrine trat, fragte er ihn, was an diesem Abend an Nahrung ausgegeben werden sollte. Der überängstliche Sanchez, der sich seine unreine Haut aus Furcht vor durch Moskitos übertragene tropische Fieber regelmäßig mit dem Urin der Sklaven und einer Prise Salz einrieb, stank furchtbar.

Deron empfand einen großen Ekel vor diesem "Menschen". "Nichts! Gar nichts!" schrie Sanchez erregt und wütend. "Dieses Gesindel hat kaum was geleistet, also bekommt es auch nichts! Nichts! Nichts! Merk Dir das, du dämlicher Neger!" Deron wollte gehen, blieb jedoch stehen. Der Gedanke an die hungernden Arbeiter gab ihm den Mut und die Kraft, diesem Unmensch zu widersprechen. Er musste es vorsichtig tun, denn Sanchez war verschlagen und nicht einzuschätzen. "Sie werden morgen noch weniger leisten, Señor Sanchez, wenn sie nichts zu essen bekommen. Den Señor Moreno wird das sicher erzürnen. !" sagte er leise. "Halt's Maul, ich brauche deine ungebetenen Ratschläge nicht!" fuhr der Oberaufseher den Sklaven an. "Verzeihung, Señor, ich wollte Ihnen nur helfen", sagte Deron. Bernardo Sanchez blickte den Afrikaner misstrauisch aus seinen kleinen, verkniffenen Augen an. "Du willst mir helfen? Du?" schrie er und meinte giftig: "Ich traue Dir nicht. Wer bist Du denn schon? Etwa auch so ein Strolch, der es dem Thielen besorgt hat? Wie dieser Teufel Curtis?" Deron war geschockt über soviel Niedertracht: "Oh nein, Señor Sanchez. Wo denken Sie nur hin? Niemand von uns Sklaven mochte Curtis Eduarda. Wir haben lange genug unter diesem "schwulen Teufel" gelitten. Keine Frau durfte nach Damasco. Das war nicht das Werk von Capitano Thielen. Der Capitano war vollkommen normal. Curtis war das perverse Schwein. Er machte uns unsittliche Avancen. Jedem von uns. Wir haben ihm aber gesagt, dass seine Schweinereien mit uns nicht zu machen sind! Nach dem Tode von seinem "Ehemann" Francisco ist er deshalb von Monat zu Monat unleidlicher geworden. Die Krönung waren dann die heidnischen Messen mit der Salzleiche. Davon haben Sie und der Señor Moreno uns - Gott sei's gedankt - erlöst. Sie wissen gar nicht, in welcher Schuld wir bei Ihnen stehen. Wir alle sind Ihnen überaus dankbar, dass Sie uns von der schrecklichen körperlichen Abstinenz befreit haben. Diese "Señorita", die sie immer Donnerstag für uns einladen, ist ein wahres Geschenk des Himmels. Ich war übrigens über drei Jahre der persönliche Diener von Kapitän Thielen. Er war immer mit mir sehr zufrieden. Fragen Sie die anderen Sklaven! Vertrauen Sie mir bitte, Señor Sanchez! Ich bin, wie wir alle, auf Ihrer Seite!"

Morenos Handlanger, neugierig geworden, beugte sich vor. "Hör mit diesem Gewinsel auf, Deron. Sprich, Bursche, was willst du?" Deron trat einen Schritt näher zu ihm. Er hatte sich vorher nicht genau überlegt, was er sagen sollte und benötigte einige Sekunden, bis er den Anfang gefunden hatte. "Das Versorgungsschiff wird bald hier eintreffen. Das hat uns die Señorita erzählt. Auf der Plantage Cholobolo arbeitet ihre Tochter und deren Besitzer hat die Nachricht bekommen. Es sollen gleich drei Schiffe sein, die in den nächsten Tagen in Willemstad erwartet werden. Das Salz lagert überall, im Magasina, im Schuppen und im Koral der Ziegen. Wenn Sie es nicht bald nach Willemstad transportieren, werden Sie sehr viel Geld verlieren. Und für den Transport, sei es zu einem Zwischenhändler oder auch zum Direktverkauf an die Handelskompanie, brauchen Sie die Arbeiter. Wenn die aber nichts zu essen bekommen, werden sie vor Erschöpfung umfallen. Der alte Kapitän Thielen hat zu viel getrunken und sich nicht mehr richtig um den Salzverkauf gekümmert.

Letztes Jahr stand er schon einmal kurz vor dem Ruin. Er entging ihm in letzter Sekunde, weil überraschend ein englischer Walfänger auf dem Rückweg vom Südatlantik wegen eines Hurrikans in der Caracasbaai Schutz suchte und ihm fünfzig Fass Salz und auch drei Dutzend Ziegen abkaufte, um die Mannschaft mit Fleisch zu versorgen und das Salz in London mit Gewinn weiter zu verkaufen. Unser Salz hat eine ausgesprochen gute Qualität. Das müssen Sie wissen, Señor Sanchez. Es ist ein äußerst wertvolles Gut. Aber der Hafen ist nun einmal in Willemstad und nicht in Damasco. Insofern bedarf es des Transportes. Curtis Eduarda wollte damit nicht die Arbeiter betrauen. Er wollte nicht, dass die Männer sahen, wie nah der Weg nach Willemstad in Wirklichkeit ist. Man kann es nämlich an einem Tag schaffen. Sie sollten dumm bleiben, um nicht auf den Gedanken der Flucht zu kommen. Darum ist er einmal die Woche auf unserem Esel "Burrito" zur benachbarten Plantage Cholobolo geritten. Immer hatte er einen 25-Kilogramm-Sack mit Salz dabei und ihn beim dortigen Verwalter gegen Schnaps eingetauscht. Manchmal auch gegen Lebensmittel und ganz selten gegen Geld.

Das Kapital des Capitano waren die Arbeiter. Nachdem er Damasco, dieses unfruchtbare Gebiet, damals billig vom Vorbesitzer erwerben konnte, hatte er fast sein ganzes übriges Geld in den Kauf der Arbeiter von einem Menschenhändler auf der Isla Margarita investiert. Eduarda half ihm dabei und suchte die Männer aus. Da es sich nicht um kräftige Schwarze handelte, sondern nur um verarmte weiße Peonen, lag deren Preis nicht hoch. Es schien ein gutes Geschäft zu sein. Wäre es auch gewesen, wenn Thielen nicht dem Alkohol verfallen wäre und Eduardas Freund noch leben würde. So ist alles nach und nach den Bach runter gegangen. Bis der Zufall Sie und Señor Moreno an unsere Gestaden gebracht hat." Deron hatte somit gesagt, was er zu sagen hatte. Er schwieg nun. Sanchez starrte ihn an, als ob er einen Geist erblickt hätte. Äußerlich ruhig, doch innerlich in Aufruhr und voller Angst und Besorgnis erwartete er dessen Reaktion. Bernardo Sanchez schwieg noch immer. Plötzlich sprang er auf, kam auf den Sklaven zu. Dicht vor ihm blieb er stehen, die Hände in den Hosentaschen, und wippte leicht auf den Zehenspitzen. "Bist gar nicht dumm, Bursche", sagte er langsam, abwägend. "Hm, ich muss über das alles nachdenken. Ich werde mir die Sache überlegen. Ich sage dir nachher Bescheid."

Deron frohlockte. Er drehte sich um und wollte zur Tür hinaus. Ein Zuruf von Morenos neuem Verwalter hielt ihn zurück, er trat wieder in das Zimmer. "Höre, Bursche, Du gefällst mir!" sagte Sanchez. Dann drehte er den Kopf lauschend zur Tür des ehemaligen Schlafgemaches von Thielen, in dem nun sein Herr Riccardo Moreno wohnte. Als er dessen lautes Schnarchen im Nebenzimmer vernahm, sprach er ganz leise weiter: "Ich brauche jemandem, der mir voll und ganz ergeben ist, verstehst du mich? Mir allein und nicht Señor Moreno. Verstehst Du das?" Deron Herz schlug bis zum Hals. Wieso nur Sanchez ergeben und nicht auch Moreno? Plante dieser Gnom etwa etwas gegen seinen Herrn? Eifrig nickte Deron. Was wäre ihm in dieser Situation auch anderes übrig geblieben. "Gut, sehr gut", sagte der Verwalter. "Ich suche einen Menschen, dem ich das Lebensmitteldepot anvertrauen kann. Du weißt, dass deine Neger-Kollegen stehlen wie die Raben. Streite das nicht ab! Außerdem...", Sanchez flüsterte leise in seine Richtung, "...Señor Moreno fühlt sich in letzter Zeit häufig unwohl. Vielleicht ist er krank." Deron erschrak. Bernardo Sanchez schien darüber gar nicht besorgt, sondern eher erfreut zu sein. Was zum Henker spielte dieser abartige, kleine "Sesselpupser" hier eigentlich für ein Spiel? "Willst Du mein getreuer Diener sein Deron? Es soll dein Schaden nicht sein!" Sanchez drückte dem verdatterten Sklaven eine Kupfermünze in die Hand. Deron war verwirrt. Er wusste nicht, wie er sich entscheiden sollte. Als Verwalter des Lagers konnte er viel für die Arbeiter tun, doch dann war er Tag und Nacht an diesen Schuppen gebunden und verfügte nicht mehr über so viel Bewegungsfreiheit wie bisher. Und gegen Riccardo Moreno wollte er sich auch nicht verschwören. Das wäre ein Spiel mit dem Feuer.

Um Zeit zu gewinnen, fragte er: Wird Señor Moreno denn damit einverstanden sein, Señor Sanchez? Ich kann ihn dann ja nicht mehr bedienen und falle auch als Aufseher für die Arbeiter aus." Bernardo Sanchez grinste verächtlich. "Der Señor Moreno hat in letzter Zeit viel geschäftliches auf Fort Beekenburg zu besprechen. Oft kommt er erst morgens und ziemlich müde nach Hause. Er schläft viel und klagt immer öfter über körperliche Beschwerden. Um die Details hier auf Damasco kümmere ich mich jetzt. Danke übrigens für Deine Hinweise zum Salzverkauf. Wir bräuchten mehr als einen Esel. Dann könnten wir täglich Säcke nach Cholobolo transportieren, dort zwischenlagern und dann mit einem Fuhrwerk in den Speicher von Willemstad karren. Nach Damasco führt ja noch keine Straße, die geht ja leider nur bis Cholobolo. Nur, wo soll ich die Esel her kriegen? Das müsste ich dann in der Tat mit Señor Moreno besprechen, sobald er wieder genesen ist. Und was Leslie betrifft: Der verwaltet das Lager nicht gut und stiehlt. Damit ist nun Schluss. Diesem Nichtsnutz wird richtige Arbeit bestimmt gut tun. Er setzt auf unsere Kosten Fett an, lungert den ganzen Tag herum und in der Saline mangelt es an Aufsehern." Deron strahlte: "Gut, Señor, dann werde ich das Depot übernehmen", erklärte er mit gespielter Ergriffenheit. "Es ist aber sehr viel zu tun, Herr. Alles ist verwahrlost. Die Äxte und Sägen sind stumpf, viele Stiele an den Hacken und Schaufeln sind zerbrochen. Das Dach des Depots ist undicht. Genau so wie übrigens auch das Dach des Magasinas. Der unglückliche Vorbesitzer der Plantage hatte sich eine ganze Ladung Dachpfannen aus Holland anliefern lassen. Die nutzte Thielen, um das Landhaus zu decken.

Für das Depot und das Magasina blieben nur minderwertige Palmblätter als Regenschutz. Nach über drei Jahren sind sie aber nun verrottet. Die nächste Regenzeit im Oktober überstehen sie nicht! Dann verderben die Lebensmittel." Bernardo Sanchez verzog grimmig sein Gesicht. Das waren keine guten Nachrichten und Deron hörte gar nicht mehr auf zu reden: "Auch die Wände müssen repariert werden. Ich habe das vor Monaten schon zu Thielen und Eduarda gesagt. Vielleicht könnte hier der ein oder andere Arbeiter helfen. Es sind geschickte Handwerker darunter. Achtgeben werde ich auf diese Leute, Señor, dass sie keine Dummheiten machen." "Hmmm." Sanchez lief, die Hände auf dem Rücken verschränkt, nachdenklich im Raum auf und ab. Dieser Deron schien ein brauchbarer, schlauer

Bursche zu sein. Warum sollte er es nicht mit ihm versuchen? Natürlich würde er ihn anfangs heimlich kontrollieren. Es ging nicht anders, er musste einen zuverlässigen Menschen an der Hand haben, denn er konnte nicht überall gleichzeitig auf Damasco sein. Überdies erschien ihm die Welt außerhalb des Hauses eine ziemlich gefährliche zu sein. Leslie bestahl ihn und Riccardo Moreno hielt sich zu oft auf Fort Beekenburg auf. Sanchez ärgerte sich, dass sein Herr ein "süßes Leben" zu führen schien, während er in Arbeit versank. Dunkle Gedanken kamen in dem unscheinbaren "Männchen" auf. So wie Adriaan Thielen ein unvermitteltes Ende gefunden hatte, so könnte es auch mit Moreno passieren. Er müsste dazu nur etwas nachhelfen. In dem ehemaligen Matrosen und jetzigen Verwalter keimten mehr und mehr Wahnvorstellungen auf. Er bildete sich ein, dass der Händler ihn eines Tages auch umbringen könnte. So wie er es mit seinem Vorgänger Eduarda auch getan hatte.

Ganze Nächte lag Sanchez inzwischen wach, verrammelte Fenster und Türen seines Zimmers und suchte nach einem Ausweg. Mehr und mehr gelangte er zu der Überzeugung, dass er seinen Herrn töten müsse. Nur dann könnte er sicher sein, alt zu werden. Deron schien ehrlich und ein guter Mensch zu sein. Er würde es sicher nicht wagen, ihn zu belügen, zu bestehlen. Dieser Sklave wirkte harmlos und ungefährlich. "Hör zu, Deron", sagte Sanchez kurz. "Leslie, dieser Dieb, wird abgelöst. Suche dir einen von den Arbeitern aus, der dir helfen wird. Leslie soll fortan in der Saline Aufsicht schieben. Sei aber vorsichtig. Leslie könnte auf den Gedanken kommen, sich an dir rächen zu wollen. Und den Arbeiter musst du streng kontrollieren, dass er nichts klaut. Wenn du ihn abends entlässt, musst du ihn penibel durchsuchen. Schlage ihn tot, wenn er etwas mitnehmen will. Ich befehle es dir. Du musst im Depot schlafen, damit nichts gestohlen wird, Deron. Ich muss sichergehen. Den Señor Moreno kann abends und in der Nacht ein anderer Sklave bedienen. Das regele ich schon irgendwie. Ich werde dich auf alle Fälle gut belohnen, wenn du die Sache gut machst. Aber hüte dich, wenn du mich betrügst. Ich kenne kein Erbarmen. Dann wirst Du gefesselt und mit Steinen beschwert lebendig im Meer versenkt. Das verspreche ich Dir, Knilch!" Deron schauderte, beteuerte aber abermals seine völlige Ergebenheit. Der Verwalter nickte ihm zu. "Den Arbeiter, den Du Dir als Assistent aussuchst, stellst Du mir morgen früh vor. Gib heute Abend die üblichen Rationen aus. Du kannst jetzt gehen!" Der Sklave eilte hinaus. Als Sanchez ihn nicht mehr sehen konnte, hockte er sich auf eine Kiste und atmete tief. Langsam beruhigte er sich. Die Angst, die er während der Unterredung mit Morenos Handlanger nicht losgeworden war, wich allmählich und machte einem Glücksgefühl Platz. Gleich nachher würde er Pedro die Botschaft überbringen. An ihn, nur an ihn hatte er gedacht, als Bernardo Sanchez von dem Arbeiter gesprochen hatte, der ihm helfen sollte.

Pedro wartete in dem Versteck in den Klippen auf Deron. Der Sklave hatte ihm bei der Ausgabe der Rationen zugeflüstert, dass er ihn nach Einbruch der Dunkelheit aufsuchen würde. Er müsse mit ihm sprechen. Der Peon, verwundert und zugleich erwartungsvoll, hatte sich mit Hugo besprochen und von ihm Verhaltensmaßregeln bekommen. Der alte Mann hatte ihm außerdem mitgeteilt, dass er sich zusammen mit Jorge in der Nähe verborgen halten wollte, um unerkannt dem Gespräch beizuwohnen. Antonio blieb bei Pablo, dessen Gesicht immer noch höllisch schmerzte. Pedro musste fast eine Stunde warten, ehe er den Sand unter den Schritten eines Menschen knirschen hörte und gleich darauf auch dessen hastiges Atmen vernahm. Er richtete sich auf und rief halblaut Derons Namen.

Der antwortete ebenso leise, überkletterte einige Felsen und ließ sich neben Pedro nieder. "Was gibt es?" fragte dieser. Deron musste sich erst verschnaufen, bevor er antworten konnte. Doch dann erzählte er ihm von dem Gespräch mit Sanchez. Atemlos lauschte Pedro. Zuerst begriff er nur, dass er nicht mehr in der Gluthitze und unter den Peitschenhieben der Sklaven und des Händlers zu arbeiten brauchte, sondern eine leichte Tätigkeit ausüben sollte, und dass er sich satt essen konnte, denn im Depot lagerten die Lebensmittel. Doch später, etwas ruhiger geworden, fielen ihm seine Freunde ein. Welche Möglichkeiten hatte er jetzt, ihnen zu helfen? Viel wichtiger, als sich satt essen zu können, war es, für ihre Befreiung zu arbeiten. Der Sklave redete noch immer eifrig auf ihn sein. Kaum vermochte Pedro ihm zu danken; doch Deron wollte nichts von Dank wissen. Bald darauf kehrte er ins Landhaus Damasco zurück.

Die fünf Peonen unterhielten sich an diesem Abend noch lange. Erst sehr spät verstummte ihr Geflüster. Hugo hatte sich in die offene Tür gesetzt und beobachtete aufmerksam die anderen Hütten und das Meer. Trotz des Mondlichtes konnte er nicht viel erkennen. Nur das eine erleuchtete Fenster im Landhaus, hinter dem er Sanchez wusste, strahlte weit durch die Dunkelheit. In den benachbarten Hütten schien alles zu schlafen. So sehr Hugo auch lauschte, er vernahm keinen Laut. "Jorge!" rief er schließlich leise. Der Angerufene setzte sich an seine Seite. "Ist es soweit?" Hugo nickte zustimmend. Er wandte sich an die Gefährten. "Wartet auf uns. Wenn wir zurückkommen, werde ich dreimal den Schrei des Fregattvogels nachahmen. Ist alles in Ordnung, antwortet ihr ebenso!" "Und was ist mit Moreno und Sanchez?" Jorge deutete auf das erleuchtete Fenster. "Solange das Licht brennt, wissen wir, dass die beiden Tyrannen im Haus sind und keine Gefahr besteht", antwortete Antonio. Der alte

Hugo wiegte zweifelnd den Kopf, sagte jedoch nichts. Pedro und Antonio hockten sich neben den Eingang und sahen den Davonschleichenden nach. Pablo blieb auf dem Boden liegen. Der rote Striemen, den der Peitschenhieb auf seinem Gesicht hinterlassen hatte, schmerzte unglaublich stark, er brannte heftig und war dick geschwollen. Hugo und Jorge bewegten sich langsam und vorsichtig über den Platz vor den Hütten. Die zahlreichen Bruchstücke der abgestorbenen Korallen, die das Meer hier zu hunderttausenden angespült hatte, knirschten leise unter ihren zaghaften Schritten. Alle paar Meter hielten sie an, um zu lauschen und sich umzusehen. Endlich konnten sie den freien Platz verlassen und liefen wie dunkle Gestalten längs der Kakteen und Büsche in Richtung des Verstecks ihrer Äxte. Die Gefahr des Entdecktwerdens ließ sie förmlich lautlos dahin schweben. Kein Ast knackte unter den Sohlen der dahineilenden Männer. Sie kannten jeden Fußbreit des unwegsamen Geländes und verloren trotz der Dunkelheit nicht die Orientierung. Hugo zog Jorge in den Schatten eines Busches. Sie atmeten hastig vor Aufregung. "Wir müssen vorsichtiger sein, amigo", flüsterte der Alte dicht am Ohr des anderen. "Warum?" wollte Jorge wissen, "alle schlafen doch schon. "Moreno ist vermutlich noch wach. Sanchez schläft um diese Zeit längst. Im Haus brennt noch Licht!" widersprach Hugo. "Der Hund von einem Händler kann in der Nähe herumlaufen, ohne das Licht gelöscht zu haben. Dem verdammten Teufel ist alles zuzutrauen. Wenn wir hier auf jemanden stoßen, können wir uns nicht verbergen. Deshalb müssen wir uns ganz dicht im Schatten der Büsche halten!" Der alte Peon kroch voran. Auf Händen und knien schob er sich Stück für Stück durch das Unterholz. Dornen zerstachen ihm die Finger und rissen die Haut an seinen Händen auf. Er achtete nicht darauf. Ab und zu hielt er inne, um einen Blick auf Jorge zu werden, der ihm dicht auf den Fersen blieb.

Endlich hatten es die beiden Männer geschafft. Vor ihnen schimmerte das Spanische Wasser in der heißen, tropischen Nacht. In der Ferne leuchtete ein Licht im Fort Beekenburg. Aber das Fort war zu weit weg, als dass sie dort jemand hören oder sehen konnte. Hinter einer Klippe hockten sie sich nieder, um zu verschnaufen. Nichts rührte sich. Der Mond warf sein bleiches Licht auf gefällte Mangroven, auf Berge getürmter Steine und auf die flache Senke des geplanten Wasserbeckens der künftigen neuen Saline. Nach einigen Minuten liefen sie mit schnellen Schritten auf ihre Arbeitsstelle zu und warfen sich zu Boden. Jorge hob einen starken Ast in die Höhe, Hugo streckte seinen Arm in die so gebildete Höhle des Gebüschhaufens und zog die zwei Äxte hervor. Ganz tief atmete Jorge. Mit dem Ellenbogen stieß er Hugo in die Seite. Fast liebevoll umschlossen die Hände der Männer die Axtstiele.

Auch der Rückweg verlief anfangs ohne Schwierigkeiten. Das Rauschen des Passatwindes übertönte das Getrampel ihrer Schritte. Wenige Meter waren es noch bis zum Kakteenwald neben dem Landhaus, als Hugo plötzlich ein Geräusch gehört zu haben glaubte, das nur von einem Menschen verursacht sein konnte. Er warf sich hinter einen Stein und zog Jorge neben sich. Nicht zu früh. Im gleichen Augenblick trat hinter einem Felsen ein Mann hervor und blieb wenige Schritte vor ihnen stehen. Den beiden Arbeitern stockte der Atem. Es musste Moreno sein. Die Umrisse seines Körpers hoben sich von den hellen Wolken ab, die am pechschwarzen Firmament, vom Mond angestrahlt, leuchteten. Er sah auf das Meer. Ein Streichholz flammte auf. Für Sekunden beleuchtete der Schein die grimmige Visage des Händlers. Dann verlöschte das Licht wieder. Nur das helle Pünktchen der glimmenden Zigarre leuchtete von Zeit zu Zeit auf. Der Mann, der den beiden Peonen den Rücken zukehrte, schien tief in Gedanken versunken. Tatsächlich grübelte der Händler, nach einem Streit mit seinem Geliebten Shermon darüber, wie er diesen wieder fester an sich binden konnte. Während Sanchez schon seit Stunden hinter verbarrikadierten Türen schlummerte, fand Moreno, aufgewühlt von seinen Gefühlen, einfach keinen Schlaf. „Keine Bewegung, kein Wort!" flüsterte Hugo seinem Gefährten zu. Sein Herz schlug plötzlich so laut, dass er meinte, der Mann vor ihnen müsste es hören. Wenn sich Moreno herumdrehte und in Richtung der Kakteen stolzierte, wenige Meter nur, musste er über sie stolpern. Minuten vergingen in qualvoller Ungewissheit. Sich ergeben würden weder er noch Jorge. Sich ergeben bedeutete Tod. Hugo umklammerte den Stil der Axt so fest, dass seine Finger zu schmerzen begannen. Sollte Moreno sie entdecken, blieb keine andere Wahl, als sich auf ihn zu stürzen und ihn zu erschlagen.

Doch dann war es auch vorbei mit all ihren Plänen zur Befreiung. Hugo ließ kein Auge von dem Mann, beobachtete jede seiner Bewegungen. Er wusste, dass Moreno stets eine Machete bei sich trug und von dieser rücksichtslos Gebrauch machen würde. Wenn ein Kampf nicht vermieden werden konnte, mussten sie ihm mit ihren Äxten blitzschnell in den Kopf hinein hacken! Die Nacht war kühl. Ein frischer Luftzug wehte vom Zoutmeer herüber. Und doch klebten den beiden die Hemden am Leib, und der Schweiß brannte in ihren Augen. Sie durften sich nicht rühren. Moreno schnippte den Stummel seiner Zigarre weg. Er flog durch die Luft und fiel Jorge auf den Rücken. Im ersten Impuls wollte dieser den glühenden Tabakrest von sich schütteln, doch rechtzeitig genug beherrschte er sich. Jede Bewegung konnte ihn verraten. Auf seinem Nacken wurde es warm. Das dünne Hemd war durchgebrannt. Die Glut sengte seine Haut. Ein heißer Schmerz durchzog seinen Körper. Jorge biss aber die Zähne zusammen. Seine Hände verkrampften sich und sein verzerrtes Gesicht offenbarte seine Qual. Doch kein Laut kam über seine Lippen. Dann war es vorbei. Der Schmerz ließ nach, nur das Brennen blieb. Offenbar war der Stummel verglüht. Moreno schien nicht recht zu wissen, wohin er sich wenden sollte. Er drehte sich halb um, ging einen Schritt in Richtung der Männer und blieb dann wieder stehen. Hugo zog langsam das rechte Bein an, um gegebenenfalls schnell aufspringen zu können.

Die Axt lag ruhig in seiner Hand. Er konnte klar denken und verspürte keinerlei Erregung. Selbst sein Atem ging gleichmäßig. Nur seine Glieder waren angespannt. Die Hand mit der Axt erhob sich. Hugo schätze die Entfernung, die ihn von Moreno trennte. Der erste Schlag musste sitzen. Der Händler durfte keinen Laut von sich geben. In diesem Augenblick drehte sich Moreno aber erneut um und entfernte sich in Richtung des Hauses. Jorge und Hugo schauten sich erlöst an. Ihre Glieder entspannten sich. Die überstandene Gefahr machte sie schwach. Für Minuten blieben sie in der gleichen Stellung am Boden liegen. Erst dann, als sie den Schreck überwunden hatten, setzten sie ihren Weg längst der Dornhecken fort. Pedro, Antonio und Pablo warteten schon seit mehr als zwei Stunden mit steigender Ungeduld auf die Rückkehr ihrer Kameraden. In der ersten Stunde hatte sich nichts ereignet, alles war ruhig geblieben. Jorge und Hugo mussten jeden Augenblick wieder bei ihnen eintreffen. Doch plötzlich hatten sie gesehen, wie die Tür des Landhauses geöffnet wurde und ein Mann, in dem sie im Lichtschein den Händler erkannten, heraus trat. Er hatte sich eine Zigarre angezündet und war dann in Richtung der Gebüsche davon gegangen. Die drei Männer blickten sich erschrocken an. Wenn sie Moreno selbst auch nicht zu sehen vermochten, so konnten sie seinen Weg an der aufglühenden Zigarre doch gut verfolgen. „Hoffentlich laufen die beiden ihm nicht direkt in die Arme", flüsterte Pedro heiser. „Wir müssen sie warnen. Sie ahnen nicht, dass er kommt und in den Armeen von Kakteen an dieser Stelle kann man sich nicht verstecken!" Er wollte aufspringen und davonlaufen, doch Antonio drückte ihn wieder zu Boden. „Ruhig, Pedro, willst Du etwa alles verraten? Wie können wir sie denn warnen? Jorge und Hugo haben Äxte! Sie werden sich schon zu wehren wissen!" „Aber Moreno hat eine Machete!" erwiderte Pedro. „Und wenn schon", beschwichtigte Antonio, „sie sind zu zweit und haben gute Augen." „Den Kopf sollten sie ihm abschlagen!" stieß Pablo hasserfüllt hervor. „Wäre ich jetzt dort, käme Moreno nicht lebend davon." Antonio wollte etwas erwidern, schwieg jedoch. Er fasste einen Entschluss. „Ich gehe den beiden bis in die Nähe des Kakteenwaldes entgegen", sagte er. Pablo drängte sich vor. „Lass mich gehen, Antonio!" verlangte er. „Ich werde das Schwein abschlachten, so wahr ich hier stehe. Die Kakteen brauchen Blut! Das Blut dieses Monsters!" „Nein!" Antonio wehrte den Heißsporn leise, doch entschieden ab. „Keine Unbesonnenheit, Brüder! Ihr bleibt hier und passt auf!" Wie eine Katze schlich er über den Platz vor den Hütten. Wenige Minuten später war er bereits in der Nähe der riesigen Gruppen aus Säulenkakteen. Schon von weitem erkannte er Morenos Gestalt. Ihm fiel ein Stein vom Herzen. Der Händler hatte seine beiden Kameraden also noch nicht entdeckt, er würde sonst nicht so ruhig an dieser Stelle stehen. Hoffentlich sahen Jorge und Hugo den Händler rechtzeitig. Antonios Geduld wurde auf eine harte Probe gestellt.

Erst als Moreno davonging, richtete er sich auf und blickte ihm nach, bis sich die große Holztür des Landhauses Damasco hinter ihm geschlossen hatte. Als er weitergehen wollte, bemerkte er zwei

Schatten, die sich dicht am Boden auf ihn zubewegten. Das konnten nur die beiden Gefährten sein. Leise rief er sie an und erhielt auch sogleich eine Antwort. Kurze Zeit später lagen die Fünf wieder nebeneinander in ihrer schäbigen, kleinen Hütte. Die Äxte hatte Pedro in den Klippen versteckt. Das Gefühl, nicht mehr völlig hilflos zu sein und die erste Tat zu ihrer Befreiung getan zu haben, ließ sie auch jetzt noch nicht ganz einschlafen. Noch lange flüsterten sie erregt miteinander. Hugo und Antonio waren die letzten, die sich unterhielten. Dann verstummten auch sie. Plötzlich fühlte sich der alte Peon leicht angestoßen. Er riss die Augen auf, die ihm gerade zugefallen waren, und wälzte sich herum. „Hugo?" flüsterte Antonio dicht an dessen Ohr. „Was gibt es?" „Pablo macht mir Sorgen", begann Antonio. „Sein Hass ist so groß, dass ich befürchte, er wird bald trotz aller guten Vorsätze seine Beherrschung verlieren und sich auf Moreno und Sanchez stürzen. Und dann, amigo, ist nicht nur er verloren, sondern wohl auch unser Vorhaben. Denn Moreno wird daraufhin Vorsichtsmaßnahmen ergreifen, damit ihm so etwas nicht wieder passieren kann!"

Hugo antwortete nicht sogleich. Antonio hatte Recht. Er befürchtete schon lange eine unbesonnene, vom Hass diktierte Tat Pablos. Wie Antonio machte auch er sich Sorgen um den Jüngeren. Doch konnte man mehr tun, als ihn zur Ruhe ermahnen, zur Geduld, immer und immer wieder? Erneut fühlte sich Hugo angestoßen. „Schläfst du?" fragte Antonio wieder. „Nein, Bruder, ich weiß nur nicht, was wir tun sollen! Ich würde am liebsten jetzt ins Landhaus eindringen und Moreno den Schädel spalten, aber gegen die zehn Sklaven und Sanchez kommen wir mit zwei Äxten nicht an. Das ist klar. Zumal diese Schweine etliche Musketen besitzen. Wir müssen uns etwas Raffinierteres ausdenken!" Antonio lauschte einen Augenblick den

Schläfern. Dann zischte er Hugo ins Ohr: „Pablo muss verschwinden, so schnell wie möglich, er bringt uns alle in Gefahr."

Der Alte richtete sich erschrocken auf. „Willst Du ihn etwa umbringen?" Entsetzt starrte er den anderen an. Antonio wehrte ab. „Unsinn, Hugo. Aber Pablo muss sterben!" Er lachte leise über das mehr als verdutzt, fassungslose Gesicht des Alten und zog ihn wieder zu sich auf den Boden. „Pablo muss sterben!" wiederholte er. „Eines Tages wird Pablo so krank, dass wir ihn von der Plantage nach Hause tragen müssen. In der Nacht wird er dann sterben, und wir werden ihn begraben. Alle Arbeiter werden dabei sein, und keiner wird wissen, dass nicht Pablo in dem Sack steckt, sondern eine Puppe, die wir mit Sand, Steinen und Gras gefüllt haben. Denn Pablo ist in Wirklichkeit nicht tot. Er lebt. Er ist dann sozusagen ein ‚lebender Toter'!" Hugo wusste im ersten Augenblick nicht, was er sagen sollte, doch dann begriff er. „Ein guter Plan, Antonio. Pablo wird sich in unserem Versteck aufhalten. Aber..." Der Alte zögerte plötzlich und flüsterte dann: „Aber wie wollen wir ihn ernähren? Du weißt, wie wenig wir bekommen. Es reicht nicht einmal für uns!" Antonio unterbrach ihn.

„Vergisst Du Pedro? Er ist ab morgen im Lebensmitteldepot. Außerdem kann Pablo während des ganzen Tages Fische fangen, für uns sogar noch mit. Er muss nur aus der Nähe der Plantage und der Salzlagune, dem ‚Zoutmeer, verschwinden." „Richtig!" Hugo lächelte. „Pablo wird uns gute Dienste leisten. Er kann nach Nahrung suchen, und mit viel Glück auch Leguane erschlagen. Dann haben wir Fleisch. Er kann sogar Kakteen abhacken, die wir zur Herstellung der Suppe nutzen könnten, wenn es ihm gelänge, Trinkwasser aus den Kakteen zu pressen. Er kann dazu ja jetzt die Äxte nutzen, um diese ‚Stachelmonster' aufzuhacken."

Antonio legte ihm die Hand auf die Schulter und nickte ihm zu. „Bald, amigo, werden wir frei sein. Ich weiß es jetzt wie du." Zur selben Zeit, in der Hugo und Antonio ihren Plan vom ‚lebenden Toten' ausheckten, lag Bernardo Sanchez wie gerädert in seinem Bett, konnte nicht schlafen und grübelte darüber, wie er einen Lebenden töten könnte. Wie wäre es ihm möglich, Riccardo Moreno aus dem Weg zu räumen, ohne das jemand Verdacht schöpfen würde oder es nach einer Gewalttat aussähe? Sanchez kam letztlich zu dem Schluss, dass sein Herr durch eine Krankheit sterben müsste. Ärzte gab es keine auf Damasco und Moreno wäre nicht der erste, von einer geheimnisvollen Seuche dahin geraffte Mensch auf der Plantage. Es hatte ja schließlich bereits Francisco, den Freund von seinem Vorgänger Curtis, erwischt. Und auch etliche der Arbeiter. Mit Giften kannte sich der ehemalige Matrose nicht aus, wusste aber von der Gefährlichkeit verdorbener Lebensmittel für die Gesundheit. An verdorbenem Fleisch oder Fisch waren schon etliche Leute in Puerto del Mar gestorben. Das hatte der unscheinbare Mann des Öfteren erlebt und ernährte sich daher aus Angst selbst überwiegend von Stockfisch oder frischen Früchten.

Er kochte, wenn er frisches Fleisch verzehren musste, alles extrem sorgsam und viel zu lange ab. Auf Damasco gab es mangels Alternativen leider oft frisches Fleisch, aber kaum Obst. Moreno ließ gelegentlich von den Sklaven eine der Ziegen schlachten, Leguane fangen oder brachte manchmal vom Fort Beekenburg Schweinefleisch mit. Shermon Heijn hielt im Stall des Forts Borstenviecher, denn das war Vorschrift der Streitkräfte zur Selbstversorgung der Armee. So reifte in Sanchez der Plan, seinen Herrn mit einem verdorbenen Fleischgericht ins Jenseits zu befördern. Er müsste nur etwas Ziegenfleisch in einem Beutel vergraben, es verwesen lassen, und winzige Stücke davon in eine Suppe tun, deren Geschmack er durch Überwürzung so verfälschen könnte, dass der Händler die Ungenießbarkeit des Gebräus nicht bemerken würde. Diese Suppe würde Deron kochen, sodass auf ihn kein Verdacht fallen würde. Sollte der Händler überleben, dann würde er selbst ungeschoren davon kommen. Sollte er sterben, wüsste niemand um die Ursache. Dieser Plan schien geeignet zu sein, um unauffällig die Macht auf Damasco zu übernehmen. Ohnehin plante Sanchez, nach Morenos Ableben die Arbeiter in die Freiheit zu entlassen, denn er wusste nur zu gut, dass er als Ausländer mit zehn unzuverlässigen Sklaven das Terrorregime auf Damasco nicht lange aufrecht erhalten würde können. Lieber arm und in Ruhe leben, als reich und in Angst. Hierin unterschied er sich fundamental von Riccardo Moreno.

Einige Wochen gingen ins Land. Pedro arbeitete nun schon eine Zeit lang im Werkzeugschuppen und im Lebensmitteldepot. In den ersten Tagen hatte ihn Sanchez misstrauisch beobachtet, war immer wieder überraschend aufgetaucht, um den Peon beim Nichtstun oder Diebstahl zu ertappen, hatte jedoch niemals einen Grund zum Schlagen oder Schimpfen gefunden. Pedro arbeitete eifrig und gewissenhaft. Er schnitze Stiele für Äxte und Schaufeln, schliff auf einem Schleifstein neue Spitzen an die Brechstangen sowie neue Schneiden an die Beile, er besserte das Dach aus, die Wände, bereitete die Lebensmittelrationen vor und kümmerte sich um nichts anderes. Deron, sein Aufpasser, war zufrieden mit ihm, und auch Sanchez ließ sich bald nur noch selten sehen. Der junge Arbeiter fühlte sich wohl. Die Arbeit, bei der ihn niemand antrieb und die auch nicht allzu schwer war, bereitete ihm Vergnügen. Deron hielt sich fast ständig bei ihm auf. Um den Händler brauchte er sich nicht mehr zu kümmern. Er steckte Pedro Lebensmittel zu, die dieser jedoch gleich verzehren musste, und gab ihm auch Tabakblätter. Wenn Sanchez nicht in der Nähe war, unterhielten sie sich. Pedro fühlte mit der Zeit, wie seine Kräfte wieder zurückkehrten. Mit Einverständnis seiner Freunde hatte er heimlich damit begonnen, einige Beile, Brechstangen und Hacken, die als unbrauchbar in einer Ecke des Schuppens unter altem Gerümpel lagen, wieder instand zu setzen und sie vorerst innerhalb des Raumes zu vergraben. Nicht einmal Deron wusste davon. An die Lebensmittel wagte er sich nicht. Die Vorräte waren arg zusammengeschmolzen, denn Moreno weigerte sich beharrlich, seine Waren vom Schiff an Land bringen zu lassen. Sanchez kontrollierte die knappen Lagerbestände daher fast täglich genau. Natürlich wäre es möglich gewesen, Beutel mit Zucker, Mehl und Stockfisch aus den Kisten zu entnehmen, doch weder Pedro noch die anderen hatten eine Idee, wie man diese Sachen unbemerkt aus dem Depot schaffen konnte. Deron musste helfen. Ohne ihn ging es einfach nicht! Der Zeitpunkt, ihn einzuweihen, war gekommen. Pedro erhielt dazu von Hugo den Auftrag. Eines Tages ergab sich für Pedro eine günstige Gelegenheit. Moreno und Sanchez reisten in den Norden von Curaçao. Dort wollten sie auf der Plantage Savonet, die malerisch zu Füssen des Christoffelberges lag, einige Esel für den Transport ihres Salzes erwerben. Im Gebiet von Savonet regnete sich der wenige Steigungsregen des Nord-Ost-Passates am Gebirgsmassiv des Mount Christoffel ab, sodass diese Plantage, im Gegensatz zu Damasco, tatsächlich Früchte produzierte. Es gab hier sogar einige kleinere Maisfelder. Zum ersten Male bemerkten Moreno und Sanchez auf ihrer Reise, wie unfruchtbar und wertlos Damasco im Vergleich zu den begünstigten Plantagen im Norden tatsächlich war. Während die beiden in Savonet ihre Verhandlungen führten, waren Deron und Pedro alleine im Schuppen. Sanchez hatte seine Abwesenheit verschleiert und alle Sklaven mit Waffen ausgestattet, um einen eventuellen Aufstand sofort mit Waffengewalt niederzuschlagen. Er fühlte sich gar nicht wohl, die Plantage unbeaufsichtigt zu lassen, vertraute aber auf Deron. Hier setzte er allerdings auf das falsche Pferd, denn der Sklave stand eindeutig auf Seiten der Arbeiter, auch wenn er gegenüber Sanchez etwas ganz anderes vorgab. Pedro hockte auf einer Kiste und rauchte.

Er ahnte nichts von der Abwesenheit seiner Peiniger und schaute angespannt durch die Öffnung der Türe, weil er jeden Moment mit dem Auftauchen von Sanchez rechnete. Doch es blieb alles ruhig. Da fasste er Mut, und begann mit Deron zu sprechen: "Ich habe dir viel zu verdanken, Bruder" begann Pedro. "Wehre nicht ab", fuhr er schnell fort, als Deron verlegen abwinkte, "du weißt es so gut wie ich. Vielleicht wäre ich schon tot." "Sei ruhig", erwiderte der Sklave, "du hättest an meiner Stelle auch nicht anders gehandelt." Er zog an seiner Zigarre, warf sie auf den Boden und zertrat die Glut sorgfältig mit dem Fuß. "Geht es mir vielleicht besser als euch? Der Capitano hat mich im Stich gelassen. Für ihn hätte ich alles getan, aber jetzt ist er tot. Ich bin genau wie ihr den Launen dieser gierigen Leute von der Perleninsel ausgeliefert. Moreno ist ein Teufel. Aber glaub mir, Sanchez ist noch schlimmer und unberechenbarer. Moreno ist selbstbewusst und brutal. Sanchez ist allerdings voll mit Angst. Er ist dadurch für uns alle noch viel gefährlicher, als es der Händler ist. Glaub mir, Pedro, wenn der Teufel einen großen Bruder hat, dann ist es dieser schreckliche Bernardo Sanchez. Was bin ich denn anderes als sein Gefangener? Der tote Capitano hatte mir meine Freiheit versprochen. Sanchez will davon nichts wissen und sagt, ich bin lebenslang sein Sklave. Dieses miese Schwein! Schon oft war ich nahe daran zu fliehen oder wollte mit diesem 'Scheiß-Leben' Schluss machen. Wie oft habe ich in den letzten Wochen sogar daran gedacht, mit diesem elenden Krämer und seiner perfiden Schranze abzurechnen, durch den das elende Vegetieren hier zur 'Hölle auf Erden' geworden ist." Deron holte tief Luft, seine Schultern sanken herab. "Aber es hat keinen Sinn. Ich würde nichts erreichen. Was kann ich als einzelner schon ausrichten? Nichts! Gar nichts! Mir bleibt nur die Hoffnung, dass ich eines Tages doch noch entlassen oder an einen besseren Herrn verkauft werde!" Pedro lauschte hinüber zum Landhaus. Er blickte ängstlich nach draußen. Aber niemand war zu sehen, nichts rührte sich.

Trotzdem dämpfte er die Stimme und beugte sich zu Deron nieder, als er sagte: "Wenn du uns hilfst, wirst auch du bald frei sein!" Überrascht hob der Sklave den Kopf. Pedro nickte ihm zu. "Ja, Bruder, du bist nicht allein. Wir sind viele, und wir wollen wieder zurück in unsere Heimat. Wir haben Familien, Frauen und Kinder auf dem Festland. Auch wir wollen endlich wieder wie Menschen leben. Und wenn du uns hilfst und unterstützt, geht auch dein Wunsch bald in Erfüllung!" Deron konnte nicht sogleich antworten. Wie verloren blickte er auf das blaue, schimmernde Meer. Seine Augen glänzten. "Frei sein!" sagte er leise. Plötzlich fuhr er herum. "Und wie wollt ihr es erreichen? Wie wollt ihr Moreno und Sanchez loswerden? Wie wollt ihr hier wegkommen?" Wieder überzeugte sich Pedro, dass kein Mensch in der Nähe war. Vergisst Du den Schoner des Krämers? Die 'Vincent Verga'? Mit ihm werden wir fliehen können. Einige von uns waren früher Fischer und kennen sich mit der Seefahrt aus. Doch noch ist es nicht so weit. Wir brauchen Waffen, um die beiden Teufel und die anderen Sklaven unschädlich machen zu können. Erschrecke nicht, Bruder, wir tun den Sklaven nichts. Nur Moreno und Sanchez werden wir töten. Sie werden und müssen sterben. Wir werden ihnen die Köpfe abschlagen! Aber wir brauchen unbedingt Lebensmittel, damit meine Gefährten kräftig bleiben für den Tag, an dem wir losschlagen werden!" Mit leuchtenden Augen lauschte der Sklave den Worten Pedros, der von den Vorbereitungen zu ihrer Befreiung sprach, ohne jedoch die Namen der Kameraden zu nennen.

"Ich bin dabei!" sagte Deron dann bestimmt. "Vertraut mir, ich werde alles tun, um euch und mir zu helfen. Gebt mir eine Aufgabe!" Pedro entwickelte seinen Plan, kleine Beutel mit Zucker und anderen Dingen tagsüber an einer Stelle des Strandes zu verbergen, von der man sie in der Nacht abholen konnte. Der Sklave überlegte einen Moment. Dann sagte er: "Verlasst euch auf mich, ich werde ein sicheres Versteck finden!" So vergingen die Wochen und Deron zwackte immer wieder Lebensmittel aus dem Depot ab. Sanchez und Moreno kontrollierten nicht mehr so streng, denn sie waren nun damit beschäftigt, die Unmengen an Salz mit ihren neu erworbenen Eseln in den Speicher der Handelskompanie nach Willemstad abzutransportieren. Sofort erhielten sie lediglich eine Anzahlung, denn niemand kannte die aktuellen Salzpreise an der Börse in Amsterdam. Man musste auf das nächste Handelsschiff warten. Die ursprüngliche Bestellung, die noch von Capitano Thielen initiiert worden war, hatte Damasco nicht erreicht. Weil Thielen nicht in Willemstad weilte, als das Versorgungsschiff nach Wochen Verspätung endlich eingetroffen war, hatte man die Waren kurzfristig an andere Holländer zu höheren Preisen verkauft. Moreno ärgerte sich darüber mächtig, nicht so sehr, weil es ihm an Lebensmittel mangelte, sondern vielmehr darüber, dass das Schiff ohne sein Salz zurück nach Holland gesegelt war und er keinen Gewinn eingestrichen hatte. Damit dies nicht noch einmal passieren konnte, organisierte er nun den professionellen Transport und Verkauf seiner Produkte über Zwischenhändler. Riccardo Moreno war dadurch von

Unrast erfüllt. Seine schlechte Laune wegen des entgangenen Gewinnes verbreitete Angst und Schrecken auf Damasco. Insbesondere auch die Tatsache, dass sich Shermon Heijn inzwischen von Moreno getrennt hatte und sich mit einem jungen Mulatten vergnügte, machte den Händler rasend vor Wut. Selbst Bernardo Sanchez litt unsäglich unter den Tobsuchtsanfällen seines Herrn. Er erkannte, dass das mit Moreno und ihm nicht mehr lange gutgehen würde. Schon bald würde er ihm verdorbenes Fleisch unter sein Essen mischen und auf seinen schnellen Exitus hoffen. Dann würde endlich wieder Ruhe einkehren! Selbst die Sklaven hielten sich, wenn es irgendwie möglich erschien, nicht in der Nähe des Händlers auf. Die Arbeiter jedoch bekamen die ganze Wut des Händlers zu spüren. Moreno holte das Letzte aus ihnen heraus. Zwei der Männer peitschte er buchstäblich zu Tode. Niemand, der am Morgen zur Arbeit marschierte, wusste im voraus, ob er am Abend noch lebte. Trotz allem hatten sich die fünf Verschwörer nicht entmutigen lassen. Ihre Vorbereitungen zum Aufstand waren gut vorangekommen.

In ihrem Versteck lagerten nicht mehr nur zwei Äxte, sondern fünf, dazu drei Brechstangen, eine Säge, vier Hacken und zwei Schaufeln. Deron hatte zudem das Kunststück vollbracht, unter den wachsamen Augen von Sanchez mehrere Kleidungsstücke sowie einige Paar Schuhe aus dem Depot zu entwenden. Die größte Freude löste bei den Verschwörern eine Muskete mit der dazugehörigen Munition aus. Die Muskete gehörte vormals Adriaan Thielen, der zwei davon besaß, die eine jedoch nie in der Hand gehabt, sondern unter alten Sachen in einem Koffer aufbewahrt hatte. Sanchez und Moreno wussten von dieser Waffe nichts und selbst der Kapitän hatte ihren Besitz vor lauter Trunkenheit irgendwann wohl vergessen. Nur Deron besaß von dem wertvollen Stück noch Kenntnis. Das Gewehr war also überzählig. Genaue Listen über die Musketen existierten nicht. Niemand schien sich je darum gekümmert zu haben. Der Stapel leerer Kisten am Landungssteg der Caracasbaai bot für das Verstecken von Waren nach wie vor eine geeignete Zwischenstation. Nach jeder Essensausgabe wurde mindestens eine Holzkiste leer. Dahinein verpackte Pedro die von Deron besorgten Dinge und trug sie zum Stapel. In der Nacht wurden sie dann von Jorge, Hugo, Antonio und Pablo geholt. Eines Tages sollten wieder einige leere Kisten aus dem Schuppen geschafft werden. In einer davon hatte Pedro eine Schachtel Schießpulver und ein Kleidungsstück verborgen. Deron trug diesmal selbst die Kisten zum Landungssteg. Plötzlich trat Moreno unvermittelt aus dem Haus. Weder Deron noch Pedro hatten bemerkt, dass der Händler bereits aus Willemstad zurückgekehrt war.

"Hey, Deron!" rief Moreno. Pedro, im Schuppen stehend, verbarg sich rasch hinter einigen Säcken, um den Vorfall ungesehen beobachten zu können. Eisiger Schreck ließ ihn erzittern. Er wusste nicht mehr, in welcher Kiste sich die Sachen befanden. War es die, die Deron gerade wegtragen wollte? Der Sklave blieb stehen und wandte sich um. "Ja, Herr?" antwortete er dem auf ihn zukommenden Händler. "Was ist das für eine Kiste?" Deron hatte sich in der Gewalt. Er tat unbefangen, schwitzte aber Blut und Wasser. "Stockfisch war darin, Herr!" "Und wo willst Du damit hin?" fragte Moreno, schon nicht mehr so scharf wie bisher. Erstaunt blickte ihn der Sklave an. "Wohin? Nun, wo wir die leeren Kisten immer hin tragen. Zum Holzstapel an der Caracasbaai. Da bringen wir die leeren Kisten doch immer hin. Was nicht verbrannt wird, nutzen doch seit je her die anderen Schiffe, die dort von Zeit zu Zeit anlegen. Das hatte der Capitano, Gott sei seiner Seele gnädig, so festgelegt."

"So! Ja, ja der gute Thielen. typisch für ihn. Sentimentaler Schwachsinn. Aber meinetwegen. Warum schleppst du dich denn damit ab? Lass das gefälligst diesen Pedro machen. Der macht sich nur einen guten Tag!" Moreno drehte sich um und ging ins Haus zurück. Dort hörte Deron, wie sich er und Sanchez wegen der Geschichte mit dem Kistenstapel an der Bucht anschrien. Dann ging er langsam zum Landungssteg und packte die Kiste zu den übrigen. Bleich und zitternd erwartete Pedro seine Rückkehr. "Oh, Bruder, das ging gerade noch einmal gut. Stelle dir vor, er hätte die Kiste geöffnet. Deron lächelte beruhigend. "Keine Sorge, Pedro, sie war leer!" Er wurde ernst. "Das darf nicht wieder vorkommen. Wir müssen aufpassen, dass wir Moreno und Sanchez rechtzeitig sehen!" An diesem Tag wagten sie nicht mehr, noch etwas zum Kistenstapel zu schaffen. Es bestand schließlich die Möglichkeit, dass Moreno den Stapel jetzt kontrollierte und die leeren Kisten überprüfte. In der Zwischenzeit waren Moreno und Sanchez im Landhaus in einen heftigen Streit aneinander geraten. Der Händler hatte seiner rechten Hand vorgeworfen, leere Kisten und damit sein Eigentum zu verschleudern. Natürlich wusste Sanchez, dass es Riccardo Moreno gar nicht um die Kisten ging. Nein, er suchte nur ein Ventil, um seine Aggressionen an jemandem anderen auszulassen. Doch dieses mal war der Händler zu weit gegangen. Bernardo Sanchez fällte das Todesurteil gegen seinen Herrn. Er hielt Morenos Psychoterror nicht mehr aus. Der Koch bekam die Anweisung, eine Bohnensuppe mit Ziegenfleisch vor zu kochen. Dieses Gericht liebte der Händler und eine vor gekochte Suppe, die einen Tag lang richtig durchgezogen war, schmeckte ihm am besten.

Der zum Küchendienst eingeteilte Sklave kochte wie bestellt "El Chupe", einen Bohneneintopf mit Fleischeinlage. Bernardo Sanchez grub heimlich etwas von dem verwesten Ziegenfleisch aus und tat als niemand zusah einige kleine Fetzen davon in den großen Topf. Dazu rieb er noch etwas Muskatnuss und auch Salz und Zucker in die Suppe. Über Nacht schloss er den Topf vorsichtshalber in einem Schrank ein, damit niemand 'aus Versehen' von dem giftigen Cocktail probierte. Die Bakterien produzierten in der Hitze fleißig ihr Botulinostoxin und am nächsten Abend sorgte Sanchez persönlich dafür, dass die Suppe nicht ordnungsgemäß abgekocht bzw. entkeimt wurde. Dem Händler servierte er vor dieser Henkersmahlzeit noch ordentlich Schnaps, sodass er - abgefüllt durch den Alkohol - den strengen Geschmack der tödlichen Bohnensuppe nicht mehr richtig bemerken konnte. Und da Moreno ordentlich zulangte, war sein Schicksal besiegelt. Gegen zehn am nächsten Tag hörte Shermon Heijn aufgeregte Rufe draußen am Tor des Fort Beekenburg, dort wo die steile, in den Fels gehauene Treppe hinauf zum Plateau mit den Kanonen führte.

Durch die Tür sah er Bernardo Sanchez kommen. Nichts Gutes ahnend, ging er ihm zum Tor entgegen. "Warum sind Sie denn nicht mit dem Esel gekommen?" fragte er. Ihm fiel im Augenblick nichts Gescheiteres ein, denn dieser Besuch kam ihm ungelegen. Seine Soldaten tuschelten bereits hinter seinem Rücken über sein dubioses Privatleben und Sanchez konnte er gerade jetzt hier eigentlich nicht gebrauchen. Aber er wusste, wie beschwerlich der Weg aus Damasco war und tat so, als ob ihm der Verwalter willkommen war. Sanchez gab keine Antwort auf seine Frage. "Es ist etwas furchtbares geschehen, Herr Kommandant. Señor Moreno ist an Fleischvergiftung erkrankt. Es ist ganz schlimm mit ihm. Ich glaube, er stirbt." Heijn war fassungslos. Er musste sich setzen. Er wusste, dass schnelle Hilfe nottat, aber fürs erste waren seine Beine zu schwach, als dass er hätte losgehen können. Und Bernardo Sanchez musste sich erst ein paar Minuten ausruhen.

Die Aufregung und der Weg hatten ihn furchtbar mitgenommen. Er erzählte Heijn in der Zwischenzeit kurz, wie es dazu gekommen war: "Gestern haben wir eine Ziege geschlachtet. Der Koch hat 'El Chupe' für Señor Moreno zubereitet. Wir haben gleich gemerkt, dass die Suppe nicht gut war, aber Moreno hat gesagt, der Koch sollte sie nur ordentlich neu aufkochen, dann könnte man es essen." "Und Sie haben davon gegessen? Sie auch?" fragte der Offizier. "Ja, ich auch", log Sanchez. "Moreno, und ich auch." Heijn wusste nicht recht, was er dazu sagen sollte: da haben zwei Menschen von verdorbenem Fleisch in einer Suppe gegessen; der eine liegt angeblich im Sterben, und der andere geht den beschwerlichen Weg zur Caracasbaai in der Hitze und macht trotz der ungewohnten Anstrengung einen ganz gesunden Eindruck. "Was ist denn nun genau mit Señor Moreno?" fragte Shermon Heijn." „Gestern Abend schon, drei Stunden nach dem Verzehr der Suppe, hat er sich bereits nicht wohl gefühlt", erzählte Bernardo Sanchez. "Er hat es auf die Fleischvergiftung zurück geführt. Aber das Schlimmste ist, dass er nicht mehr sehen kann. Deswegen glaubt er auch fest an eine Vergiftung." „Und Sie merken überhaupt nichts?" "Nein. Jetzt nicht mehr. Ich habe mich erbrochen, und dann habe ich eigentlich keine Beschwerden mehr gehabt. Aber mit Moreno ist es schlimmer geworden. Im Laufe des heutigen Morgen ist seine Zunge so stark angeschwollen, dass er nicht mehr richtig sprechen, sondern nur noch unverständlich lallen konnte. Das letzte, was er noch einigermaßen verständlich sagen konnte, war, dass es die reinste Ironie sei, wenn er, der 'Retter von Damasco' gerade hier sterben sollte. Ich hätte ihm sofort ein Gebräu zum 'Auskotzen' machen sollen", jammerte er, "aber wir waren vor Schock wie gelähmt." Der junge Offizier ahnte, dass es um Minuten ging, und schrieb schnell ein paar Zeilen für seine Soldaten. Er eilte mit Sanchez nach Damasco. Sie brauchten lange für den Weg. Der Verwalter kam nur sehr langsam vorwärts. Als sie bei Riccardo Moreno ankamen, sah Heijn, dass es wahrscheinlich schon zu spät war. An eine Rettung des Händlers war überhaupt nicht zu denken. Moreno konnte nicht mehr sprechen. Was er zu sagen hatte, schrieb er auf ein Blatt Papier. Hören konnte er noch. Er hatte jedes Wort verstanden, das sein mörderischer Verwalter und der junge Holländer sagten.

Moreno litt entsetzliche Qualen. Sanchez wollte ihm zur Linderung einen feuchten Umschlag geben, aber dagegen wehrte er sich. Heijn wollte ihm wenigstens einen Schleimpfropf, der sich in seiner Luftröhre festgesetzt hatte, mit einem Blasrohr absaugen, aber das gelang ihm nicht. Endlich, am Nachmittag gegen fünf Uhr, kam Deron dazu. Um diese Zeit war der Händler schon so apathisch, dass er nicht mal mehr schreiben konnte. Dann nahm er noch einmal alle Kraft zusammen. Er griff zum Bleistift und schrieb seinen letzten Satz auf einen Zettel: "Ich verfluche dich im letzten Augenblick!" Seine Augen funkelten hasserfüllt. Seine Blicke trafen Bernardo Sanchez wie Pfeile. Für den Soldaten waren das Stunden schrecklicher Hilflosigkeit. Er musste zusehen, wie sein Ex-Freund jeden Versuch des Verwalters, in seine Nähe zu kommen, wütend abwehrte. Das einzige, was er noch tun konnte, war, im stillen für ihn zu beten. Helfen konnten er ihm nicht mehr. Er mussten machtlos zusehen, wie sich sein ehemaliger Lover quälte und immer unruhiger wurde. Sanchez tat so, als hätte er seine vor Hass funkelnden Blicke nicht gesehen. Aber jedes mal, wenn er in Morenos Nähe kam, machte er schwache Bewegungen, als ob er nach ihm schlagen und treten wollte. Erst als Sanchez gegen Abend hinaus ging, um sich draußen ein wenig auszuruhen, wurde Moreno ruhiger. Shermon und Deron waren allein mit ihm. Moreno faltete plötzlich die Hände und hob sie mir entgegen. "Wollen Sie beten, Señor?" fragte der geschockte Sklave leise. Er schüttelte den Kopf, hob wieder die Hände zu Heijn und dem Sklaven. Aber die konnten diese seltsame Geste nicht deuten. Kurz vor neun Uhr am Abend sah man dicke Schweißperlen auf seiner Stirn. Deron holte ein Tuch, um ihm die Stirn zu trocknen und ihm das Kissen aufzuschütteln. Dann kam Bernardo Sanchez wieder hinein. Als der Händler Sanchezs Stimme hörte, richtete er sich mit letzter Anstrengung noch einmal auf. Es sah gespenstisch aus, wie er versuchte, sich auf seinen Verwalter zu stürzen. Seine Augen flackerten in wildem fiebrigem Feuer. Sanchez schrie auf und wich entsetzt zurück. Dann sank Riccardo Moreno lautlos in sich zusammen und fiel in die Kissen zurück. Sein Leben war erloschen. Shermon Heijn und Deron konnten nichts mehr sagen. Sanchez rief sofort die Sklaven zusammen und verkündete emotionslos das Ableben des Schinders. Er erklärte sich selbst zum neuen Eigentümer der Plantage und befahl, Moreno umgehend in ein Tuch zu wickeln und ihn in einer der vorbereiteten Gruben am Totenfeld von Damasco beizusetzen. Ein gespenstischer Zug setzte sich in der Dunkelheit in Bewegung. Sanchez ging vor, die Sklaven mit dem Leichnam folgten, und Shermon und Deron taumelten vom Schock der Ereignisse betäubt hinterher. Das alles lief wie eine Geschichte vor ihren Augen ab, an der sie völlig unbeteiligt zu sein schienen. Aber es war kein böser Traum; hier gab es kein Erwachen. Ehe sich der Offizier versah, war sein toter Liebhaber ohne Ansprache unwürdig verscharrt, und er stolperte in der Dunkelheit alleine zurück zum Fort. So banal konnte eine große Liebe enden!

Die Tage nach dem Tode seines Ex-Liebhabers waren die schlimmsten, die Shermon Heijn je erlebt hatte. Der junge Holländer begriff erst allmählich, welchen Verlust er durch den Tod von Riccardo Moreno erlitten hatte. Der Mulatte, mit dem er zwar den geilsten Sex hatte, war kein Partner auf dem selben Level. Was nützte das größte Genital, wenn das Gehirn offenbar nur das Volumen einer Erbse umfasste? Shermon's Stimmung in den düsteren Gemäuern der Beekenburg kippte. Wie konnte Gott es zulassen, dass seine große Liebe nun tot auf Damasco verscharrt lag? Wie konnte es sein, dass kurz nach Thielens Tod schon wieder der Chef der Plantage überraschend verstarb? War das ein Zufall? Oder steckte mehr dahinter? Diese Dinge gingen dem Offizier nicht mehr aus dem Kopf. Er grübelte, dachte nach und kam zu dem Schluss, das Bernardo Sanchez hinter den Todesfällen stecken musste. Er war schließlich der Profiteur des Ganzen! Etwa einen Monat später ließ er den "Verdächtigen" Sanchez unter einem Vorwand zu sich nach Beekenburg kommen. Er tötete den ahnungslosen Ex-Matrosen, zerhackte dessen Leiche und fütterte damit die Schweine des Forts. Es geschah genau so, wie Sanchez es in seinen Alpträumen vorher gesehen hatte. Die Arbeiter nutzten das Chaos auf Damasco, um zu fliehen. Ein Teil fand Arbeit auf Curaçao, ein Teil reiste mit Morenos Schoner "Vincent Verga" zurück nach "Neu Granada" und der Rest zerstreute sich in alle Himmelsrichtungen. Die verlassene Plantage Damasco lag noch über ein Jahrzehnt im Dornröschenschlaf."

Beim Stichwort „Albträume" fühlte sich Bosch stark an seine eigene schreckliche Situation erinnert. Und auch seine Liebe zu Frans und zu Jan Bakker war „tot". Irgendwie erschien es ihm so, als hätte ihm Bakker mit seinem Manuskript eine Warnung zukommen lassen wollen. Nämlich die, sich in einem fremden Land nicht mit den falschen Leuten anzulegen. Nun, wenn es so gewesen ist, hatte er diese Warnung nicht erhört. Darum war er nun in dieser Situation.

Immerhin lebte er aber noch, im Gegensatz zu Sanchez und Moreno. Irgendwie gab ihm das Trost! In seinem Tagebuch, welches später im Jahre 1726 gefunden wurde, schrieb Bosch:

„Vom 21. bis 31.Juli 1725 schien die Sonne gnadenlos von einem stahlblauen Himmel. Es ging keinerlei Wind und keine Wolke war zu sehen. Die Insel glühte tagsüber wie ein Ofen und nachts glühte sie ebenfalls wie ein Ofen. So könnte man sich die Hölle vorstellen. Ich rationierte jeden Tag drei Becher Wasser, die ich langsam nippte und wurde immer wütender auf Gott. Meine Zunge kann die Qualen, die ich erduldete, nicht aussprechen. Mein Mund ist ständig ausgetrocknet, meine Zunge ist rissig, meine Haut ist verdorrt wie altes Leder.

Vom 1. bis 3. August ging ich mit meinem Eimer hinaus und fand ein wenig Wasser, das die Ziegen in der Höhle eines Felsens zurückgelassen hatten. Das freute mich sehr. Ich schaufelte alles so sauber wie möglich heraus und trug es zu meinem Zelt, wo ich es in mein Fass goss. Am 4. ging ich den Strand entlang und fand ein zerbrochenes Ruder und drei oder vier kleine Stücke aus Holz, was sehr brauchbar zum Feuer machen war. Als ich ein Stück weiter ging, entdeckte ich etwas, das mir in einiger Entfernung wie ein Haus erschien und erinnerte mich daran, dass ich gehört hatte, dass die Portugiesen früher auf dieser Insel lebten. Aber als ich das vermeintliche Haus erreichte, was er nur ein Steinhaufen, in dessen Hohlraum sich einige Nägel und zerbrochene Glasflaschen befanden. Diese waren für mich von geringem Nutzen. Deshalb nahm ich mein Holz und marschierte nach Hause.

Am 5. ging ich wieder auf Entdeckungstour, um Essen zu suchen, kehrte aber überwältigt von Trauer und Not zurück. Am 6. ging ich zu meinem Zelt am Strand und beobachtete, dass drei oder vier der

Erbsen, die ich zuvor in den Boden gesetzt hatte, gekeimt waren. Ich hatte sie mit meinem Urin getränkt. Aber nach einigen Tagen stellte ich zu meinem Entsetzen fest, dass Ungeziefer die Keimlinge ganz verschlungen hatte, was meine frühere Freude über die gelungene Keimung dämpfte. Der 7. August. Ich stelle hiermit fest: Innerhalb von drei Monaten hat es kaum eine Stunde geregnet, und auf der ganzen Insel ist auch kein Tropfen Wasser zu finden, außer dem, was ich in meinem Fass aufbewahrt habe. Wenn Gott, der Allmächtige, die Insel nicht schnell mit reichlich Regen erfrischt, muss ich unweigerlich zugrunde gehen. Will er es nicht regnen lassen oder kann er es nicht?

Vom 8. bis zum 10. suchte ich wieder ganz intensiv nach Wasser, konnte aber keines finden und begriff, dass der Tod schon hinter den nahen Felsen auf mich lauerte. Ich verstand es einfach nicht, dass ich gar kein Schiff sichtete. Denn die Himmelfahrtinsel war der einzige Anlegeplatz weit und breit und wenn ein Schiff auf hoher See in Not geriet, musste es diese Insel anlaufen. Am 11. ging ich zu meinem Zelt am Strand, wo ich wieder ein schreckliches Metallgeräusch hörte, aber nicht erkennen konnte, woher es kam. Ich beschloss, den Hügel hinaufzusteigen, um der Sache nach zu gehen, sah dort aber nichts außer einer riesigen Vogelwolke. Ich kam zu dem Schluss, dass der Lärm von ihnen gemacht wurde. Ich hatte mich also offenbar getäuscht. Da war kein Metall.

Vom 12. bis 17. lief ich durch jeden Teil der Insel, aber es gab nirgendwo einen einzigen Tropfen Flüssigkeit. Nicht einmal Tau. Ich blickte sorgenvoll in mein Fass. Ich hatte jetzt nicht mehr als sechs Gallonen übrig, was mich nichts kochen und nur wenig trinken ließ. Am 18. und 19. verirrte ich mich, und da bereits die Nacht herein brach und ich weit von meinem Zelt auf der gegenüberliegenden Seite der Insel entfernt war, musste ich nachts zwischen zwei Felsen liegen. Dort konnte ich kaum schlafen, denn eine große Zahl an

Ratten lief über meinen Körper. Ich geriet in Panik, dass mich diese Tiere angreifen und töten könnten. Am 20. betete ich wider besseren Wissens ununterbrochen zum allmächtigen Gott, damit er mir Regen sendet. Mit meinem Spaten grub ich aus Verzweiflung ein größeres Loch, fand aber keine Feuchtigkeit. Ich betrachtete den Himmel in der Hoffnung, eine vielversprechende, mit Wasser aufgeladene Wolke zu sehen, die sich vielleicht abregnen und mir in dieser Not irgendwie Erleichterung verschaffen könnte, aber meine Hoffnungen waren natürlich vergebens. Dann wanderte ich wie wild über die sterilen Hügel und bat darum, dass die Felsen und der Sand mich bedecken könnten. Ich hielt die Ziegen, die auf der Insel herumstöberten, für weitaus glücklicher als mich selbst.

Am 21. streifte ich mit meiner Schaufel in der Hand bewaffnet über die Insel, fand aber keine Erfrischung. Die kleine Menge Wasser, die ich übrig hatte, war nun fast erschöpft. Ich musste Wasser mit meinen Urin anreichern und trinken, weil ich es besser fand als Salzwasser. Ich war so extrem ausgetrocknet, dass meine Lippen begannen zusammenzukleben. Mit dem Untergang der Sonne kühlte mein Körper etwas ab und ich fühlte mich dann stets sehr erleichtert."

Abbildung 06: Nicolas Montemolinos im Februar 2016 vor dem Fort Beekenburg auf Curacao, auf das sich Jan Bakker in seinem Manuskript bezogen hatte.

Erläuterungen zum Klima von Ascension

Ascension liegt im Passatwindgürtel und hat eine Durchschnittstemperatur von 85 ° F an der Küste und 75 ° F auf einer Höhe von 2.000 Fuß. Ein heutiger Urlauber aus Nordeuropa würde das Klima von Ascension zweifellos herrlich finden; es ist trocken, warm und frei von Pollen. Eigentlich herrscht hier eine Art Heilklima, vor allem direkt an der Küste, wo die salzige Luft des Meeres zusammen mit dem warmen Wind die Lungen ordentlich reinigen kann. Die Insel liegt südlich der Äquatorialströmung, inmitten des schwachen Südatlantikkreisels. Diese Strömungen verschieben sich im europäischen Sommer nach Norden und im europäischen Winter nach Süden. Die meiste Zeit des Jahres enthalten der klare Himmel und die sanfte Westbrise wenig Feuchtigkeit und lassen selten Regen fallen. Im Tiefland der Insel fallen durchschnittlich fünf Zoll Niederschlag pro Jahr. Die höheren Spitzen nehmen etwas mehr Feuchtigkeit auf, wodurch sie leicht ergrünen.

Wäre der unglückliche Bosch auf einer Insel 10 ° nördlich oder südlich von Ascension gelandet, hätten sich seine Überlebenschancen deutlich verbessert.

Ascension ist heute britischer Besitz. Es wird hauptsächlich von Personal bewohnt, das die Unterwasserkabel für die Telefonübertragungen wartet. Die Bewohner beziehen den größten Teil ihres Wassers aus einer Quelle im sogenannten Breakneck Valley, welches sich in einem ziemlich unzugänglichen Teil der Insel befindet und nach Südwesten ausgerichtet ist. An den Hängen des Green Mountain wurden im 19. Jahrhundert Bambus und andere Pflanzen, z.B. Norfolk-Araukarien, eingeführt. Diese Pflanzen sind in der Lage, den Wolken und dem Nebel, der über die Insel zieht, etwas Feuchtigkeit zu entziehen. Während des Zweiten Weltkriegs stationierten die Vereinigten Staaten eine Staffel von Flugzeugen auf Ascension. Aufgrund der großen Entfernung der Insel von den Bezugsquellen wurde eine ziemlich aufwendige Aquaponikfarm eingerichtet, um frisches Gemüse anzubauen. In diesem Projekt wurden erfolgreich Tomaten, Salat und Gurken gezogen. Die Luftwaffe wurde zunächst von den Vogelschwärmen beeinträchtigt, die auf der Insel nisteten. Es mussten leider drastische Maßnahmen ergriffen werden, um die Flugzeuge vor Katastrophen durch Vogelschlag zu schützen. Die Flieger der amerikanischen Luftwaffe sagten immer im Scherz: "Wenn Sie Ascension nicht finden, bekommt Ihre Frau eine Rente."

Direkt parallel zur Insel ist die Kongo-Küste das nächst gelegene Land in Richtung Osten. Westlich von Ascension liegt die Ausbuchtung Brasiliens mit heißen, feuchten Sommern und heißen, trockenen Wintern. Das Land um Recife wird seit Jahrhunderten von unzuverlässigen Regenfällen und Dürre heimgesucht. Im Januar erstreckt sich der Doldrums-Gürtel bis etwa 50 ° südlich im Atlantik, was einige Feuchtigkeit mit sich bringt, aber während des größten Teils des Jahres verschiebt sich der Flautengürtel nach Norden und wird durch Passatwinde ersetzt - sonnige Tage, klare Nächte - wenig Regen.

Während uns das Trinken von Urin durch Bosch heute seltsam erscheint, haben Menschen in früheren Zeiten oft Urin getrunken. Menschlicher Urin hat einen geringeren Salzgehalt als Meerwasser. Frischer Urin ist am besten; Seeleute aus dem 17. und 18. Jahrhundert gaben an, dass die Flüssigkeit nach mehrmaligem Trinken rot und immer ungenießbarer wurde. Die Geschichte berichtet, dass Männer und Frauen bei vielen unglücklichen Gelegenheiten gezwungen waren, Urin zu trinken. Die Bibel nennt mindestens drei Beispiele, wenn Menschen unter Belagerung oder während einer Dürre Urin tranken. Lange Belagerungen, die den Städten das Trinkwasser abschneiden, zwangen zum Beispiel die Einwohner Jerusalems, Urin zu trinken. Die Bewohner arider Regionen greifen in Zeiten der Not immer noch darauf zurück. Es ist eine Art Instinkt! Einige Ureinwohner Papua-Neuguineas trinken den Urin anderer, die halluzinatorische Pilze gegessen haben, um auch unter den Einfluss der ausgeschiedenen Droge fallen zu können. Aber sie tun es eher zur Anregung als aus Notwendigkeit.

1836 machte Charles Darwin, damals ein 27-jähriger junger Naturforscher, Station auf Ascension. Er befand sich auf der letzten Etappe seiner bedeutenden Entdeckungsreise um die Welt an Bord des Dreimasters „Beagle". Seine nachfolgende Beschreibung von Ascension, gibt uns einen Blick auf die Insel, die sich seit der Zeit von Bosch nur relativ wenig verändert hatte.

„Am 19. Juli erreichten wir die Himmelfahrtinsel Diejenigen, die schon einmal eine Vulkaninsel gesehen haben, die sich in einem trockenen Klima befindet, haben vermutlich sofort ein Bild von Ascension vor Augen. Sie werden sich glatte, konische Hügel von leuchtend roter Farbe vorstellen, deren Gipfel meistens wie abgeschnitten sind und sich aus einer ebenen Fläche aus schwarzer, rauer Lava erheben.

Ein richtiger Berg in der Mitte der Insel ragt über die trockenen Hügel heraus. Er heißt „Green Hill"; sein Name stammt von dem schwachen grünen Schimmer, der zu dieser Jahreszeit vom Ankerplatz aus kaum wahrnehmbar ist. Um die trostlose Szene zu vervollständigen, werden die schwarzen Felsen an der Küste zudem noch von einem wilden und turbulenten Meer gepeitscht. Während der Tage, als die englische Marine die Meere regierte, wurde Ascension mit britischen Soldaten besetzt, um als Stützpunkt zu fungieren.

Eine kleine Siedlung liegt in Strandnähe; sie besteht aus mehreren Häusern und Kasernen, die zwar unregelmäßig angeordnet sind, aber stabil aus weißem Stein errichtet wurden. Die einzigen Bewohner sind Soldaten und einige befreite afrikanische Sklaven, die von der Regierung bezahlt werden. Es gibt keine Privatperson auf der Insel. Viele der Soldaten schienen mit ihrer Situation sehr zufrieden zu sein; sie denken, es sei besser, ihre einundzwanzig Dienstjahre an Land zu verbringen, lass es sein, was es mag, als auf einem Schiff. Wenn ich ein Marinesoldat wäre, würde ich dieser Wahl von ganzem Herzen zustimmen.

Am nächsten Morgen stieg ich auf den 2840 Fuß hohen Green Hill und betrachtete von dort oben die Insel. Der Blick reichte bis zum Luvpunkt. Eine gute Schotterstraße führt von der Küstensiedlung zu den Häusern, Gärten und Feldern, die sich etwas unterhalb des Gipfels dieses Zentralberges befinden. Am Straßenrand gibt es Meilensteine, und ebenso Zisternen, in denen jeder durstige Passant gutes Wasser trinken kann. In jedem Teil der Siedlung und insbesondere bei der Bewirtschaftung der Quellen wird ähnliche Sorgfalt angewendet, damit kein einziger Wassertropfen verloren geht oder verschwendet wird. In der Tat kann die ganze Insel mit einem riesigen Schiff verglichen werden, das in erstklassiger Ordnung gehalten wird. Die englische Nation allein hat daran gedacht, die Insel Ascension produktiv zu machen. Jedes andere Volk hätte sie als bloße Festung im Ozean gehalten. In der Nähe der Küste wächst rein gar nichts; weiter im Landesinneren können gelegentlich grüne Rizinusölpflanzen und einige Heuschrecken, wahre Freunde der Wüste, angetroffen werden.

Etwas Gras wächst vereinzelt in der zentralen Hochregion, und die Landschaft ähnelt dem schlimmsten Teilen der walisischen Berge. Aber so spärlich wie die Weide auch erscheinen mag, grasen hier ungefähr sechshundert Schafe, viele Ziegen, ein paar Kühe und sogar Pferde. Von einheimischen Tieren gibt es Landkrabben und Ratten in großer Zahl. Ob die Ratte allerdings wirklich einheimisch ist, kann durchaus bezweifelt werden. Es gibt zwei Arten von Ratten; eine ist von schwarzer Farbe, mit feinem glänzendem Fell und lebt auf dem grasbewachsenen Gipfel. Die andere ist braun gefärbt und weniger glänzend, hat längere Haare und lebt in der Nähe der Siedlung an der Küste. Beide Arten sind ein Drittel kleiner als die gemeine schwarze

Ratte (M. rattus); und sie unterscheiden sich davon sowohl in der Farbe als auch im Charakter ihres Pelzes, aber in keiner anderen wesentlichen Hinsicht. Ich bezweifele nicht, dass diese Ratten (wie die ebenfalls wild gewordene gemeine Maus) nach Ascension importiert wurden und wie auf den Galapagosinseln von den neuen Bedingungen, denen sie ausgesetzt waren, verändert wurden bzw. sich daran angepasst haben. Daher unterscheiden sich die Gipfelratten von den Küstenratten. Es gibt hier keine einheimischen Vögel mehr. Aber das Perlhuhn, das von den Kapverdischen Inseln eingeführt wurde, ist reichlich vorhanden, und das gemeine Geflügel ist ebenfalls verwildert. Einige Katzen, die ausgesetzt worden waren, um die Rattenplage zu bekämpfen, sind nun selber zur Plage geworden. Die Insel ist völlig baumlos und eigentlich bei einem direkten Vergleich in jeder Hinsicht St. Helena weit unterlegen, bis auf ihre zentrale Lage im Ozean.

Eine meiner Exkursionen führte mich in Richtung Südwest-Ende der Insel. Der Tag war klar und heiß, und ich sah die Insel, die nicht vor Schönheit strahlte, sondern sich mit nackter Scheußlichkeit präsentierte. Die erstarrten Lavaströme sind bis zu einem Grad rau, der geologisch gesehen nicht einfach zu erklären ist. Die Flächen zwischen der erstarrten Lava sind mit Schichten aus Bimsstein, Asche und vulkanischem Tuff gefüllt. Als ich die Insel auf See passierte, konnte ich mir keinen Reim darauf machen, mit welchen weißen Flecken die ganze Ebene gesprenkelt war. Ich stellte jetzt fest, dass es sich um Seevögel handelte, die so friedlich schliefen, dass selbst am Mittag ein Mann auf sie zukommen und sie ganz einfach ergreifen konnte. Diese Vögel waren die einzigen Lebewesen, die ich den ganzen Tag gesehen habe. Am Strand herrschte eine große Brandung, obwohl nur eine leichte Brise wehte. Die Geologie dieser Insel ist in vielerlei Hinsicht interessant. An mehreren Stellen bemerkte ich Vulkanbomben, d.h. Lavamassen, die flüssig durch die Luft geschossen wurden und folglich eine Kugel- oder Birnenform angenommen haben. Nicht nur ihre äußere Form, sondern in einigen Fällen auch ihre innere Struktur zeigt auf sehr eindrucksvolle Weise, dass sie sich im Flug in sich selbst gedreht haben. Ein Hügel, der offensichtlich aus älterem Vulkangestein besteht und fälschlicherweise als Krater eines Vulkans angesehen wurde, ist bemerkenswert, da sein breiter, leicht ausgehöhlter und kreisförmiger Gipfel mit vielen aufeinanderfolgenden Asche- und feinen Schlackeschichten gefüllt wurde. Diese untertassenförmigen Schichten treten am Rand hervor und bilden perfekte Ringe in vielen verschiedenen Farben, die dem Gipfel ein fantastisches Aussehen verleihen. Einer dieser Ringe ist weiß und breit und ähnelt einer Pferderennbahn. Daher wurde der Hügel die 'Reitschule des Teufels' genannt.

Aufgrund der extremen Trockenheit des Klimas stellte ich mir vor, dass während eines großen Ausbruchs wahrscheinlich Regenströme gefallen waren und dass sich so ein vorübergehender See gebildet hatte, in den die Asche fiel. Vielleicht war es auch so, dass der See nicht nur vorübergehend, sondern länger existierte. Wie auch immer, wir können sicher sein, dass in einer früheren Epoche das Klima und die Flora von Ascension sich sehr von dem unterschieden, was wir heute vorfinden. Wo auf der Erde können wir einen Ort finden, an dem eine genaue Untersuchung keine Anzeichen für den endlosen Zyklus des Wandels liefert, dem unsere Erde ausgesetzt war, ist und sein wird?"

Ascension Island befindet sich auf dem Mittelatlantischen Rücken, der den Rand einer Trennungszone zwischen den tektonischen Platten Eurasien-Afrikas und Amerikas markiert. Der überwiegend unter Wasser liegende Kamm ist 300 bis 600 Meilen breit und etwa 10.000 Meilen lang, beginnend nördlich von Island und erstreckt sich bis nach Südafrika. Der größte Teil des Kamms befindet sich 5.000 bis 10.000 Fuß über dem Atlantikbecken, aber an einigen Stellen stoßen seine Gipfel über die Meeresoberfläche und bilden die Inseln der Azoren, die Felsen von St. Paul, sowie die Eilande Ascension, St. Helena, Tristan da Cunha und Bouvert. Der höchste Gipfel auf der Insel Pico auf den Azoren liegt 8.000 Fuß über dem Meeresspiegel.

Als Ascension im 16. Jahrhundert von portugiesischen Seeleuten entdeckt wurde, war es nur ein grauer Vulkanhaufen, der mit messerscharfer Lava und Vulkankegeln bedeckt war. Seeleute hielten dort nur aus der dringenden Notwendigkeit an, ihre Schiffe zu reparieren oder Schildkröten zu fangen. Ödnis umgab diese wasserlosen Insel; sie wurde von Menschen und Tieren gemieden. Nur Seevögel und Schildkröten besiedelten die kahlen Felsen zunächst. Die Insel blieb bis 1815 unbewohnt, als die Briten sie mit Marinesoldaten besetzten, um Napoleon zu bewachen, der auf St. Helena, 800 Meilen südlich, verbannt wurde. Im Jahr 1821, dem Jahr, in dem Napoleon starb, übernahm die Insel dann eine andere Rolle - sie wurde zur Versorgungsbasis für Schiffe, die den aus Westafrika stammenden Sklavenhandel unterbinden wollten. Befreite Sklaven und die Männer, die die Sklavenhändler jagten, nutzten die Insel als Transithafen. Die britische Marine patrouillierte damals an der gesamten afrikanischen Küste von Kap Verde im Norden bis Benguela im Süden. Der größte Teil des illegalen Sklaven-Handels stammte aus dem Sektor der Buchten von Benin und Biafra, etwa acht bis zehn Segeltage von Ascension entfernt.

In den 1860er Jahren zahlte Lloyd's of London sechs Pfund pro Jahr an einen örtlichen Marine-Aussichtspunkt auf dem Cross Hill dessen Aufgabe es war, die Bewegung von Dampfschiffen zu melden. Die Berichte erreichten London aber erst einen Monat nach der Sichtung oder sogar noch später. 1899 erhielt Ascension sein erstes Untersee-

Kabel von Kapstadt via St. Helena und wurde so zu einem Knotenpunkt der internationalen Kommunikation. Seitdem existiert eine dauerhafte Kabelstation. 1922 wurde die Verwaltung der Insel an die British Cable Company übergeben. Während des Zweiten Weltkriegs bauten die Vereinigten Staaten hier sogar eine Landebahn für Flugzeuge und die Inselbevölkerung stieg von 200 auf 300. In den 1960er Jahren richtete die US-amerikanische Luft- und Raumfahrtbehörde (NASA) eine Satellitenortungsstation 1.750 Fuß über dem Meeresspiegel ein, auf der sogenannten „Aschengrube des Teufels". Soweit zur Geologie und zum Klima der Himmelfahrtinsel Doch wie ging es mit Leonard Bosch weiter? Das entnehmen wir den letzten Seiten seiner Aufzeichnungen, die man 1726 fand:

Das Ende der Reise

„Am 22. August 1725 machte ich einen Spaziergang zum Strand, wo ich eine Schildkröte fand, die ich sofort tötete und vor lauter Durst noch an Ort und Stelle eine Gallone Blut anstelle von Wasser trank. Ferner nahm ich etwas von dem Fett und ihre Eier, mixte beides zusammen, briet und aß es. Aber das Blut schmeckte furchtbar und löschte auch nicht meinen Durst, so dass ich gezwungen war, eine große Menge meines eigenen Urins zu trinken. Da ich keine Hoffnung mehr hatte, Wasser zu finden, nahm ich am 23. noch mehr Schildkrötenblut, mischte es mit eigenen Urin, kochte etwas Tee darin auf und hielt es für weitaus besser als rohes Blut. Dieses Gebräu konnte ich besser vertragen.

Um vier Uhr nachmittags kehrte ich in mein Zelt zurück und hatte nichts zu trinken außer Schildkrötenblut. Vom 24. bis 27. hatte ich an nichts anderes gedacht als an den Tod. Ich betete ernsthaft dafür, dass Gott meinem Elend ein Ende setzen würde. Die Vogeleier, die ich gefunden und ausgeschlürft hatte, linderten meinen Durst nicht; deshalb musste ich wieder Tee aus Urin und Blut kochen. Am 28. ging ich um drei Uhr morgens hinaus und tötete eine Schildkröte mit meinem Beil. Ich fing das Blut in meinem Eimer auf. Es gab eine große Menge Wasser in der Blase des Tieres, das ich trank. Es war viel besser als das Blut. Dann schnitt ich etwas Fleisch ab und trug es zu meinem Zelt. Und da ich sehr ausgetrocknet war, kochte ich noch etwas Tee mit Schildkrötenblut, aber mein Magen, der schwach war, brauchte mehr Nahrung. Das bittere Blut erwies sich als starkes Brechmittel, und ich konnte es nicht länger in mir behalten.

Am 29. konnte ich nicht schlafen, verursacht durch Schwindel in meinem Kopf, der mich so sehr beschwerte, dass ich dachte, ich müsste verrückt werden. Ich ging noch einmal auf die Suche nach Wasser, fand aber keines. Am 30. betete ich darum, endlich erlöst zu werden. Meine Handlungen sind nicht zu rechtfertigen, meine Qualen unaussprechlich und mein Ende unvermeidlich. Ich wollte noch in diesem Monat, dem August, sterben. Am Nachmittag bemühte ich mich, aus meinem Zelt herauszukommen, konnte aber nicht laufen. Ich hatte noch etwas Schildkrötenfleisch in meinem Zelt, aber es war wohl schon in Verwesung und stank, und ich litt solche Qualen, weil ich kein Wasser hatte, das ich es hier nicht beschreiben kann. Ich wurde ohnmächtig...

30. August. Die strahlende Sonne und der Wassermangel, die Einsamkeit, die ständig kreischenden Seeschwalben am Himmel, die trostlose Landschaft - ich fürchte, ich werde meine Sinne völlig verlieren. Christus bewahre mich. Als ich heute auf dem Meer nach Schiffen suchte, die nicht kommen, schwirrten mir seltsame Erinnerungen im Kopf herum. Ich erinnerte mich an ein Ereignis, als ich ein Junge war.

Ich habe seit fünfundzwanzig Jahren nicht mehr daran gedacht. Als ich noch ein Kind war, nahm mich mein Vormund einmal mit zum Hauptplatz in Delft, um die Hinrichtung eines Jungen zu sehen, der eine Gans gestohlen hatte. Der Junge war ungefähr in meinem Alter, dünn und schmutzig. Er stand mit gesenktem Kopf auf einer Plattform, auf der zwölf Galgen aufgebaut waren. An einem Galgen hing bereits ein alter Mann. Die linke Hand des Jungen war abgehackt worden. Er hielt einen schmutzigen Lappen um den Stumpf, um die Blutung zu stillen. Seine Augen waren geschlossen. Seine dünnen Beine waren vor Schmerz fest geschlossen.

Wir standen mit einer Menge halb betrunkener Bürger und Arbeiter zusammen, die gekommen waren, um das Hängen zu sehen. Einige von ihnen aßen Brot und Käse und Würstchen und tranken Bier. Ein fetter Prediger kletterte auf die Plattform zu den dünnen Jungen hinauf. Er winkte mit seinen fetten Händen, um die Menge zu beruhigen, und sagte: "Dieser elende Junge hat Eigentum gestohlen und nach den Gesetzen Gottes und der Republik Holland muss er dafür bestraft werden. Wenn wir den Diebstahl fördern, indem wir nicht streng damit umgehen, werden sich auch andere dem Stehlen zuwenden, anstatt ehrlicher Arbeit, um ihre Bedürfnisse zu befriedigen. Eigentum ist heilig." Er sah den Jungen an und sagte: "Gott segne seine Seele." Als der Prediger herabstieg, stieg ein Henker mit schwarzer Kapuze hinauf zu der Stelle, an der der gefesselte Junge stand. Der Junge war zu verängstigt, um die Augen zu öffnen, aber ich erinnere mich, dass er rief: "Wir hatten Hunger. Meine Mutter hungert ..."

Der Henker legte die Schlinge um den Hals des Jungen und trat die Falltür unter seinem dünnen Körper auf. Der Junge schrie einmal, aber das Seil brachte ihn bald zum Schweigen und sein kleiner Körper schwang leise im Wind. In der Menge stand neben mir ein großer, ekliger Mann, dessen Gesicht mit einem heißen Eisen gebrandmarkt und dessen Ohr abgehackt worden war. Er sagte: "Das Kind hat versucht, die falsche Gans zu stehlen. Man sollte das Eigentum eines Bürgermeisters besser in Ruhe lassen ... ich wurde in Leyden von einem heißen Eisen gebrandmarkt und mein Ohr wurde abgehackt, weil ich ein Brot des Bäckers genommen hatte. Diese Art der Bestrafung ist natürlich besser als an einem Galgen gehängt oder am Wagenrad gebrochen zu werden." Ich fragte: "Wie kann der Henker guten Gewissens einen so kleinen Jungen ermorden?" Der verstümmelte Mann antwortete: "Ich würde es auch tun. Er bekommt drei Gulden pro Kopf und neun Gulden mehr, wenn er die Leiche begräbt. Als ich Knecht auf dem Tulpenfeld war, bekam ich fünf Gulden pro Monat. Dieser Henker hat letztes Jahr über zweihundert Diebe getötet. Er ist ein reicher Mann."

Er hob die rechte Hand, die eine glatte Narbe auf der Handfläche aufwies. „Siehst Du das, mein Junge? Der Kumpel des Vorarbeiters erwischte mich dabei, wie ich dem Arbeiter Willem ein Hemd aus dem Schrank nahm. Der Mann war an der Syphilis gestorben und schon bestattet worden. Der Kumpel hatte meine Hand an den Mühlenflügel genagelt. Ich blieb zwei Tage wie Christus dort, bis ich meine Hand frei zog. Calvinistische Gerechtigkeit! Pahh!" Der Mann spuckte auf den Galgen; er muss wohl ein Katholik gewesen sein. Ich kann den Jungen im Wind schwingen sehen, als wäre es gestern passiert. Vielleicht hat Gott mir die Erinnerung wieder vor Augen gerufen, um mir zu sagen, dass mein Ende nahe ist.

Am 31., als ich über den Sand kroch, weil ich nicht mehr drei Schritte gehen konnte, erspähte ich eine Schildkröte. Ich hackte ihr mit meinem Beil den Kopf ab und legte mich auf meinen Seite und saugte das herauslaufende Blut auf. Danach steckte ich meinen Arm in den Körper und zog die Blase heraus. Ich kroch damit zu meinem Zelt und presste das Wasser in den Teekessel. Dann kehrte ich zurück, um das Tier zu zerlegen und um die Eier zu heraus zu holen. Dabei brach der Griff meines Beils.

Die Eier trug ich zu meinem Zelt und briet sie, dann kochte ich mir Tee mit meinem eigenen Urin. Das belebte mich sehr. Warum schreibe ich eigentlich weiter, wenn ich kaum einen Stift in meinen ausgetrockneten Fingern halten kann, die fast so dünn sind wie meine Feder? Diese Frage musste ich mir stellen. Aber was gibt es denn anderes zu tun, als zu beten und zu schreiben? In ein paar Tagen muss ich sicher sterben. Nur ein Wunder kann mich retten. Mein Leben verdunstet mit jedem Tropfen Wasser, der meinen verdorrten Körper verlässt. Wasser ist eine ständige Bedrohung für die Deiche meiner Heimat. Und hier fehlt es komplett. Was für ein Irrsinn.....

Ich bin von einem Meer aus Wasser umgeben; dennoch sterbe ich aus Mangel daran. Heute habe ich geträumt, ich wäre wieder auf der "De Snikkel" und trinke meine tägliche Ration Schnaps und Wasser. Dann träumte ich, ich sitze mit Rudi Rutters zusammen und trinke in Meyers Taverne in der Nähe des Kais in Batavia große Bierkrüge. Dann hatte ich Visionen von gebratenen Entenküken und Quitten, die mir von meiner Frau mit Weißbrot serviert wurden, alles mit portugiesischem Wein abgeschmeckt. Dreihundert Fässer Wein aus Kapstadt und Trinkwasser liegen im Laderaum der "De Snikkel", der die große Galionsfigur des Roten Löwen an ihrem Bug vorsteht und die von zweihundert Soldaten und achtunddreißig Kanonen beschützt wird.

Der leere Zinnbecher auf dem Boden meiner Höhle trägt das Zeichen "VOC", ebenso wie jeder andere Gegenstand auf den Schiffen der Firma. Meine Arbeitgeber sagen: "Christus ist gut, aber der Handel ist besser." Wie viele andere der 30.000 Bediensteten der Gesellschaft praktizieren die dummen Sünden, wenn sie Sünden sind, denen ich beschuldigt wurde? Sie nennen es „Sodomie"? Ich nenne es „Liebe"!

Lieber Jesus, ich bin unschuldig, nicht wahr? Der Himmel ist voll von engelhaften Männern. Christus, mein Retter, sollte es etwa sündig sein, Brüder zu lieben und ihnen Freude zu bereiten? War es falsch, Frans zu trösten?

Am 1. September, tötete ich eine weitere Schildkröte, aber nachdem ich mein Beil zerbrochen hatte, zerriss ich die arme Kreatur in Stücke und das Harken zwischen den Eingeweiden brach die Galle, was das Blut sehr bitter machte. Ich war aber gezwungen, es zu trinken. Sonst hätte ich sterben müssen. Ich konnte nicht mehr klar denken, ich fiel oft in tiefen Schlaf. Ich erbrach bald wieder, was ich vorher getrunken hatte. Ich war am ganzen Körper ausgetrocknet und trank einen Liter Salzwasser, konnte es aber nicht in mir halten. Ich war danach so krank, dass ich den sofortigen Tod erwartete und mich gedanklich so gut ich konnte vorbereitete. Ich hoffte, Jesus würde meiner Seele gnädig sein. Nachdem es dunkel war, sah ich eine Schildkröte im Mondlicht auf mein Zelt zu kriechen. Ich tötete sie und trank ungefähr zwei Liter ihres Blutes. Ich bemühte mich dann zu schlafen. Am 3. erwachte ich und mir ging es einigermaßen gut. Ich setzte meine Zeit ein, um den Griff an meinem Beil zu reparieren, und aß etwas von der Schildkröte, die ich in der Nacht zuvor getötet hatte. Vom 4. bis 6. lebte ich von Schildkrötenblut und Eiern. Dann sah ich plötzlich vor mir den Herrn Jesus, der vom Himmel herabblickte und mit sanfter Stimme zu mir sagte: "Glaube an den Herrn Jesus Christus und du wirst gerettet werden."

7. September. Ich kann nicht lange leben. Meine Kraft nimmt ab. Ratten kommen und knabbern bereits an meinen Sandalen. Der 12., 13., 14., 15., 16. und 17.September. Sonne, Hitze, ein kurzer

Regenschauer. In einem Loch finde ich zwei Becher Flüssigkeit. Der 18., 19., 20., 21., 22., 23., 24., 25., 26., 27., 28., 29., 30. September, nichts passiert. Am 1., 2., 3., 4., 5. und 6. Oktober, alles wie zuvor. Nichts. Am 7. Oktober 1725 ist mein Holz aufgebraucht, so dass ich gezwungen bin, rohes Fleisch zu essen. Ich hoffe, dass der Herr meiner Seele gnädig ist und mein Ende bald kommt. Am 8. trank ich meinen eigenen Urin und aß wieder rohen Fisch. Der 9., 10., 11., 12., 13. und 14. Oktober, alles ist wie zuvor ..."

Abbildung 07: An diesem Strand wurde Leonard Bosch 1725 ausgesetzt.

Epilog

Hier bricht das Tagebuch plötzlich ab. Es wurde drei Monate später, im Januar 1726 von einer vor Ascension ankernden englischen Schiffsbesatzung gefunden, aber eine Leiche oder ein Skelett sichtete niemand. So gelangte seine Geschichte dank seiner Aufzeichnungen nach Europa.

Es war nicht weiter verwunderlich, dass die Engländer den schwulen Robinson nicht fanden, denn Bosch war zum Schluss, mehr tot als lebendig, doch noch gerettet worden. Natürlich blieb dieser Teil der Geschichte lange im Dunkeln, bis man in den 1920er Jahren in den Archiven von Salvador de Bahia hierzu alte Dokumente fand. Was war passiert? Portugiesische Sklavenhändler, deren Schiff auf dem Weg von Westafrika nach Brasilien gefährlich leckte, waren Mitte Oktober 1725 in eine der geschützten Buchten auf der Westseite der Insel gefahren, um Reparaturmaßnahmen zu veranlassen. Obwohl er den Portugiesen keinen Nutzen versprach, nahmen sie den Ausländer, der sie nicht verstand und den sie auch nicht verstanden, mit. Denn er war ein weißer Europäer. Ihr Ehrbegriff verpflichtete sie dazu, einem Weißen zu helfen! Sie griffen ihn am Strand auf, fesselten ihn und brachten ihn umgehend auf ihr Schiff. Als der Kapitän begriff, dass es sich um einen Schiffbrüchigen bzw. Ausgesetzten handelte, nahm man ihm die Fesseln ab. Boschs Besitztümer und sein Tagebuch verblieben auf Ascension. Bosch war dem Tod durch Verdursten vorerst entgangen. Gleichwohl kehrte er nie mehr lebend nach Europa zurück, denn die menschliche Fracht, die die Portugiesen an Bord hatten, die schwarzen Sklaven aus Westafrika, trugen bereits den Keim eines anderen Unheils in sich. Sie waren durch den Verzehr von Schimpansenfleisch mit einem Vorgänger des heute bekannten HIV-Virus infiziert, welches sie nun an Bord des Schiffes verbreiteten. Die Portugiesen und auch Bosch nutzen die Schwarzen zu ihrer sexuellen Befriedigung. Mit der Folge, dass Bosch, der sich intensiv um einige Sklavenjungen „gekümmert" hatte, drei Wochen nach der Ankunft in Brasilien Anfang März 1726 in Salvador de Bahia starb. Sein geschwächter Körper konnte der Krankheit nichts entgegen setzen. Hätte es damals eine Sensationspresse wie heute gegeben, hätte die Überschrift wohl so gelautet: „Schwuler Robinson – erst gerettet, dann Aidstot!"

Abbildung 08: Solch ein sattes Grün wie hier im Gipfelbereich des Green Mountain bekam Bosch nie zu Gesicht, denn die Aufforstung der Insel mittels Terra-Forming begann erst eineinhalb Jahrhunderte später.

* ENDE *